ワードマップ

批判的思考

21世紀を生きぬくリテラシーの基盤

楠見 孝・道田泰司 編

新曜社

はじめに

本書は、批判的思考（クリティカルシンキング）とリテラシーに関する53個の基本ワードの解説を通して、21世紀を生きる市民のためのマップを描いたものです。

まず、本書のタイトルにある二つのワード「批判的思考」と「リテラシー」をマップの定点とするために説明します。

「批判的思考」は、「相手を非難すること」と誤解されることがあります。しかし、その本質は、証拠に基づいて論理的に考えたり、自分の考えが正しいかどうかを振り返り、立ち止まって考えたりすることにあります。ここでは、相手の意見に耳を傾けることが出発点であり、協同してより良い決定や問題解決をすることを目的としています。したがって、相手を攻撃するためだけの批判は、批判的思考とはまったく逆のものです。

「リテラシー」は批判的思考を用いて情報を読み解く能力です。私たちは、マスメディアやインターネットなどから膨大な情報を受け取っており、その中には、信頼性が低い情報も含まれています。そうした情報の中から、私たちには、生きていくために必要な健康、法律、科学などの情報を取捨選択し、自ら考え、判断することが要求されます。そのために欠かせないものが、市民リテラシーです。

本書は、これらの二つの定点となるワードから、以下の三点を目的地としてマップを描きます。

① 21世紀の市民にとって、情報を読み解くリテラシーの重要性を伝え、それを支える批判的思考のしくみ・理論について、哲学、心理学、神経科学、教育学などと、実践に関わる関連分野の諸研究に基づいて解説する。批判的思考やリテラシーについて、疑問をもっている人たちに、理論そして教育運動の歴史的な系譜や関連事項を踏まえて理解ができる本をめざす。

② 批判的思考力を育成するための教育について、小学校から大学における各教科および教科を越えた実践と理論について、学習指導要領の改訂や21世紀型学力など最新の教育界の動向を踏まえて解説する。教育の改善・改革をめざす教育関係者や関心のある人に役立つものをめざす。

③ 21世紀の社会における批判的思考の応用について、放射線リスク、情報セキュリティ、代替医療などの具体的な社会的問題を取り上げて、それらの情報を読み解き解決するためのリテラシーと批判的思考について説明する。これから社会に出る若者、社会を支えている人たちが、自分と社会、さらに両者の関わりを熟考し、問題解決に向かうための手がかりを提供する本をめざす。

そこで、本書は図1に示すように、三つのマップが重なり合う3部構成をとっています。

第1部は「批判的思考とはなにか」を描くマップで、本書全体をカバーする大きなマップで

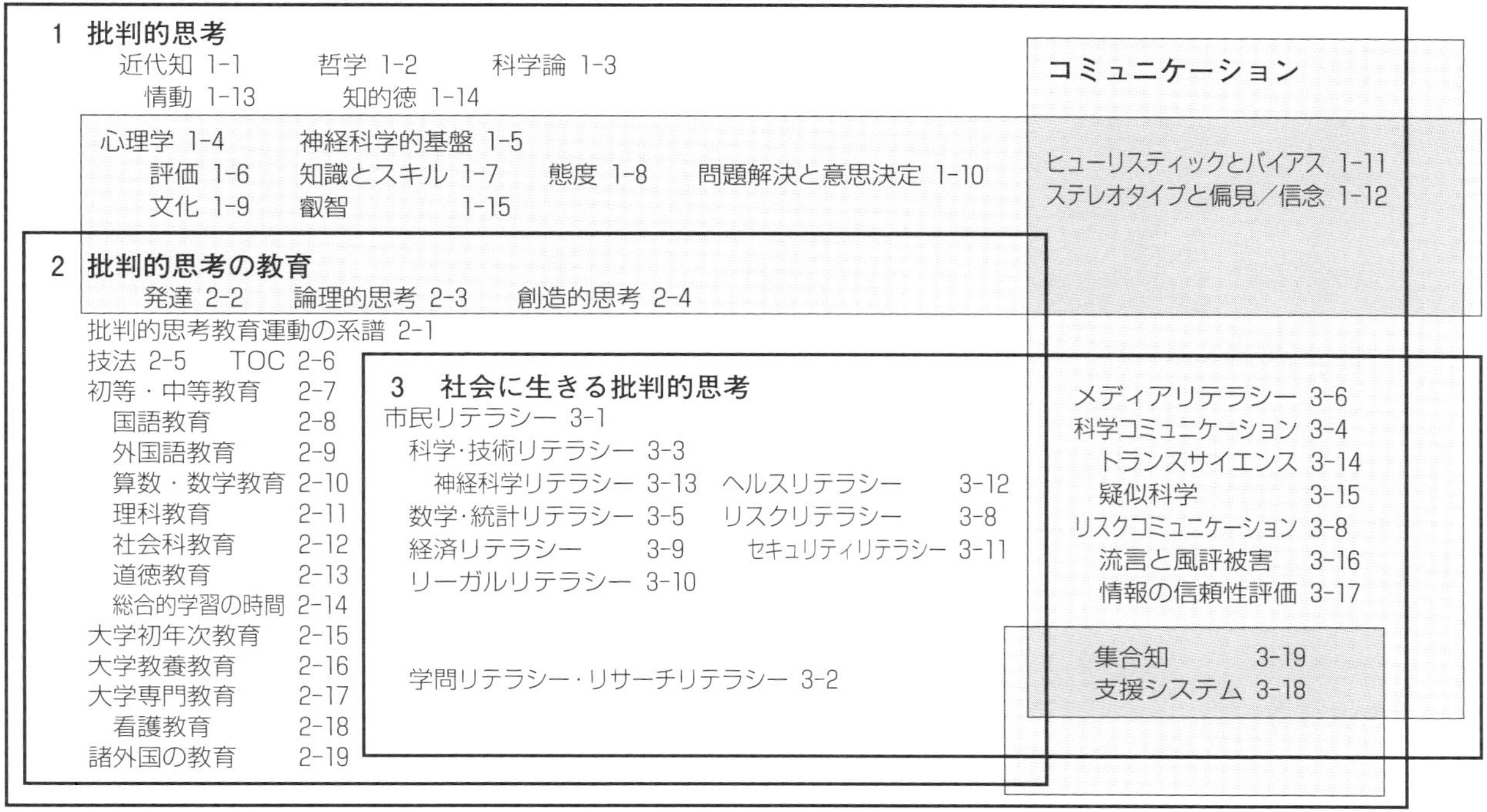
1 批判的思考
近代知 1-1
哲学 1-2
科学論 1-3
情動 1-13
知的徳 1-14
心理学 1-4
神経科学的基盤 1-5
評価 1-6
知識とスキル 1-7
態度 1-8
問題解決と意思決定 1-10
文化 1-9
叡智 1-15
コミュニケーション
ヒューリスティックとバイアス 1-11
ステレオタイプと偏見／信念 1-12
2 批判的思考の教育
発達 2-2
論理的思考 2-3
創造的思考 2-4
批判的思考教育運動の系譜 2-1
技法 2-5
TOC 2-6
初等・中等教育 2-7
国語教育 2-8
外国語教育 2-9
算数・数学教育 2-10
理科教育 2-11
社会科教育 2-12
道徳教育 2-13
総合的学習の時間 2-14
大学初年次教育 2-15
大学教養教育 2-16
大学専門教育 2-17
看護教育 2-18
諸外国の教育 2-19
3 社会に生きる批判的思考
市民リテラシー 3-1
科学・技術リテラシー 3-3
神経科学リテラシー 3-13
ヘルスリテラシー 3-12
数学・統計リテラシー 3-5
リスクリテラシー 3-8
経済リテラシー 3-9
セキュリティリテラシー 3-11
リーガルリテラシー 3-10
学問リテラシー・リサーチリテラシー 3-2
メディアリテラシー 3-6
科学コミュニケーション 3-4
トランスサイエンス 3-14
疑似科学 3-15
リスクコミュニケーション 3-8
流言と風評被害 3-16
情報の信頼性評価 3-17
集合知 3-19
支援システム 3-18

図 1　本書の 3 部構成

す。出発点として、第一に、批判的思考に関する哲学、科学論に基づく歴史的な解説と、情動や知的徳に関して述べます。第二は、心理学的な視点に基づくマップで、研究の理論的基盤と、基本的概念について解説します。とくに、批判的思考を支える認知、スキル、知識、態度、神経科学的基盤とそれらの測定、問題解決、叡智について述べます。ヒューリスティックやステレオタイプなどは、コミュニケーションにおいてバイアスを引き起こすこともあるため、第3部にも関わります。

第2部は「批判的思考の教育」を描くマップで、図1の左中央に大きく描かれています。第1部の「心理学」のマップを拡張する形で、批判的思考教育を支える思考の発達、論理的思考、創造的思考が入っています。つぎに、批判的思考の教育運動の系譜と主な教育技法、さらに経営改革手法に基づくTOCについて述べます。そして、初等・中等教育の各教科における批判的思考の実践について、教育改革動向を踏まえて解説します。つづいて、大学教育における批判的思考について、初年次、教養教育から、専門教育、さらに看護教育、そして他の国における教育の特徴について述べます。

第3部は「社会に生きる批判的思考」を描くマップで、21世紀に生きる市民を育成するための教育において育成される能力として、第2部の教育のマップと重なる形で図1の中心に描かれています。そこでは、科学・技術リテラシー、ヘルスリテラシーなどの市民のリテラシーについて述べています。市民リテラシーは、教育において育成されるリテラシーであるとともに、社会に発信し、また、社会から受信するためのメディアリテラシーなどのコミュニケーション能力でもあり、右側に「コミュニケーション」のマップを描いています。ここでは、科学コミュニケーションに関わるトランスサイエンスや疑似科学、リスクコミュニケーションに関わる流言や風評被害について述べています。最後のマップは、インターネットにおける集合知を活用した、批判的思考を支援するシステムについてであり、図1の右下のコミュニケーションのマップに重なります。

ここで本書の訳語の方針について述べます。これは、本書の著者の多くが執筆している『批判的思考力を育む：学士力と社会人基礎力の基盤形成』（有斐閣、二〇一一）にしたがっています。タイトルである「批判的思考」は、西欧流の「クリティカルシンキング」ではなく、日本の文化に根ざした「批判的思考」ということばを定着させたいという意図で「批判的思考」に統一して使っています。また、批判的思考に含まれる自己の考えを振り返る「リフレクション」は、「内省」「反省」「省察」などとさまざまな訳語があります。本書では、自己内における思考の反復や対話の意味を重視して「内省」または「反省」を使うことにしました。しかし、文脈によって適切な訳語があると考え、無理に統一をとっていません。ただし、初出時には括弧で併記をして、相互に同じ意味であることがわかるようにしています。そのほかジェネリック（汎用）スキル、研究（リサーチ）リテラシーも同様の扱いをしています。読者の皆さんには、同じことばに、複数の訳語が当てられていることを明確化したうえで、キーワードについての理解を深めることを願っています。

本書は、文部科学省科学研究費補助金基盤研究(A)18330138（代表：楠見孝）の「21世紀市民のための高次リテラシーと批判的思考力」の成果として出版するものです。研究分担者・協力者として、心理学分野から、共編者の道田、そして子安、マナロ、林、沖林、平山、坂上、三浦、田中の各氏、哲学分野からは信原、原、小口、情報学分野からは乾、小倉の各氏が参加しました。さらに、これらの方々に加えて、すぐれた研究・実践を進めている幅広い研究分野の多くの方々に執筆に参加していただきました。皆様に感謝申し上げます。

ワードマップに描かれた批判的思考とそれが支えるリテラシーについて、その意味と意義が読者の皆さんに伝わり、それらを身につけた学習者・市民・社会人が育つことによって、より良い21世紀の社会を形成する契機になることを願っています。

二〇一四年　一二月

編者を代表して　楠見　孝

批判的思考——目次

はじめに　i

第1部　批判的思考とはなにか

1-1　近代知としての批判的思考　定義の変遷をたどる　2
1-2　哲学と批判的思考　共通点はなにか　8
1-3　科学論と批判的思考　どのようにかかわっているか　14
1-4　心理学と批判的思考　構成概念とプロセスの全体像　18
1-5　批判的思考の神経基盤　脳のメカニズム　24
1-6　批判的思考力の評価　どのように測定するか　30
1-7　批判的思考力の認知的要素　正しい判断を支える力　34
1-8　批判的思考の態度　どのような人が発揮しやすいか　38
1-9　文化と批判的思考　西洋と東洋ではどう違うのか　42
1-10　問題解決と意思決定　より良く行うために　46
1-11　ヒューリスティックとバイアス　迅速な意思決定に生じるゆがみ　52
1-12　ステレオタイプと偏見／信念　集団に対する認知のゆがみ　56

1-13 批判的思考と情動 価値判断のために 60
1-14 批判的思考と知的徳 価値観の対立を乗り越えるには 66
1-15 叡智 社会的成功をもたらす知性 72

第2部 批判的思考の教育

2-1 批判的思考教育運動の系譜 デューイから21世紀型スキルまで 78
2-2 批判的思考の発達 幼児期／児童期／大学生 84
2-3 論理的思考 筋道を立てて考える 90
2-4 創造的思考 アイデアを生み出して評価する 94
2-5 批判的思考教育の技法 さまざまな教授法とその特徴 100
2-6 教育のためのTOC（制約理論） 三つのツールで実践する 106
2-7 初等・中等教育 高次な思考を学ぶ土台として 112
2-8 国語教育 情報を吟味する力を育む 118
2-9 外国語教育（第二言語習得） 英語教育で批判的思考力を高める方法 122
2-10 算数・数学教育 批判的思考方略を取り入れた授業 128

2-11 理科教育 データと原理に基づく論証を組み立てる 134
2-12 社会科教育／市民性教育／平和教育 多面的に考え、公正に判断する 140
2-13 道徳教育 モラルジレンマ授業 146
2-14 総合的な学習の時間 課題への主体的な取り組みを促す 152
2-15 大学初年次教育 ジェネリックスキルを育む 156
2-16 大学教養教育 市民リテラシーを育む 160
2-17 大学専門教育 専門教育で求められる思考 164
2-18 看護教育 ケアの質を自ら高める 168
2-19 諸外国の批判的思考教育 オーストラリア／シンガポール／タイ 174

第3部 社会に生きる批判的思考

3-1 批判的思考とリテラシー リテラシーの四つの区分 182
3-2 学問リテラシーと研究リテラシー ジェネリックスキルと研究倫理 188
3-3 科学・技術リテラシー 民主主義と国際競争力の基盤となる能力 192
3-4 科学コミュニケーション 一方向型から対話型へ 198

3-5 数学・統計リテラシー 数字を正しく読み解き、判断する 204
3-6 メディアリテラシー 受信者／発信者として自覚すべきこと 212
3-7 リスクリテラシー 的確なリスク認知のために 216
3-8 リスクコミュニケーション 適切にリスクを伝達・共有する 222
3-9 消費者市民の経済リテラシー 消費行動に伴う社会形成を考える 228
3-10 リーガルリテラシー 自らの法的権利を自覚する 232
3-11 セキュリティリテラシー 個人情報漏えいに対応する 236
3-12 ヘルスリテラシー 健康・医療情報の真偽を見極める 242
3-13 神経科学リテラシー ポストノーマルサイエンスとして 248
3-14 トランスサイエンス 科学によって答えることができない問い 254
3-15 疑似科学 その構造と周辺概念 258
3-16 流言と風評被害 東日本大震災の事例から 264
3-17 情報の信頼性評価 評価のための三つの視点 270
3-18 批判的思考を支援する情報システム 自動的に評価・組織化する試み 276
3-19 批判的思考と集合知 その価値を高めていくために 280

おわりに　284
人名索引　(1)
事項索引　(3)

■装幀＝加藤光太郎

第1部

批判的思考とはなにか

1-1 近代知としての批判的思考

――定義の変遷をたどる

批判的思考（クリティカルシンキング）の語は、近年わが国で、学術論文のみならず一般書などでもよく目にするようになっている。それだけこの語が幅広く知られ、必要とされるようになっているのであろう。一方で、「批判的思考」という概念が多様でわかりにくいことから、誤解も少なからずみられるように思われる。たとえば「批判的思考」イコール「批判すること」という誤解、批判的思考概念が一枚岩であるという誤解、思考ツールなどを用いて特定の手順で考えることが批判的思考という誤解などである。

批判的思考は、古代ギリシア以来の西洋哲学の伝統という長い過去をもち、20世紀に入ってからは「批判的思考」の語を用いて実践され研究されてきたという歴史をもつ。先述のような誤解は、「批判的思考」という名で実践・研究され議論されてきた近代知としての批判的思考の研究史を踏まえていないことからきているものと思われる。初期の批判的思考研究者であるグレイサー[1]は、議会民主制における**良き市民**に必要な能力として批判的思考を挙げ、その育成が民主主義の発展に貢献すると論じてい

[1] Glaser, E.M. (1941) *An experiment in the development of critical thinking*. New York : Teachers College of Columbia University, Bureau of Publications.

る。近代民主主義自体はもっと以前に成立しているが、この時期、メディアが発達するなど情報が高度化し、政治的なイデオロギーの対立も明確化し、また第二次大戦後は高等教育が大衆化するなど、批判的に考えて情報を判断したり意見を表明したりできる市民や学生の育成が必要とされたのである。[2]

本項では、批判的思考に関する議論や提唱されてきた概念の一端を紹介することで、先述のような誤解を解く一助としたい。なおこの問題を考える筆者なりの観点をあらかじめ示しておく。日常的文脈で批判的思考が批判（懐疑）と結びつけてイメージされるのとは裏腹に、学術的文脈では、批判を前面に出して語られることはほとんどない。多くの論者が、合理性[3]あるいは反省性[4]という観点を重視している。したがって批判的思考の概念を理解するためには、**批判―合理性―反省性**の3点を頂点とする三角形をイメージするのがいいというのが筆者の考えである（図1）。

では以下に歴史を追って、批判的思考概念をみていこう。なお紙幅の関係上、取り上げるのは批判的思考研究（理論研究）において最も代表的と考えられる論者のみとなる。

■批判的思考概念の変遷

批判的思考について言及している最も古い文献の一つとして、哲学者デューイの『思考の方法』[5]がある。彼は批判的思考を**留保された判断**と述べている。判断を留保

［2］道田泰司（2011）「批判的思考の教育：何のために、どのように？」楠見孝・子安増生・道田泰司（編）『批判的思考力を育む：学士力と社会人基礎力の基盤形成』有斐閣

［3］論理の法則に適っていること。

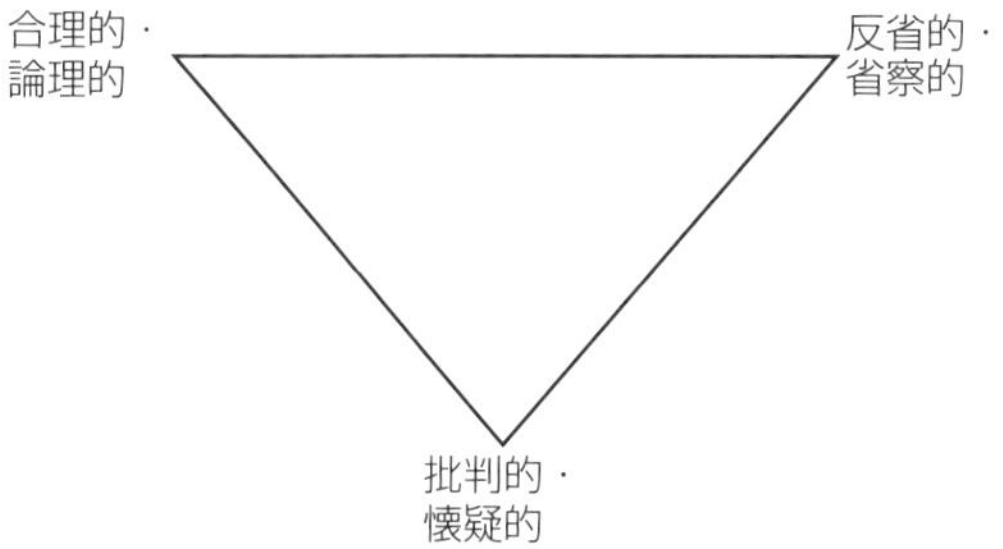

図1　批判的思考の大三角形

してじっくり考えることが批判的思考ということであり、「反省性」に焦点が当てられている。実際デューイは批判的思考の語を反省（reflection）とほぼ同義で使っており、先の本の改訂版[6]ではもっぱら、批判的思考ではなく**反省的思考**（reflective thinking）の語が使われている。この反省的思考が今日の批判的思考の源流にあることは、多くの論者が認めている。またデューイは思考態度の重要性について、「個人的態度か論理的推論原則に関する知識や技能か、どちらかを選ばなければいけないのであれば、個人的態度を選ぶべきである」と述べている。

反省的に考えて問題を探究する過程を論じているデューイに対して、教育哲学者エニス[7]は一九六二年に、問題解決の論理学的基準が必要であると批判している。それがなければ、問題解決者が解けたと考えれば解決になってしまうからである。彼は批判的思考を「命題を正しく評価すること」と定義し、そのうえで命題の評価時に陥りやすい落とし穴を避ける方法として、批判的思考の論理学的基準ともいうべき12項目の技能リストを掲げている[8]。このように、このときのエニスは「合理性」に焦点を当てている。

エニスの定義を批判したのが教育哲学者マクペック[9]である。彼は、批判的に行わなくても命題を正しく評価することは可能であり、山登りやチェスなど「命題」に含まれない批判的思考活動がある、と批判し、「反省的な懐疑をもってある活動に携わる態度と技能」と批判的思考を定義している。**反省的な懐疑**とは無差別な懐疑ではな

[4] 熟考すること。

[5] Dewey, J. (1910) *How we think*. Boston : D.C. Heath.

[6] Dewey, J. (1933) *How we think*. Boston : Houghton Mifflin Co. [植田清次（訳）(1955)『思考の方法：いかに我々は思考するか』春秋社]

[7] Ennis, R.H. (1962) A concept of critical thinking : A proposed basis for research in the teaching and evaluation of critical thinking ability. *Harvard Educational Review*, 32, 81-111.

[8] ①命題の意味を把握する。②推論の過程にあいまいな部分がないか判断する。③命題間に矛盾がないか判断する。④結論が必然的に導き出されるか判断する。⑤命題が十分に特定（specific）されているか判断する。⑥命題は原則をきちんと適用したものか判断する。⑦観察結果が信頼できるものか判断する。⑧帰

く、賛同を留保して問題解決を行う思考プロセスのことである。すなわちマクペックの考えはエニスのように結果としての合理性を重視するのではなく、プロセスとしての反省性を重視している。またマクペックは、「これまで行われてきた技能の教育だけでは不十分であり、態度の教育も必要」と、思考態度の重要性を強調している。なお彼は、批判的思考は特定の主題領域を学ぶなかで学ぶべきと考えており、エニスのように技能や態度の一般的なリストは挙げてない。

　マクペックの批判を踏まえ、エニスは一九六二年の「命題を正しく評価すること」から、一九八五年には「何を信じ何を行うかの決定に焦点を当てた合理的で反省的な思考」[10]と定義を変更している。対象とするのは、命題のみでなくさまざまな場面で行われる意思決定や問題解決にまで広がっている。内容も、評価の正しさという合理性のみでなく、反省的な思考も含まれている。その意味では、バランスのとれた考え方といえよう。

　哲学者ポールはエニスを名指ししているわけではないが、個別要素的な技能の組み合わせとしての批判的思考を**弱い意味の批判的思考**と呼んで批判している[11]。批判的思考技能は自己防衛や自己欺瞞のための詭弁として使うことも可能だからである。そうではない**強い意味の批判的思考**とは、自分の視点もあくまでも一つの視点にすぎないことに気づくという**知的謙遜**、他者の視点を想像し理解しようとする**知的共感**などといった思考態度に基づく公正な思考のことである。そのような意味を込めてポール[12]は

納による結論はちゃんとしたものか判断する。⑨問題が明らかになっているか判断する。⑩仮定は何か判断する。⑪定義は適切か判断する。⑫専門家の主張は受け入れ可能か判断する。

[9] McPeck, J.E. (1981) *Critical thinking and education*. New York: St. Martin's Press.

[10] Ennis, R.H. (1985) A logical basis for measuring critical thinking skills. *Educational Leadership, 43*, 44-48.

[11] Paul, R.W. (1994) Teaching critical thinking in the strong sense: A focus on self-deception, world views, and a dialectical mode of analysis. In K.S. Walters (Ed.) *Re-thinking reason: New perspectives in critical thinking*. New York: State University of New York Press. pp. 181-198.

批判的思考を、「自分の思考をより良く、より明確に、より正確に、より防衛力のあるものにしようとするときの、あなたの思考についての思考」と定義している。

哲学者ファシオンはアメリカ哲学会から諮問を受け、批判的思考の概念と測定についてデルファイ法[13]によるプロジェクトを行った。四六人の専門家の意見を整理した結果、批判的思考は「意図的で自己制御的な判断」とまとめられ、技能次元と傾向性（性格）次元の両方が含まれること、認知的技能には、①解釈、②分析、③評価、④推論、⑤説明、⑥自己制御が含まれることがおおむね合意されている。[14] ただしこの6技能のうちどこまでが重要かについては意見が割れており、また情意的な態度（affective dispositions）を含むかどうかも意見が割れている。ファシオンの報告書は、このような意見の相違まで紹介している点で興味深い。

■批判的思考の諸概念を理解する

以上の検討より、批判的思考概念のなかに「批判」がほとんど表に現れていないこと、批判的思考概念が多様であること、批判的思考とは特定の手順に従った思考法ではないことが理解いただけたかと思う。ただし批判的思考概念が多様とはいっても、合理性重視と反省性重視という二極があること、また合理性重視とは技能重視であり、反省性重視とは態度重視であることがいえそうである。各論者の考えを、定義の文言に加え、技能－態度重視、批判的思考をどのように測定するかなどの観点から、

[12] Paul, R. W.（1995）*Critical thinking: How to prepare students for a rapidly changing world.* Santa Rosa, CA: Foundation for Critical Thinking.

[13] デルファイ法とは、特定のトピックについて複数の専門家にアンケートを行い、その結果を取りまとめて匿名で再び専門家にフィードバックしてさらに意見を求める、という手続きを複数回繰り返すことで、意見の集約を行う方法。

[14] Facione, P. A.（1990）*Critical thinking: A statement of expert consensus for purposes of educational assessment and instruction.* Newark, DE: American Philosophical Association（ERIC Doc. No. ED 315 423）.

筆者なりに図1の三角形上に配置してみた（図2）。

これらは、どれが正しくどれが間違っている、というものではない。おそらく多くの場合、批判的思考について考える必要が生じるのは、学生教育（あるいは自分自身の思考力育成）のためであろう。その場合、対象者の思考の現状がどのようになっており、何のために、どのような思考を育成する必要があるのか、という問いを個別に検討してはじめて、さまざまな批判的思考概念のどれが有用で、どのように教育・測定するのかが変わってくる。批判的思考とはそのようにとらえられるべきものであろう。

〔**道田泰司**〕

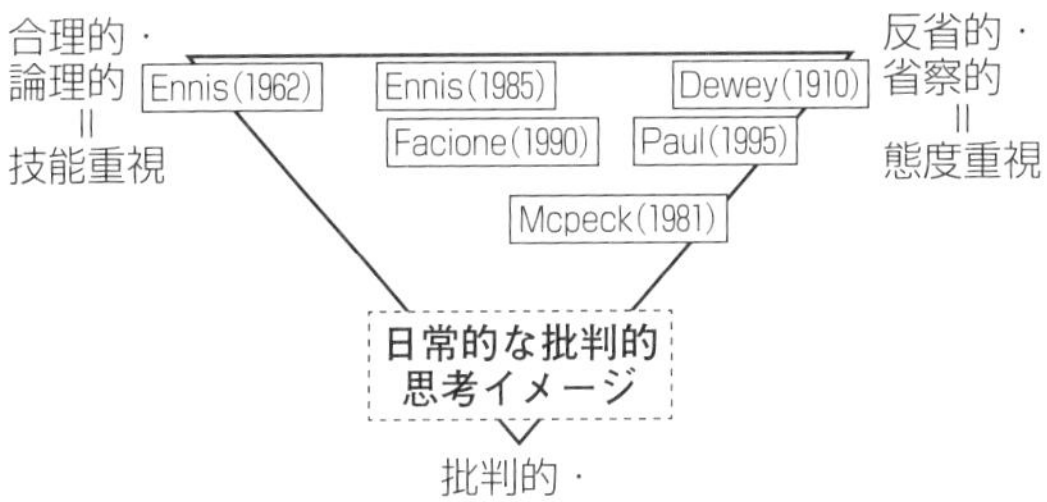

図2　批判的思考の諸概念

1−2

哲学と批判的思考

——共通点はなにか

哲学と批判的思考の関係はさまざまな角度から論じることができる。本項では、批判的思考の起源、批判的思考の内容、批判という概念の三つの面から考える。

まず、現在知られている意味での批判的思考という考え方はどこからきたかという起源について考える。「批判的思考」概念の定義のはしりとしては、グレイザーの**スキル、知識、態度による定義**がよく知られるが、彼が思考法教育の必要性を訴えた先人として挙げるなかにはロックなどの哲学者もいる[1]。また、日常の思考法について論じた哲学者としてはデューイも名前がしばしば挙がる。デューイは批判的思考ではなく**反省的思考**という概念を用いているが、その特徴としては、思いつきをそのまま受け入れてしまわず、判断を保留してさらなる調査を行う、といったことを挙げており、現在でいうところの批判的思考に近い[2]。つまり、批判的思考という考え方は、哲学の一つの伝統（決して主流とはいえないが）を受け継いだものだといえるだろう。

内容的にも、哲学的思考と批判的思考には共通点が多い。まず、正しい思考のスキルを重視するのは批判的思考の重要な要素であり、とりわけ英米においては批判的思

[1] Glaser, E.M. (1941) *An experiment in the development of critical thinking*. New York : Teachers College of Columbia University, Bureau of Publications.

[2] Dewey, J. (1910) *How We Think*. Boston : D.C. Heath. pp. 12–13.

項目1−1「近代知としての批判的思考」を参照。

考は論理学入門の授業として位置づけられることも多く、論理学との関係は密接である。そうした授業では、現在でも、記号を使ったテクニカルな記号論理学ではなく、もっと日常言語に近い古くからの**三段論法**[3]が教えられることが多い。この三段論法の理論をまとめたのはアリストテレスである。

アリストテレスは現在でいえば自然科学から哲学に及ぶさまざまな領域の問題について最初に体系的な思考を行った哲学者であるが、そのなかでもオルガノンと総称される一連の著作は批判的思考の最初のテキストという性格をもつ。演繹的推論についての三段論法の理論を中心に、定義とは何かについての詳細な考察や帰納的推論についての考察、議論の正しい組み立て方など、思考法をめぐる問題が幅広く取り上げられている。

現在の批判的思考教育とのかかわりでは、アリストテレスの誤謬論も興味深い。心理学系の批判的思考教育では、正しい思考法を教えることよりも、われわれが犯しやすい過ちに対して注意喚起することに重点が置かれる。アリストテレスはオルガノンの一つとされる**ソフィスト的論駁**[4]について、見せかけの論証を言葉遣いによるもの6種類と言葉遣いによらないもの7種類に分類している[5]。そのなかには「地面が濡れていることから誤って雨が降ったと結論する」といった、日常的な誤謬が例として多く含まれている。実際、19世紀頃の論理学のテキストをみても、アリストテレスのリストを下敷きにした誤謬のリストが使われており、こうした誤謬論が実用性の高いものの

[3]「AはすべてBである」「BはすべてCである」という前提から「AはすべてCである」という結論を導くように、前提が正しければ結論の正しさも保証されるような推論の形式。19種類の妥当な推論がアリストテレス以来知られており、かつては論理学といえばこれらの式を暗記することを意味した。

[4] アリストテレス／山口義久・納富信留（訳）（2014）『トポス論・ソフィスト的論駁について（アリストテレス全集3）』岩波書店

[5] 言葉遣いによる見せかけの論証は、①同名異義、②同文異義、③結合で意味が変わる、④分離で意味が変わる、⑤アクセントで意味が変わる、⑥文法的な多義性の6つ。言葉遣いによらないものは、①対象とその付随的特徴の混同、②条件の無視、③論駁とは何かを知らないこと、④帰結から原因を導く誤謬、⑤論点先取、⑥原因の取り違え、⑦複数の問いを一つだとみなす誤りの7つ。

であったことが何われる。ただし、アリストテレスが例として取り上げる誤謬のなかには今の言葉でいえば形而上学[6]に属するものも多く、抽象的な哲学の議論を正しく進めるためにこそこうした詳細な誤謬の分析が必要だった（そしてその成果が日常生活にも有用なものとなった）という見方もできるだろう。

正しい思考法の議論は論理的思考と誤謬の回避につきるものではない。現在の批判的思考教育でも、科学的思考や科学方法論の基礎にあたる話題はしばしば取り上げられる（とりわけ、心理学系の批判的思考の授業においては、心理学の方法論が紹介されることが多いであろう）。この科学的方法論についての議論もまたアリストテレスを一つの出発点とするが、こちらは17世紀頃にガリレオらによって**実験**という手法が導入されることで大きく性格を変える（アリストテレスは、自然に手を加えないことこそが正しい自然の姿を知る方法だと考えていたため実験には否定的だった）。科学の方法論はその後科学者たち自身によって発展させられ、とりわけ**統計学**の登場によって大きな変貌を遂げることになる。しかし、帰納的推論とは何かとか仮説を用いた推論は正当化されるかといった、より原理的な問題を扱う部門は哲学のなかに**科学哲学**という形で残ることになる。そうした原理的なレベルでは科学的思考と日常的思考はあまり区別されないが、それがかえって科学的な思考と日常的な思考の橋渡しの役割を果たすと考えることもできるだろう。

批判的思考というもののもう一つ重要な特徴として、批判的態度、つまり相手の言

[6] この世界の事物、とりわけ魂や無限など経験の範囲を超えた対象の存在や本質について論じる分野。

うことを鵜呑みにしない態度がある。これは、言い換えれば、どんな主張も一旦疑ってみるという**懐疑主義**[7]を発動していると言ってもいいだろう。この懐疑主義もまた哲学における長い歴史をもつ。

ソクラテスがスローガンとした「汝自らを知れ」という言葉や対話法という手法は、自分が知っていると思っていることに懐疑の目を向けるための方法論だったと考えられる。同じく古代ギリシアのピュロンを始祖とするピュロン学派は古典的な懐疑論の学派として知られる。彼らは知覚の誤り、思い違い、意見の食い違いなどを手掛かりに、ドグマ的な判断に異をとなえ、判断を差し控えるべきだと主張した。

近代哲学の祖をデカルトとするならば、近代哲学もまた懐疑論とともに始まったといえるだろう。デカルトはわれわれの経験する宇宙全体が悪霊の見せる幻かもしれないという大掛かりな仕掛けを導入することで懐疑論の議論を一新した。また、ヒュームは**帰納**という方法や因果関係について知りうるかどうかについて、これもまた根本的な懐疑の議論を構築した。もちろんこうした根本的な懐疑は日常的な批判的思考にはそぐわないが、当然のようにみえるものを疑ってみるという態度には共通点がある。

第三に、批判的思考における**批判**という概念の用法についても哲学とのかかわりが指摘できる。批判（criticism）や批判的（critical）という言葉は、英語においても主には他人の欠点をあげつらうことや、文学・芸術の批評を指す言葉であった（OED

[7] 項目3－15「疑似科学」を参照。

ではこれらについて17世紀初期の用例が挙がっている）。しかし「批判的」には同じく古くから「注意深い判断」や「鋭い観察に基づく判断」を指す意味もあり、おそらくそこから派生して、古典（特に聖書）のテキストを注意深く吟味して本来のテキストを復元することを**テキスト批判**と呼ぶようになった。この「注意深く吟味して正しいものをよりわける」という意味合いをさらに一般化したのが18世紀ドイツの哲学者カントの批判哲学だと思われる。カントは形而上学を独断から救い出すために、「理性の要求が正当であれば理性を安固にし、これに反して根拠のない不当な要求は、これを強権の命令によってではなく、理性の永久不変な法則によって棄却し得る」ような理性の法廷を設けなくてはならないと考え「この法廷こそ**純粋理性批判**（Kritik der reinen Vernunft）そのものにほかならない」という。[8] その後こうした吟味という意味での批判的という言葉の用法は日常にも定着しており、グレイザーも批判的思考という言葉を導入する際にとりたててカントなどの哲学的な用法に言及してはいない。

以上のような哲学的な思考と現在教育されている批判的思考の共通点を強調しすぎるのも問題だろう。日常生活においても、あるいは科学的思考においても、この世界が存在しないかもしれないという懐疑は無視してかまわないし、むしろ無視するべきである。これは、思考法そのものの違いというより文脈の違いだとみなすことができる。[9] 哲学的思考と科学的思考と日常的思考は、結論にどのくらいの厳密さや確実性が

[8] カント／篠田英雄（訳）（1961）『純粋理性批判』岩波文庫 p. 16.

[9] 伊勢田哲治（2005）『哲学思考トレーニング』ちくま新書　第三章参照

求められるか、議論において何を当然の前提として使ってよいか、などの文脈が異なり、そのために議論のスタイルや内容が違ってくる。

若干単純化した例で考えてみよう（実際には哲学的思考も科学的思考も日常的思考もそれぞれのなかで多様である）。同じ「明日雨は降るか」という問いでも、日常であれば西の空を見たり、天気予報を見たりすれば十分それを根拠として「明日雨が降る」と言っていいだろう。しかし気象学の話をしているのであれば、明日この地方に雨が降るかどうか判断するには、現在の大気の状態や気象シミュレーションから判定される必要があるだろう。そうしたシミュレーションの信頼性は科学的な文脈でも問題になる。しかし哲学においては、「明日雨が降る」という主張が正当化されるには、そもそも明日という日は来るのか、そもそも過去の出来事から未来の出来事を予測する推論が正当化されることがありうるのか、という問題をクリアすることが求められるかもしれない。これは哲学が最も厳密であるというような一方向的な関係ではない。倫理問題についての哲学的議論では、われわれの道徳的直観が証拠として用いられることがあるが、これは逆に科学においては証拠としては用いられえない。

ただし、こうした文脈の違いに注意するなら、疑う態度や正しい思考法についての知識とスキルの重視など、その根幹の部分において哲学的思考と一般の批判的思考は共通部分を多くもつ。相互に参照することでより双方の理解を深めることができるだろう。

〔**伊勢田哲治**〕

1-3

科学論と批判的思考

——どのようにかかわっているか

本項では、科学論と批判的思考のかかわりについてまとめる。両者のかかわりとしては、大きく二つのかかわり方を区別できるだろう。第一は科学そのものを批判的思考を行う営みとして分析する科学哲学や科学社会学の流れであり、第二は科学の営みに対して外部から批判的な検討を加える科学技術社会論の流れである。

まず、科学そのものを批判的思考を行う営みとして分析するタイプの科学論を簡単にみる。このタイプの分析の代表は科学哲学者のポパーである。ポパーが想定する科学の方法とは、一旦たてた仮説に対して反証を試み続け、その仮説が反証されたならそれを踏まえて次の仮説をたて、また反証を試み続ける、という、**推測と反駁**のプロセスである。[1] ただし、自分の考えた仮説に対して批判的な吟味を行うのは難しいので、ポパーは科学者共同体において相互にそうした批判的吟味を行うという社会的なイメージも提示しており、さらに後期にはこの考え方を科学のみならずさまざまな領域に拡張した**批判的合理主義**を展開している。[2]

科学の批判的思考の側面を社会学的な観点から定式化したのが科学社会学者のマー

[1] カール・ポパー／藤本隆志・石垣壽郎・森博（訳）（1980）『推測と反駁：科学的知識の発展』法政大学出版局

[2] カール・ポパー／内田詔夫・小河原誠（訳）（1980）『開かれた社会とその敵』未來社 第23章

トンによる**科学の四つの規範の分析**である[3]。マートンが同定する四つの規範のなかには、科学者がお互いの主張を評価するときに相手の人種や性別といった背景を考慮に入れず内容で判断するとか、自分の利害を度外視して判断するといった、批判的思考の心構えにあたるものも含まれる。それ以上に批判的思考を直接体現するのが、**組織的な懐疑主義**（organized skepticism）である。これは、科学者共同体は、提出された主張をあらゆる角度から体系的に批判的に吟味するべしという規範である。

次に科学を外から批判するタイプのかかわり方であるが、一九六〇年代以降の科学哲学、科学史、科学社会学は、ポパーらのある意味で理想的な科学観を覆し、科学の営みに対して批判的な検討を加える方向に進んだ。科学史家のクーンの**パラダイム論**の一つの眼目は、通常科学を行う際、科学者は自分野の基礎的な前提（パラダイム）を疑わず、むしろそれを守ろうとすることで研究を進めるということだった。この考え方は科学哲学ではラカトシュやラウダンらに受け継がれて**新科学哲学**と呼ばれる大きな流れになった。科学社会学ではマートン流の合理主義的な科学観が批判され、科学的な合意がマートンの言うような規範によってではなく、科学内外の社会的要因（科学者の出身階層や科学者共同体内での力関係など）によって決定される、という観点からの科学の分析が行われるようになった。これは**科学知識社会学**（Sociology of Scientific Knowledge）と呼ばれる[4]。科学知識社会学の影響を受けてその後もさまざまな科学社会学の流派が登場してきたが[5]、科学者の営みに社会的な側面があるとい

[3] R・K・マートン／森東吾・森好夫・金澤実（訳）（2005）『社会理論と機能分析（復刻版）』青木書店

[4] 金森修・中島秀人（編著）（2002）『科学論の現在』勁草書房

[5] たとえば、ブルーノ・ラトゥールらのアクター・ネットワーク理論や、マイケル・リンチらの科学のエスノメソドロジーなどがある。

う視点は受け継がれている。

新科学哲学や科学知識社会学は批判的思考との関係では二つの面で重要である。一つには、これらの潮流が、それまでずっと当然視されてきた科学の合理性を吟味の対象にするという批判的思考の態度の発現であり、その意味で参考となる先例となっているという点である（もちろん、彼らの主張自体も次の世代の科学哲学者・科学史家・科学社会学者たちの批判的な検討の対象となっている）。

もう一点、これらの研究領域が明らかにした科学の姿は、批判的思考はどうあるべきかという問題についても参考になるマテリアルを提供する。過去四百年に近代科学が驚くべき生産性を発揮してきたことは明らかであるが、その生産性の秘密がパラダイムを（その必要が発生するまで）疑わないことにあるのだとしたら、批判的思考のスキルにも、そうした「疑わない」側面を組み込む必要が出てくるだろう。

最後に、科学がある種の合理性を備えていることを認めたうえで科学のあり方（特に科学技術と社会のかかわりのあり方）を批判的に検討する科学技術社会論における研究の流れを紹介する。

科学技術社会論は、科学知識社会学などの新しい科学社会学に、社会運動としての科学批判が合流して成立した分野である。[6] 20世紀中頃まで、科学技術はもっぱら人類を幸せにするということが当然視されていたが、環境破壊や戦争への科学技術の応用といった技術の負の側面がめだつようになり、技術批判の必要性が認識されるように

［6］ 小林傳司（2007）『トランス・サイエンスの時代：科学技術と社会をつなぐ』ＮＴＴ出版

なった。こうした運動が科学社会学の科学を相対化する視点と結びつくことで、理論的な背景を得て、科学技術と社会の関係を多面的に研究の対象とする科学技術社会論という複合分野となった。

科学技術社会論でしばしば強く批判されるのが、**欠如モデル**である。この概念はおおむね、科学者と一般市民が科学技術をめぐって対立する際に、対立の原因は一般市民の側の知識の欠如にあると考え、知識を注ぎ込むことで対立が解消する、と考えるコミュニケーションや社会的意思決定のモデルを指す。しかし、対立の原因が価値観や問題設定の相違だったり、市民の側がもっている経験的な知識だったりした場合にはかえって欠如モデル的コミュニケーションが科学者と市民の対立を深めることもある。こうした問題領域は**トランスサイエンス**[7]、すなわち「科学の言葉で問うことができるが科学の方法で答えることができない問い」の領域だと言われることもある。

このタイプの科学批判においては、批判的思考教育そのものも批判的検討の対象になりうる（メタ批判的思考とでも呼ぶことができるだろう）[8]。批判的思考教育にはヘルス（健康）リテラシー[9]や疑似科学[10]への注意喚起など、いわゆる科学コミュニケーション[11]にあたる内容も多く含まれる。そこで取り上げている問題は果たしてトランスサイエンスの領域に踏み込んでいないか、踏み込んでいたとしたら果たして批判的思考教育の内容が望ましくない意味で欠如モデル的になっていないか、という反省は批判的思考教育にも必要であろう。

〔**伊勢田哲治**〕

[7] 項目3－14「トランスサイエンス」を参照。

[8] 伊勢田哲治ほか（編）(2013)『科学技術をよく考える：クリティカルシンキング練習帳』名古屋大学出版会

[9] 項目3－12「ヘルスリテラシー」を参照。

[10] 項目3－15「疑似科学」を参照。

[11] 項目3－4「科学コミュニケーション」を参照。

1-4 心理学と批判的思考
——構成概念とプロセスの全体像

心理学は、批判的思考の研究や実践の基盤となる実証的研究を担ってきた。認知心理学の思考研究では、批判的思考の構成要素や演繹、帰納、問題解決などとの関連が研究されてきた。また、教育心理学においては、批判的思考の発達や育成にかかわる介入研究や、心理学教育を通して批判的思考力を育成する実践研究が行われてきた。ここでは、まずこうした心理学からの批判的思考へのアプローチを、図1のように大きく三つのモデルに分けて説明する[1]。

■批判的思考への三つのアプローチ

第一の**構成要素モデル**は、批判的思考がどのような要素に支えられているかを説明する[2]。批判的思考は、スキルと知識と態度に支えられている。スキルと知識は認知的要素、態度は非認知（情意）的要素に分類できる[3]。非認知的要素には傾向性、感情も含まれる。ここでスキルは、図2の中段に示す情報の明確化から行動決定に至るプロセスを支えるスキルである。知識には、演繹、帰納、類推、問題解決などの推論の方

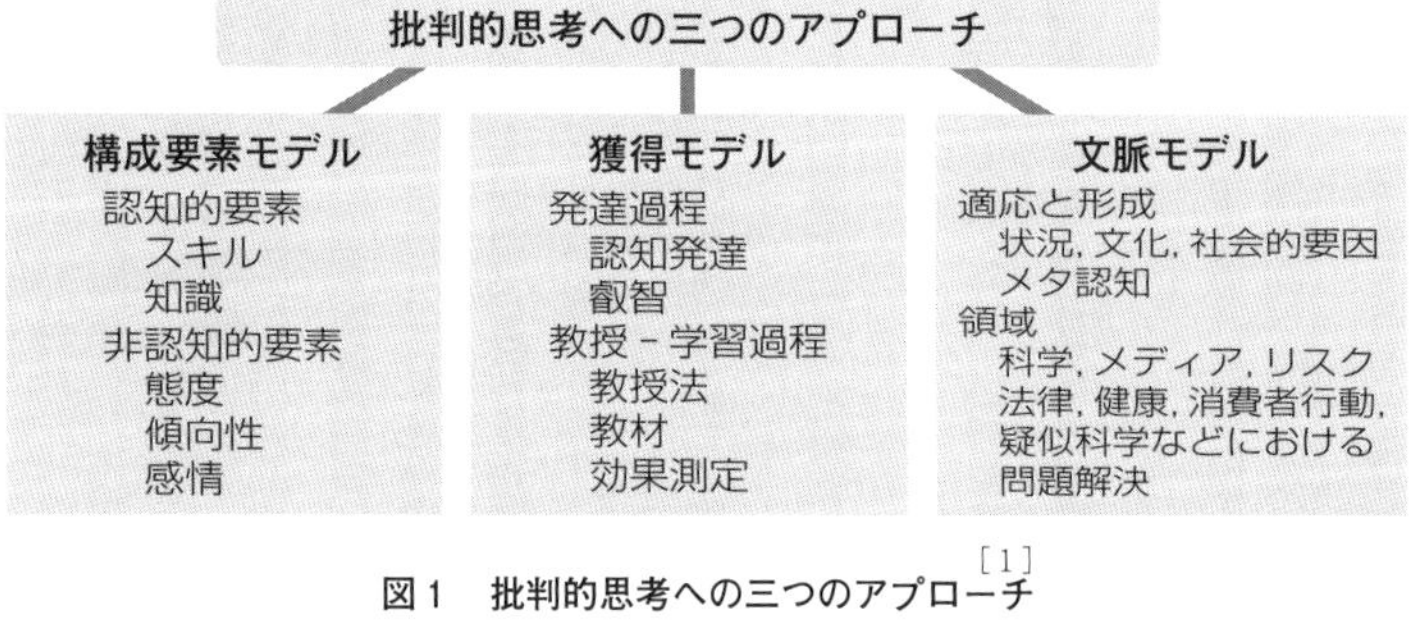

図1　批判的思考への三つのアプローチ[1]

法に関する領域普遍的なものと、テーマにかかわる領域固有のものがある（図2下段右）。一方、態度は、直面する問題やテーマを十分検討し、熟慮、探究し、証拠に基づいて客観的に判断することである（図2下段左）。

第二の**獲得モデル**は、批判的思考のスキルや知識、態度の獲得を支える発達過程や教授−学習過程に関するモデルである。批判的思考は、論理的思考などの認知発達に伴って発達する。そして、人生における経験によって獲得する**叡智**を支えている[4]。小学校から大学院までの学校教育における批判的思考の教授法や教材、効果測定の問題については、本書の第2部で扱う。

第三の**文脈モデル**は、批判的思考が実行される状況、文化、社会的要因[5]に着目し、批判的思考が適応的に利用し、また形成するのかを扱う。批判的思考のスキルや知識をもっていても、それを発揮しないことがあるのは、状況、文化、社会に応じたコントロールを、**メタ認知**によって行っているからである（図2上段）。さらに現実場面で批判的思考をいかに適用し、個人のそして社会の問題を解決するか、たとえば、批判的思考を、科学、メディア、リスク、法律、健康、消費者行動、疑似科学などにどのように適用し問題を解決するのかということについては、本書の第3部で扱う。

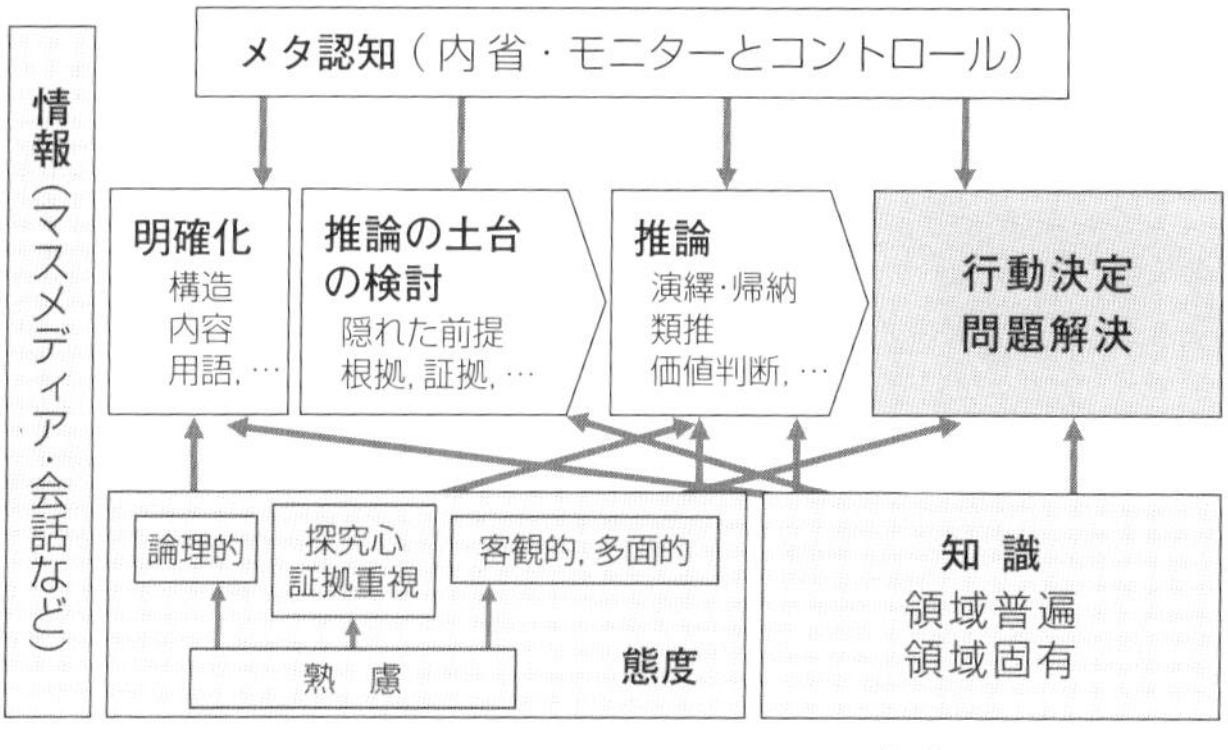

図2　批判的思考の構成要素とプロセス[6]

■批判的思考の認知プロセスと構成要素

批判的思考の主な認知プロセスとそのなかで適用される構成要素（スキル、知識、態度）には、図2に示すとおり以下のものがある。[6]

①情報の明確化　情報（文章、発言など）を正確に理解するためには、精読・傾聴して、情報の構造（主張・結論、根拠・理由など）と内容を明確化するために、問い（例：なぜ？　何が重要か？　事例は？　この意味は？）を発するスキルが重要である。ここでは、あいまいな語、不適切な語、感情的な言葉に気づくことも含まれる。なお、明確化は、以降のプロセスにおいても適宜行われる。

②推論の土台の検討　推論に先立ってその土台を検討する際には、(a)議論や推論を支える根拠となる情報源（リソース）の信頼性を判断し、(b)意見、事実、調査・観察やその報告の内容自体を評価するスキルが働いている。これらの情報源の信頼性判断は**メディアリテラシー**[7]が、科学的な調査や観察についての報告内容の評価は**科学リテラシー**[8]が重要な役割を果たしている。さらに、(c)（書き手や話し手の主張の背後にある）**隠れた前提**や**バイアス**を同定する必要がある。理由・根拠と結論・主張の間の飛躍があったり、議論がかみ合わない場合には、事実や価値化に関する前提や自他の認知バイアスが原因のことがある（例：少年犯罪を減らすには、厳罰化すべきである）。

③推論　推論においては、（命題の解釈や条件式などにおける論理的矛盾のない）演繹の判断、（個々の根拠から過度の一般化をしないで結論を導く）帰納の判断、[9]（過

[1] スタンバーグの知能の鼎立理論に着想を得た分類である。
Sternberg, R.J.（1985）*Beyond IQ: A triarchic theory of human intelligence.* New York: Cambridge University Press.

[2] 項目1－7「批判的思考力の認知的要素」を参照。

[3] 項目1－8「批判的思考の態度」を参照。

[4] 項目1－15「叡智」を参照。

[5] 項目1－9「文化と批判的思考」を参照。

[6] エニスに着想を得たプロセスモデルである。
Ennis, R.H.（1987）A taxonomy of critical thinking dispositions and abilities. In J.B. Baron & R.J. Sternberg (Eds.), *Teaching thinking skills.* NY: Freeman. pp. 9-26.
項目1－1「近代知としての批判的思考」と左記の文献も参照。

去の類似経験を用いる）類推、（背景事実、結果、倫理などを幅広く考慮しバランスのとれた）価値判断などのスキルが働いている。

④行動決定・問題解決　最後の段階では、①から③のプロセスに基づいて結論を導き、置かれた状況を踏まえて、行動決定を行い、問題を創造的に解決するスキルが重要である。さらにこうした批判的思考に基づく結論や自分の主張を他者に伝えるためには、結論や考えを明確に表現し、効果的に伝える、という相手を説得するためのコミュニケーションのスキルが重要である。

特に、議論や共同問題解決などにおいては、他者との相互作用が、①から④のプロセスそれぞれでかかわる。他者からのフィードバックは、メタ認知における**内省**（reflection）を促し、自らのバイアスや誤りを修正することにつながる。ここで、メタ認知的なモニターとコントロールは、批判的思考を行うかどうかの判断から始まり、思考プロセスにおける明確化、そして思考の結果を実行するかどうかの判断の各プロセスにおいて働いている。これらの各プロセスは、**批判的思考態度**である論理的、客観的であろうとし、証拠を重視する態度と、探究心や熟慮性によって支えられている。[3]

■二重プロセス理論と三部分構造モデル

批判的思考は、**二重プロセス理論**[10]における、タイプ（システム）1の自動的処理に

楠見孝（2013）良き市民のための批判的思考『心理学ワールド』*61*, 5-8.

[7] 項目3－6「メディアリテラシー」を参照。

[8] 項目3－3「科学・技術リテラシー」を参照。

[9] 項目1－2「哲学と批判的思考」、項目2－3「論理的思考」を参照。

[10] Kahneman. D. (2003) A perspective on judgment and choice: Mapping bounded rationality. *American Psychologist*, 58, 697-720.

[11] Stanovich. K.E. (2012) On the distinction between rationality and intelligence: Implications for understanding individual differences

よる直観的思考をコントロールするタイプ（システム）2の処理として位置づけることができる（図3）[10]。**三部分構造モデル**[11]では、批判的思考にあたるタイプ2をメタ認知的な**内省的精神**と論理的・分析的な**アルゴリズム的精神**に分ける。そしてタイプ1の、認知的努力なしに、自動的にすばやく働く思考を**自動的精神**と名づけた。ここで、内省的精神は、自動的精神を抑制し、アルゴリズム精神を目標志向的に働かせることによって、より良い解決策を導くことになる。

■心理学教育を通しての批判的思考力育成

学部学生に対する心理学教育の目標は、知識や理論を理解するだけではなく、人の心や行動に関して、批判的に思考し、日常生活に活用するための**心理学リテラシー**を身につけることである[12]。心理学の授業で取り上げるトピックは、判断や意思決定のバイアス[13]、知覚や記憶の歪み、ステレオタイプや先入観[14]など、人の認知的限界による制約された合理性や、文化や社会による人の多様性や状況による人の行動の変化など、人間と社会についての洞察を深めることができるものである。これらの現象は、図3で示した知覚や直観に基づくすばやい処理を行うシステム1の働きで説明できる。これらのバイアスの存在と起

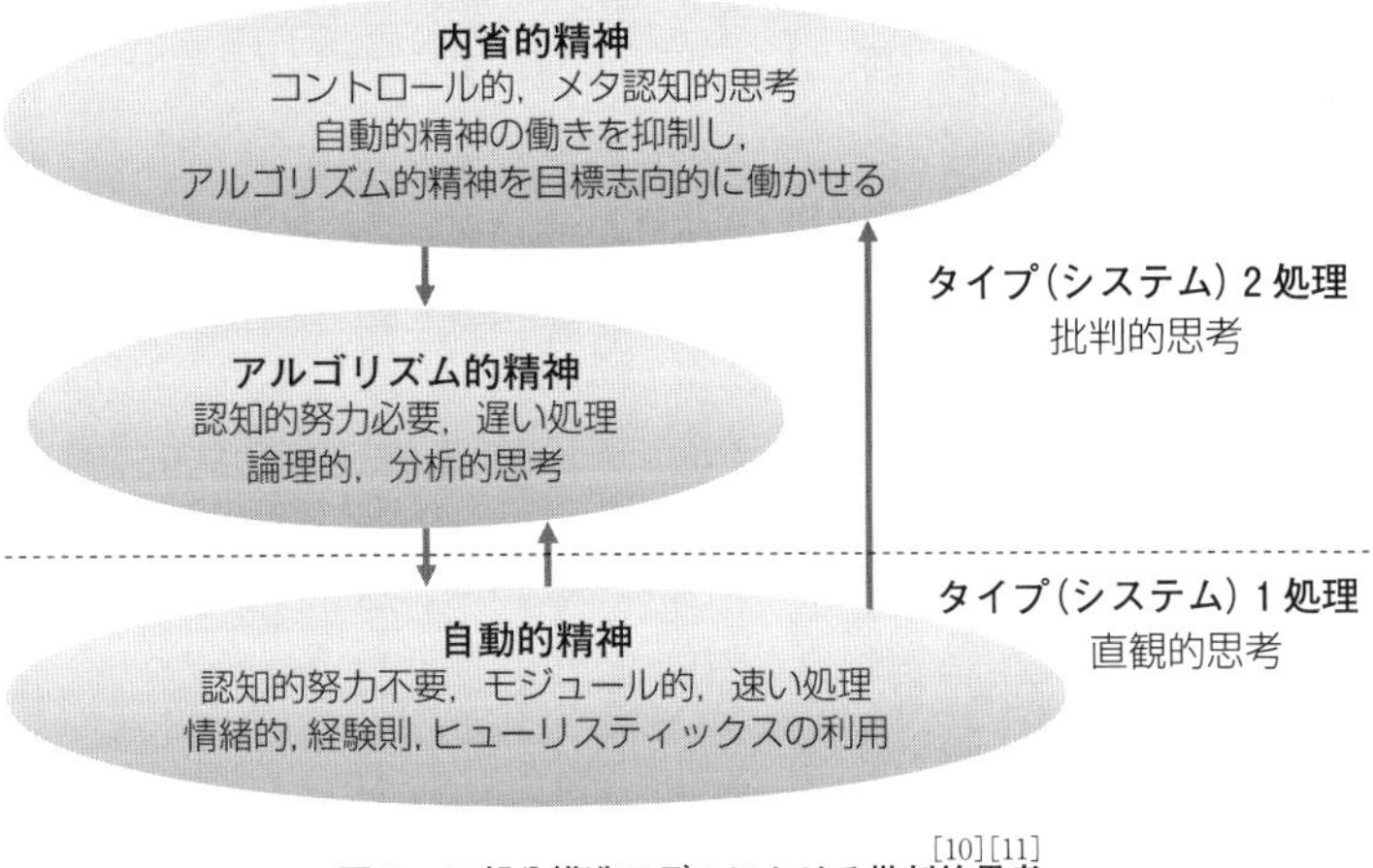

図3　三部分構造モデルにおける批判的思考[10][11]

きやすい状況（時間や知識が限られているなど）に関するメタ認知的知識を身につけることによって、システム2の批判的思考を行い、バイアスを修正することが可能になる。さらに、心理学の方法論を学ぶことで、サンプリング、統制群、相関と因果の区別など、**統計リテラシー**、**科学リテラシー**を身につけることができる。これらを身につけることによって、マスメディアで取り上げられる科学的証拠に基づいていない性格論や子育て法などのポピュラー心理学について、批判的に検討ができる。[15]

このように心理学を学ぶことを通して、人が批判的思考力を身につけて、より良い人生や社会を築くことにつなげることが、心理学教育の重要な課題である。

〔楠見　孝〕

in reasoning. In K.J. Holyoak & R. G. Morrison (Eds.) *The Oxford Handbook of Thinking and Reasoning*. New York : Oxford University Press. pp. 433-455.

図3はスタノビッチのモデルにカーネマンのシステム1と2の特徴を加え、直観的思考と批判的思考に対応づけたものである。

〔12〕Sternberg. R.J.（1997）／宮元博章・道田泰司（編訳）（2000）『アメリカの心理学者心理学教育を語る：授業実践と教科書執筆のためのＴＩＰＳ』北大路書房

〔13〕項目1-11「ヒューリスティックとバイアス」を参照。

〔14〕項目1-12「ステレオタイプと偏見／信念」を参照。

〔15〕楠見孝（2013）心理学とサイエンスコミュニケーション『日本サイエンスコミュニケーション協会誌』*2*, 66-80.

1-5 批判的思考の神経基盤

——脳のメカニズム

■批判的思考の心理学モデル

現在までのところ、批判的思考を直接の対象とした神経科学研究はほとんど存在しない。しかし、批判的思考を構成すると考えられる認知機能の各々に関しては、機能的核磁気共鳴画像法（ｆＭＲＩ）などの画像化技術を利用して、その神経基盤に関する科学的解明が進みつつある。本項では、それらの諸研究を結びつけることで、批判的思考の実現にどのような神経ネットワークがかかわっているのかを探りたい。

まずは批判的思考がどのような認知機能を構成要素としているのかを考える。この問いに対して、現在、最も有力なモデルを提供しているのが心理学者のスタノヴィッチによる**三部分構造モデル**[1]である。このモデルはいわゆる**二重過程モデル**[2]を発展させたものである。二重過程モデルによれば、人間の認知的な行動はその性格を異にする二つの処理システム（**システム1**と**システム2**）によって特徴づけられる。システム1による処理は、自動的に行われ、特定の入力情報に対してのみ駆動し、演算能力をあまり必要とせず、他の処理と並列的に働くことができる。これに対して、システム

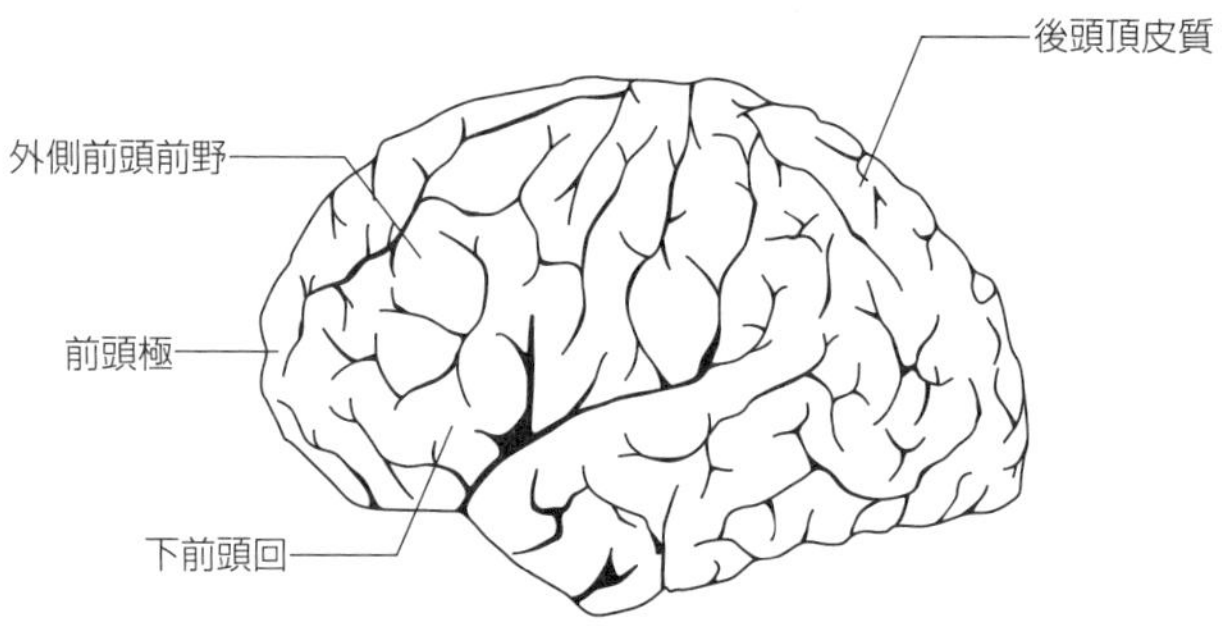

[1] Stanovich, K.E. (2010) *Rationality and the reflective mind.* Oxford: Oxford University Press.

2による処理は、何らかの規則に基づいて意識的に行われ、さまざまな入力情報を利用し、演算能力への負担が大きく、逐次的にしか働くことができない。前者は**直観システム**、後者は**熟慮システム**とも呼ばれており、即時的判断や習慣的行動には前者が、論理的思考や計画的行動には後者が主にかかわっているとされる。これらの機能は脳内の異なる神経回路によって実現されており、前者に対しては大脳基底核と中脳ドーパミン系の神経回路、後者に対しては（後述するように）前頭前野内の神経回路が重要な役割を果たしていると考えられている[3]。

三部分構造モデルはこの二重過程モデルをベースとしている。三部分構造モデルによれば、われわれの心は**自動的精神**（autonomous mind）、**アルゴリズム的精神**（algorithmic mind）、**内省的精神**（reflective mind）という三つのサブシステムの相互作用を通じて意思決定を行う。自動的精神とはおおむねシステム1に相当する認知プロセスであり、自動的に処理を行うさまざまなサブシステムから構成される。そこには、顔認識モジュールや心の理論モジュール[4]などの生得的で領域特異的なモジュールから、無意識の学習および条件づけという領域非特異的なプロセス、および、感情による自動的な行動制御のプロセスまでが含まれる。こうしたシステム1の認知処理はわれわれが日常生活を送るうえで不可欠であるが、**確証バイアス**[5]や**フレーミング効果**[6]といったさまざまな認知バイアスを生み出すことで、われわれを誤った判断へ導いてしまうことがある。こうした場合、われわれは自動的精神による反応傾向を抑制

［2］ Stanovich, K.E. (2004) *The robot's rebellion : Finding meaning in the age of Darwin*. Chicago, IL.: University of Chicago Press.［K・スタノヴィッチ／椋田直子（訳）(2008)『心は遺伝子の論理で決まるのか：二重過程モデルでみるヒトの合理性』みすず書房］ならびに、Kahneman, D. (2011) *Thinking, fast and slow*. New York : Farrar, Straus and Giroux.［D・カーネマン／村井章子（訳）(2014)『ファスト&スロー：あなたの意思はどのように決まるか？』早川書房］に詳しい。

［3］ Yamamoto, M., Pan, X., Nomoto, K. & Sakagami, M. (2011) Multiple Neural Circuits in Value-based Decision-making. *Attention and Performance XXII*. Delgado, M. et al. (Eds.), Oxford Press : 355-369.

［4］ 他者を心をもったものとして理解し、心の状態を推測したり、それに基づいて行動を予測したりする能力のこと。

し、それが実際の信念や行動となるのを妨げなければならない。さらに、自動的精神よりも優れた代替案を計算し、それを実際の信念や行動へと反映させなければならない。ここで、自動的精神による反応傾向の抑制を行い、代替案のための計算処理を開始させるのが内省的精神であり、それによって駆動され、実際の計算処理を担うのがアルゴリズム的精神である。従来のモデルにおけるシステム２は、三部分構造モデルにおいて、このように二つの別々の要素へと分解されることになる。

アルゴリズム的精神は論理的推論や表象の心的操作などにかかわっており、知能検査によって計測されるような認知能力に対応している。他方、内省的精神は証拠の強さによる信念の重みづけや目的を達成するための計画の調整などにかかわっており、合理的思考態度に関する尺度によって計測されるような認知能力に対応している。卑近な表現を使えば、アルゴリズム的精神は「頭の回転」に、内省的精神は「思慮深さ」に対応しているといえよう。[7]

この三部分構造モデルからとらえるならば、批判的思考とは、必要に応じて自動的精神の働きを抑制し、アルゴリズム的精神を目的志向的に働かせる思考として特徴づけることができる。反省的精神はこの自動的精神の抑制とアルゴリズム的精神の調整にともにかかわっている。批判的思考はこのように高度な情報処理を要するが、そうした高次認知の実現にはヒトにおいて特に発達した大脳新皮質（とりわけ前頭前野）が決定的な役割を担っている。以下、三部分構造モデルに基づいて、批判的思考が特

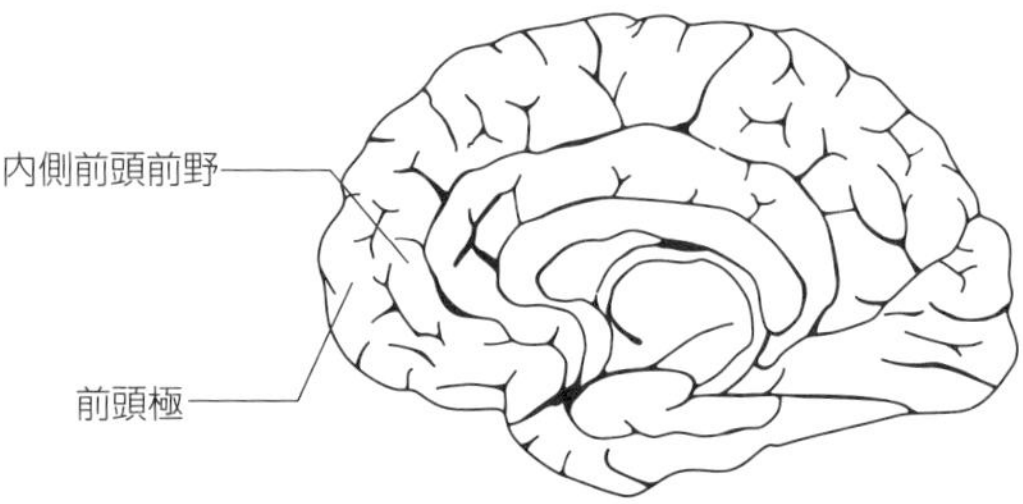

にどのような神経基盤に基づいているかを検討しよう。

■批判的思考を支える神経メカニズム

批判的思考において、アルゴリズム的精神は演繹的推論や帰納的推論などのさまざまな推論を行うことでその機能を果たす。演繹的推論の神経基盤に関してはさまざまな研究が行われているが、それらに対するメタ分析を行ったプラドらの論文[8]によれば、関係的推論（「AよりもBのほうが背が高く、BよりもCのほうが背が高い。ゆえに、AよりもCのほうが背が高い」といった推論）は主に後頭頂皮質における活動と、範疇的推論（「すべてのAはBであり、すべてのBはCである。ゆえに、すべてのAはCである」といった推論）は主に左下前頭回における活動と相関している。後頭頂皮質は空間位置の表象と、左下前頭回は言語表現の産出とかかわりが深く、ここから、それぞれの推論は空間処理や言語処理の様式を借りて遂行されていると推定される。また、帰納的推論の神経基盤に関しては、刺激の呈示位置に関する規則を帰納的に推測させる課題を用いたクレセンティーニらの研究がある[9]。この研究によれば、規則を帰納的に推論することには特に外側前頭前野の活動がかかわっている。このように、推論は単一の神経システムに基づいて行われているわけではなく、異なる種類の推論に対してはそれぞれ異なる神経システムが駆動していることが示唆される。

では、反省的精神はどのような神経メカニズムによって実現されているのだろう

[5] 自分の信念や仮説を肯定する証拠ばかりを集めてしまう心理的傾向のこと。項目1－12「ステレオタイプと偏見／信念」を参照。

[6] 同じ内容の選択肢であっても、それがどのように提示されるかによって異なる判断が生じるという効果のこと。

[7] これらは相互に独立な認知能力であり、実際、一般知能と合理的思考態度の測定結果間には弱い相関関係しかない。この点については左記の論文の３５４頁を参照。
Stanovich, K. E. (2012) On the distinction between rationality and intelligence: Implications for understanding individual differences in reasoning. in Holyoak, K. J. & Morrison, R. G. (Eds.), *The Oxford handbook of thinking and reasoning*. 433-465.

か。反省的精神の機能としては、まず、どのようなときにアルゴリズム的精神を駆動させるかに関する判断を行うことが必要である。こうした判断には**メタ認知**のメカニズムがかかわっている。メタ認知とは「表象に関する表象」を形成することである。たとえば、何らかの意思決定を行うとき、われわれはそのための証拠（感覚情報や記憶情報）が十分であるかどうかを**確信度**（confidence）という形でメタ的に表象し、確信度が低いときには即時的な決定を控え、さらなる情報収集を行うことでより確かな決定を下す。メタ認知に関しては、現在、神経科学の分野において盛んな研究が行われている。たとえば、記憶している内容が確かであるかどうかという「メタ記憶」に関する研究によれば、これから想起する記憶に関するメタ記憶（展望的メタ記憶）には内側前頭前野が、直前に想起した記憶に関するメタ記憶（回顧的メタ記憶）には外側前頭前野が関与している[10]。そして、行った意思決定が正しいかどうかという確信度の表象には前頭極がかかわっているという示唆が得られている[11]。

　続いて、こうしたメタ認知の情報に基づいて、われわれは時に自動的精神を抑制し、アルゴリズム的精神を働かせなければならない。自動的精神の働きは（強化学習や習慣形成にかかわる）線条体を含む大脳基底核や（情動反応にかかわる）扁桃体を含む大脳辺縁系によって担われている。抑制を行う場面では、前頭前野の各部位からこれら大脳基底核や大脳辺縁系へと連絡する投射経路が重要な役割を担っていると考えられる[12]。たとえば、腹内側前頭前野を損傷した患者は、計画に従って行動すること

[8]　Prado, J., Chadha, A. & Booth, J.R. (2011) The brain network for deductive reasoning: A quantitative meta-analysis of 28 neuroimaging studies. *Journal of Cognitive Neuroscience*, 23, 3483-3497.

[9]　Crescentini, C., Seyed-Allaei, S., De Pisapia, N., Jovicich, J., Amati, D. & Shallice, T. (2011) Mechanisms of rule acquisition and rule following in inductive reasoning. *Journal of Neuroscience*, 31, 7763-7774.

[10]　Fleming, S. M. & Dolan, R. J. (2012) The neural basis of metacognitive ability. *Philosophical Transactions of the Royal Society B : Biological Sciences*, 367, 1338-1349.

[11]　Fleming, S.M., Huijgen, J. & Dolan, R.J. (2012) Prefrontal contributions to metacognition in perceptual decision making. *Journal of Neuroscience*, 32, 6117-6125.

ができなくなり、衝動的な行動を抑制することが困難になることが知られている。[13]

また、批判的思考においては、自らが有する信念の間にある矛盾や不整合に気づき、それらを解消するためにアルゴリズム的精神を働かせるという機能も重要である。出馬ら[14]は、被験者に認知的な不均衡を生じさせ、あるアイテムに対する自らの選好に変化を促す課題を用いることで、認知的な不均衡の神経基盤を探る実験を行った。結果、認知的な不均衡の大きさは背内側前頭前野の活動の強さと相関していることが示された。このことは、首尾一貫した思考を実現するうえで、背内側前頭前野の処理が重要な役割を果たしていることを示唆している。

以上のように、批判的思考はアルゴリズム的精神と内省的精神の協働によって成り立っており、それぞれはさらに異なる機能をもつサブシステムへと分解される。アルゴリズム的精神は遂行する推論の種類に応じて異なる神経システムを用いている。また、反省的精神はメタ認知や行動抑制、認知的不整合の検出といった機能から成り、それぞれの機能は異なる神経システムによって実現されている。

現在、神経科学の最先端は、光遺伝子操作技術やＭＲＩの新たな解析技術を用いて、個々の脳領域の機能を解明する段階から、そうした領域をつなぐ個々の神経回路の機能を解明する段階へと進みつつある。そうした研究の進展に伴い、ここで示した批判的思考の神経基盤に関しても、そのネットワークレベルでの解明がさらに進められてゆくだろう。[15]

〔**小口峰樹・坂上雅道**〕

[12] Robbins, T. W., Gillan, C. M., Smith, D. G., de Wit, S. & Ersche, K. D. (2012) Neurocognitive endophenotypes of impulsivity and compulsivity: Towards dimensional psychiatry. *Trends in Cognitive Sciences, 16*, 81-91.

[13] Damasio, A. (1994) *Descartes' error: Emotion, reason, and the human brain*. New York: G. P. Putnam's Sons.〔A・R・ダマシオ／田中三彦（訳）(2010)『デカルトの誤り：情動、理性、人間の脳』ちくま学芸文庫〕

[14] Izuma, K. & Adolphs, R. (2013) Social manipulation of preference in the human brain. *Neuron, 78*, 563-573.

[15] 本稿の内容の一部は左記の論文に基づく。
太田紘史・小口峰樹 (2014)「思考の認知科学と合理性」信原幸弘・太田紘史（編）『シリーズ　新・心の哲学Ⅰ　認知篇』勁草書房 pp. 111-164.

1−6

批判的思考力の評価

——どのように測定するか

批判的思考力を身につけたい、育てたいと思ったとき、自分自身や対象者の力はどの程度であるのかについて正確に評価し把握することは、「考えているつもり」に陥らないために、そしてさらにその力を高めていくために大切なことである。ここでは、批判的思考の論理的側面の評価、省察的側面の評価、そして教室場面での評価について整理する。なお、批判的思考の情意的側面を評価する尺度については、項目1−8「批判的思考の態度」にて述べる。

■論理的な側面の評価

批判的思考の一つの重要な側面として、論理的に考え、正しく推論する力が挙げられる。この論理的な側面に焦点を当てた評価テストとしては、たとえば**ワトソン・グレーザー批判的思考力テスト**[1]がある。このテストでは、①与えられたデータに基づき仮説の正しさの度合いを評定する推論課題、②与えられた宣言文のなかでどれが仮説かを決定する仮説の同定課題、③結論が与えられた宣言から必然的に導かれるものか

[1] Watson, G.B. & Glaser, E.M. (1980) *Watson-Glaser critical thinking appraisal manual.* San Antonio, TX: The Psychological Corporation.

[2] 久原恵子・井上尚美・波多野誼余夫（1983）批判的思考力とその測定『読書科学』*27*, 131-142.

[3] Ennis, R.H., Millman, J. & Tomko, T.N. (1985) Cornell critical thinking tests level X & Z manual third edition. Critical Thinking Books & Software.

[4] フレーミング効果を測定するための課題。次の問題文に対して、2通りの選択肢を用意する。「600人の死亡が予想されるアジアの伝染病の流行に対して備えています。その伝染病の対策には2通りが準備されています。各対策を実施した場合の結果の科学的な推定は次の通りです」

バージョン1　対策A：400人が死亡する。対策B：3分の1の確率

を判断する演繹的推論課題、④与えられた結論が与えられたパラグラフから論理的に疑わしくないかを判断する短文理解課題、⑤与えられた議論が堅固なものであるかを判断する議論評価課題で構成されている。なお、日本では、このテストの推論課題をもととしたテストが作成されている[2]。**コーネル批判的思考テスト**[3]は、①帰納的推論、②演繹的推論、③観察の妥当性判断、④議論の意見の評価、⑤仮説の検証、⑥語の意味判断などの能力を評価するテストである。これらは、いずれも与えられた情報のなかで論理的な判断を求めるものである。回答は多肢選択式であり、必ず一つの正しい答えがあるという問題である。ただし、選択肢のなかには「材料不足」といった選択肢も含まれているなど、単に論理の真偽を判断するだけではないという特徴がある。

また、論理的、合理的な思考力の評価に、ヒューリスティックやバイアスの課題が用いられることもある。たとえば、論理的に同じ内容であるにもかかわらず、表現が変化するだけで判断が変化しないかを評価する**フレーミング課題**[4]、「リンダ問題」に代表される確率をもっともらしさで判断しないかを評価する**連言錯誤課題**[5]などがある[6]。

■省察的な側面の評価

基本的に論理的に思考する力が必要であるが、人はその力があっても必ずしも正しく判断できるとは限らない。自分の思い込みなどによって、判断を誤ってしまうこと

で誰も死亡しないのに対して、3分の2の確率で600人が死亡する。

バージョン2　対策A：200人が救われる。対策B：3分の1の確率で600人が救われるのに対して、3分の2の確率で誰も救われない。

対策AおよびBは、バージョン1、2とで同じことを意味している。バージョン1ではAが利得面を強調しているのに対して、2では損失面が強調されている。このように、内容的には同じであっても、表現が異なると多くの場合で選択されるものが変化することが示されている。

[5] たとえば、ある人物が「特性Aを持つ」確率は、「特性BかつCを持つ」と特性が連言されている場合よりも高い。しかし、たとえば特性BまたはCが、その人に対してもっともらしいと感じられる場合、確率論的に高いはずのAより、BかつCである確率が高いと判断されることがある。これを連言錯誤と呼ぶ。

[6] Stanovich, K. E. & West, R. F. (2008) On the relative independence of thinking biases and cognitive

も多い[7]。自分の思考過程に省察的になり、信念にとらわれずに判断できるかを評価するものとして、**ミネソタ批判的思考力テストⅡ**[8]が挙げられる。これは、回答者がもともっている信念と一致した議論を批判的に評価できるかを測定するテストである。課題として一般的な論争的問題を扱っているため、受験者がもともともつ信念と比較でき、信念バイアスの得点を算出することができる。回答は、多肢選択式課題と自由記述課題の両方が用いられている。

また、自分自身の主張や信念と不一致の情報を適切に評価し受け入れ、適切な結論を導くことができるかを評価するものもある[9]。

■教室場面での批判的思考力の評価

初等・中等教育から高等教育に至るまで、そして高等教育においても初年次教育から専門教育に至るまでと、幅広い状況で批判的思考力の育成が求められている。したがって、教室場面での批判的思考力の評価には、さまざまな指標が用いられている。大きく分けると、(1)ワトソン・グレーザー批判的思考テストやバイアス課題など既に述べたようなテストの組み合わせ[10]、(2)高等教育での目標とされるジェネリックスキルとしての批判的思考力を包括的に評価するテスト[11]、(3)その授業が焦点を当てている批判的思考の側面を中心に評価するための指標などが用いられている。

「(2)ジェネリックスキルとしての批判的思考力を包括的に評価するテスト」として

ability. *Journal of Personality and Social Psychology, 94*, 672–695.

[7] 項目1－12「ステレオタイプと偏見／信念」を参照。

[8] Edman, L.R.O., Roby, J. & Bart, W.M. (2002) Critical thinking, belief bias, epistemological assumptions, and the Minnesota test of critical thinking. Paper presented at the Annual meeting of the American educational research association.

[9] 平山るみ・楠見孝（2004）批判的思考態度が結論導出プロセスに及ぼす影響：証拠評価と結論生成課題を用いての検討『教育心理学研究』52, 186–198.

[10] 楠見孝・平山るみ・田中優子（2012）批判的思考力を育成する大学初年次教育の実践と評価『認知科学』*19*, 69–82.

[11] 楠見孝（2014）「批判的思考力」と大学教育『ＩＩＤＥ現代の高等教

は、たとえば、アメリカなどの批判的思考が高等教育の目標の一つとされる国では、批判的思考を含むアカデミックな力を評価するためのテストセットが作成されている。その一つ、CLA（The Collegiate Learning Assessment）[12]は、①論点について立場を明確にして根拠を示す議論構築課題、②論理的かどうかという観点で主張を評価する議論批評課題、③与えられた資料を使い、課題を完成させるパフォーマンス課題がある。このCLAは、大学教育のアウトカム評価としても用いられている。日本でも、批判的思考への関心の高まりから、近年、テストセットの開発が試みられている[13]。

「(3)その授業が焦点を当てている批判的思考の側面を中心に評価するための指標」は、その教育実践によってさまざまである。たとえば、専門導入教育において、省察し、質問をする力を育むことに焦点を当てた教育実践の場合には、質問に対する態度を評価する尺度、および文章を提示して質問を書かせた場合の質問量の増加量によって評価されている[14]。また、より深く専門分野を学ぶための授業において、論文を読み解き、批判的に考え、建設的な議論をする力を育むことに焦点を当てた場合には、レポートや議論のなかでの、視点の質的および量的な変化によって評価されうる[15]。

いずれにおいても重要なことは、テストのなかで良い評価を得られるよう批判的思考力を育むのではなく、問題解決などの目標に向かって力を発揮できるよう育んでいくということである。

〔**平山るみ**〕

育』*560*, 23-27.

[12] CAE (2014) Collegiate Learning Assessment http://www.collegiatelearningassessment.org/

[13] 楠見孝・子安増生・道田泰司・林創・平山るみ・田中優子（2010）ジェネリックスキルとしての批判的思考力テストの開発：大学偏差値、批判的学習態度、授業履修との関連性の検討『日本教育心理学会第52回総会発表論文集』661.

[14] 道田泰司（2011）「質問力向上を目指した授業」楠見孝・子安増生・道田泰司（編著）『批判的思考力を育む：学士力と社会人基礎力の基盤形成』有斐閣 pp. 207-212.

[15] 沖林洋平（2011）「多様なツールを複合的に利用する論文講読」楠見孝・子安増生・道田泰司（編著）『批判的思考力を育む：学士力と社会人基礎力の基盤形成』有斐閣 pp. 220-224.

1-7

批判的思考力の認知的要素

――正しい判断を支える力

情報をよく吟味し、批判的に考えようとすれば必ずしも適切な判断を行えるとは限らない。さまざまな情報を求めて、比較検討した結果、適切とはいえない判断を下してしまうこともある。たとえば、健康のために、家族の安全を守るためにとさまざまな情報を求めても、テレビで専門家が言っているのだから確かだろうとか、多くの人が言っているのだから事実なのだろうといったことで情報の信頼性を判断してしまうこともありうる[1]。批判的思考には、批判的に考えようという態度的な要素だけではなく、認知的な要素も必要である。言語能力や論理的思考力などが批判的思考の中心的役割を果たしており、そして領域普遍的な知識や領域固有の知識が批判的思考を支えている。

[1] 項目3―17「情報の信頼性評価」を参照。

■批判的思考を支える能力

思考の対象領域にかかわらず、まず基本的に必要になるのは、**言語能力**である。情報を読み、正しく理解するためにも、そして高次の思考にも言語能力は必要である。

批判的思考のプロセスにおいて、得られた情報のなかから問題や主張、そして根拠はどれであるのかを明確にすることが求められる。さらに、隠れた前提はないのか、あるとしたらどのような前提なのか、示されている情報はその人の意見なのか事実なのかといったことを見極めることが必要となる。このように、複雑な情報を明確にし、正しく理解するための言語能力が必要となるのである。

また、問題を解決するためには、情報を理解するだけではなく、それらの情報に基づいて演繹的、帰納的に推論を行うことも必要である。**推論能力**については、批判的思考に必要な能力ととらえる立場もあれば、批判的思考力そのものであるととらえる立場もあり、批判的思考力テストが論理的思考を評価するテストである場合もある。しかし、いずれにしても、情報を吟味し、それらに基づき次の行動を考えたり問題を解決していくためには、推論能力が必要である。

実際、知能検査のなかの言語能力を測定する課題と批判的思考との間には、多くの研究で関係性がみられている。たとえば、批判的思考力を測定するコーネル批判的思考テスト[2]は、知能検査である京大SXの言語性課題のうち文章推理および乱文構成課題[3]、大学進学適性検査（SAT）との間に有意な正の相関がみられている[2]。また、ワトソン・グレーザー批判的思考力テストは、文章推理、乱文構成、単語分類、同音異義課題[4]と、さらに推論能力を測定するGMAとの間に正の相関がみられた[5]。つまり、批判的思考には、単語の意味を理解する能力、文章レベルで内容を理解する能力[6]、そ

[2] Ennis, R. H., Millman, J. & Tomko, T. N. (1985) *Cornell critical thinking tests level X & Z manual third edition.* Critical Thinking Books & Software.

[3] 平山るみ・田中優子・河崎美保・楠見孝（2010）日本語版批判的思考能力尺度の構成と性質の検討：コーネル批判的思考テスト・レベルZを用いて『日本教育工学会論文誌』33, 441-448.

[4] 藤岡秀樹（1987）推論能力についての一研究『読書科学』*31*, 7-14.

[5] Moutafi, J., Frunhm, A. & Crump, J. (2003) Demographic and personality predictors of intelligence: A study using the NEO personality inventory and the Myers-Briggs type indicator. *European Journal of Personality, 17*, 79-94.

[6] 項目2―8「国語教育」を参照。

してそれらを抽象的に操作して推論する能力が必要であると考えられる。

■思考やバイアスに関する領域普遍的な知識

情報を明確にし、問題、主張、根拠や隠れた前提を明確にしたとき、それらの関係性は論理的に妥当なものであるかどうかを判断する必要がある。もし、これまでの知識や経験とは異なるような事象に出会った場合、思い込みや信念にとらわれないためには**形式論理学**[7]に関する力が必要となるであろう。また、多くの場合に**統計的リテラシー**[8]や実験や調査に関する基本的な知識も重要となる。それらは、不確実な世界において問題を分析するために重要であろう。

しかし、人は、実際には論理的、統計的に考える力は十分にあったとしても、常に論理的に考えられるとは限らず、時として誤った判断をしてしまうこともある。ある状況によっては、多くの人が判断を誤りやすいという場合がある。どのような場面で誤りやすいのかといった知識は、心理学の研究のなかで蓄えられてきている[9]。このような、誤りやすい状況はどのようなときなのかといった知識をもつことも、自分自身の思考を省察するために重要な知識であろう。

■思考の対象となる領域固有の知識

実際に何らかの問題について考え判断していく際には、その領域についての知識が

[7] たとえば、「米は魚類である。全ての魚類は歌う。したがって、米は歌う」と聞くと、奇妙に感じるであろう。しかし、それぞれを記号に置き換えると、「AはBである。全てのBはCである。したがってAはCである」という論証となる。A、B、Cそれぞれが何であるかという解釈には関係なく、その形式によって判断するのが形式論理学である。

[8] 項目3−5「数学・統計リテラシー」を参照。

[9] 項目1−12「ステレオタイプと偏見／信念」を参照。

支えとなる。たとえば、インターネットのさまざまなサイトを無防備にクリックしてもいいのか、そこから個人情報を吸い上げられ悪用されることはないのかを吟味し判断するためには、インターネットのしくみについての知識が必要となるであろう。このように、その領域についてのしくみやルールを知らなければ判断したり解決することができない問題も多々あるであろう[10]。

しかし、最も重要なのは、初めからその領域についての知識をもっていることではない。もちろん、豊富な知識をもっているに越したことはない。しかし、もしもその領域についての知識が乏しかったとしても、知識が必要となったときに、その知識を得る力があればよいのである。したがって、重要となるのは、「問題にかかわる領域の基本的なしくみについての知識が重要である」という知識、そして問題領域の知識となる情報を探索し、吟味するための能力である。このときの吟味には、既に述べたような言語能力、論理的思考力といった力が必要となる。また、自分がもっている領域に関する知識についても、批判的に吟味する必要がある。なぜならば、時代とともにその知識は変化していくことがあるからである。領域固有の知識によって批判的思考は支えられているが、一方で、批判的思考が新たな、かつ適切な領域固有の知識の獲得の支えにもなると考えられる。

〔平山るみ〕

［10］項目3－6「メディアリテラシー」を参照。

1-8 批判的思考の態度

――どのような人が発揮しやすいか

1-7では、批判的に考えるために必要な能力や知識をみてきた。では、たとえば、論理学や科学実験の手法に精通していれば、情報を適切に判断できるようになるのだろうか。人には、さまざまな認知バイアスがあり、論理的に考えられる力があったとしても、論理的に妥当な判断ができるとは限らない[1]。批判的思考を行うためには、能力やスキルといった認知的側面とあわせて、**情意的側面**が必要となる[2]。それは、意識的に吟味し批判的に考えることの重要性に気づき、そのように考えたいという「志向性」、そして実際に批判的に考えるために必要な構えとしての「態度」、判断を下す際により多くの情報を求めてじっくり考える認知的熟慮性といった「傾向性」などである。

[1] 項目1-11「ヒューリスティックとバイアス」および項目1-12「ステレオタイプと偏見/信念」を参照。

[2] Ennis, R.H. (1987) A taxonomy of critical thinking dispositions and abilities. In J.B. Baron & R.J. Sternberg (Eds.) Teaching thinking skills: Theory and practice. New York: W.H. Freeman and Company. pp. 9-26.

■批判的思考の志向性

批判的に考えるようになるための情意的な面としては、そもそも批判的に考えたいと思うか、批判的思考を発揮するような人になりたいかどうかという**志向性**もかかわる。もし、批判的に考え発言したり行動するような人に対するイメージが悪く、自分はそんな人にはなりたくないと思っているならば、批判的思考を獲得したり、スキルがあっても発揮したりすることはあまりなくなるであろう。

そのような観点から、廣岡ら[3]は、他者がかかわるかどうかによって志向性が異なる可能性があるとして、二種類の場面での志向性を想定した。一つは他者の存在を想定した場面における志向性で、もう一つは必ずしも他者の存在を必要とはしない場面における志向性であった。他者の存在を想定した場面における批判的思考志向性は、①人間多様性理解（例：自分とは違う考え方の人に興味をもつ）、②他者に対する真正性（例：友だちに対してでも、悪いことは悪いと指摘できる）、③論理的な理解（例：人の話のポイントをつかむことができる）、④柔軟性（例：必要に応じて妥協する）、⑤脱直感（例：理由もなく人を疑ったりしない）、⑥脱軽信（例：うわさをむやみに信じない）がかかわることが示された。また、必ずしも他者の存在を必要とはしない場面における批判的思考志向性は、①探究心（例：他の人があきらめても、なお答えを探し求め続ける）、②証拠の重視（例：確たる証拠の有無にこだわる）、③不偏性（例：物事を決めるときには、客観的な態度を心がける）、④決断力（例：ここぞというところで決断できる）、⑤脱軽信（例：情報を、少しも疑わずに信じ込んだりしない）がかかわることが示された。

[3] 廣岡秀一・元吉忠寛・小川一美・斎藤和志（2001）クリティカルシンキングに対する志向性の測定に関する探索的研究(2)『三重大学教育実践総合センター紀要』*21*, 93-102. 主因子法、プロマックス回転によって、social version は30項目6因子、non social version は、29項目5因子の尺度が構成された。
項目2－15「大学初年次教育」を参照。

■批判的思考の態度

批判的思考態度には、エニス[2]によると、①明確な主張や理由を求める、②信頼できる情報源を利用する、③状況全体を考慮する、もとの重要な問題からはずれないようにする、④複数の選択肢を探す、⑤開かれた心をもつ、⑥証拠や理由に立脚した立場をとる、といった態度があるとしている。

また、平山・楠見[4]では、批判的思考態度として、①論理的思考の自覚（論理的思考の重要性を認識し、自分自身が論理的な思考を自覚的に活用しようとする態度。例：誰もが納得できるような論理的な説明をしようとする）、②探究心（開かれた心でさまざまな情報を求めようとする態度。例：いろいろな考え方の人と接して多くのことを学びたい）、③客観性（主観にとらわれず客観的に考えようとする態度。例：いつも偏りのない判断をしようとする）、④証拠の重視（主観ではなく適切な証拠を求めそれに基づき判断しようとする態度。例：判断を下す際は、できるだけ多くの事実や証拠を調べる）の四つの態度が見出されている。

さまざまな情報を求めようとする探究心は、自分自身があらかじめもっている意見とは異なることを示す情報も、それはおかしいと頭ごなしに拒否してしまうことなく公平に受け入れることにかかわっていることが示された[4]。また、開かれた心も、議論や情報について、論理よりも自分のもつ考えと比べて判断してしまうようなバイアス[1]を回避することに影響していることが示されている[5]。自分の考えや思い込みにとらわ

[4] 平山るみ・楠見孝（2004）批判的思考態度が結論導出プロセスに及ぼす影響：証拠評価と結論生成課題を用いての検討『教育心理学研究』52, 186–198. 主因子法、プロマックス回転によって構成された、4因子33項目の尺度である。いくつかの項目は、カリフォルニア批判的思考態度尺度（Facione, P. A. & Facione, N. C〔1992〕*California Critical Thinking Disposition Inventory*. Millbrae, CA: California Academic Press.）に由来している。

[5] West, R.F., Toplak, M.E. & Stanovich, K.E. (2008) Heuristics and biases as measures of critical thinking: Associations with cognitive ability and thinking dispositions. *Journal of Educational Psychology*, *100*, 930–941.

れず、客観的に情報を判断するために、これらの態度が重要であると考えられる。

■認知的熟慮性

物事をじっくりと考えるよりも、とりあえずさっさと行動するべき、行動あるのみ、というタイプの人は、批判的思考の高いスキルをもっていたとしても、それを発揮することは少ないであろう。逆に、判断し行動するときには、より多くの情報を求めてじっくり考えるというタイプの人のほうが、批判的思考を発揮しやすいであろう。このような、ある判断をする際に、より多くの情報を求めてじっくり考えるといった傾向性のことを、**認知的熟慮性**という（考えるよりもまず行動という傾向性は、認知的衝動性という）[6]。この認知的熟慮性の高い人は、トラブルに際して冷静沈着に状況判断を行い、正しく対処し、また準備不足や情報不足によるトラブルを回避することにもつながると考えられる[7]。判断するときにはじっくり考えるという認知的熟慮性が、論理的に考えよう、さまざまな情報を求めよう、客観的に考えようといった批判的思考の態度を支え、そして、批判的思考態度が高いほど、問題に関係する情報を求めたり、リテラシーを高めることにつながっている[8]。

〔平山るみ〕

[6] 滝聞一嘉・坂本章（1991）認知的熟慮性−衝動性尺度の作成：信頼性と妥当性の検討『日本グループダイナミクス学会第39回大会発表論文集』39-40.

[7] 宮本聡介（2007）熟慮と衝動：冷静沈着の本質、海保博之・宮本聡介『ワードマップ　安全・安心の心理学：リスク社会を生き抜く心の技法48』新曜社 pp. 136-139.

[8] 楠見孝・平山るみ（2013）食品リスク認知を支えるリスクリテラシーの構造：批判的思考と科学リテラシーに基づく検討『日本リスク研究学会誌』23, 1-8.

1-9 文化と批判的思考

――西洋と東洋ではどう違うのか

人類はハードウェアとしては同じ脳構造でも、アウトプットされる思考は文化によって異なることが指摘されてきた。ニスベットら[1]は、西洋と東洋の文化的違いを**分析的認知**（analytic cognition）と**全体的認知**（holistic cognition）という枠組みで説明している。批判的思考は、規準に基づく思考という意味で分析的認知に近い思考だと考えられる。批判的思考研究も、デューイをはじめとして西洋文化圏で行われてきた。しかし近年、日本を含めた東洋においても関心が高まるにつれて、東洋文化の学生を対象とした批判的思考研究や、批判的思考文化比較研究などが少しずつではあるが行われるようになっている。本項では、批判的思考の文化的な差異について考察する。

■批判的思考のパフォーマンスと態度の文化差

批判的思考態度の文化差に焦点を当てたものとしてティワリーら[2]の研究がある。この研究では、香港とオーストラリアの学生を対象に、カリフォルニア批判的思考態度尺度[3]を用いた文化比較研究を行った。その結果、香港の学生の批判的思考態度はオー

[1] Nisbett, R. E., Peng, K., Choi, I. & Norenzayan, A. (2001) Culture and systems of thought : Holistic versus analytic cognition. *Psychological Review*, *108*, 291-310.

[2] Tiwari, A., Avery, A. & Lai, P. (2003) Critical thinking disposition of Hong Kong Chinese and Australian nursing students. *Journal of Advanced Nursing*, *44*, 298-307.

[3] Facione, P. A. & Facione, N. C. (1992) *California Critical Thinking Dispositions Inventory*. Millbrae, CA : California Academic Press.

ストラリアの学生と比べて全体的に低い傾向を示した。また、同様に香港の学生を対象にしたクーら[4]の研究では、西洋文化で得られた知見と比較しながら、批判的思考パフォーマンスに関連する批判的思考態度の文化差を検討している。西洋の研究では「認知欲求」「開放性」「誠実性」「真理の探究」が批判的思考者に関連する重要な特徴だと考えられてきたのに対して、香港の大学生のパフォーマンスに関連するのは「真理への関心」のみであった。このような文化の違いについて、クーら[4]は、儒教集団主義的な価値観が根強く残る中国においては、権威の尊重や社会的調和に重きがおかれ、多様な意見はあまり歓迎されないという文化的特徴があることや、他者の考えや感情を考慮した判断や行動が求められる社会であることなどを理由として挙げている。

　このような特徴がある文化においては、異なる意見を出し合うディスカッション場面で、東洋人の学生が自分の意見を言うことをためらうということが予想される。儒教文化の学生を対象にオンラインと対面式のディスカッション場面を比較したチーウー[5]の研究では、学生はオンライン・ディスカッションでは積極的に参加するものの、対面式のディスカッションではあまり自発的に意見を言わなかった。実験後のインタビューで、参加した学生のひとりは、儒教文化の教師は学生に対して満足していないと表情に出ると述べている。したがって、儒教文化の学生を教える際には、ディスカッション時に教師の権威による影響を抑えること、また学生が丁寧なやり方で反論できるような支援が必要だとチーウーは考察している。

[4] Ku, K. Y. L. & Ho, I. T. (2010) Dispositional factors predicting Chinese students' critical thinking performance. *Personality and Individual Differences*, 48, 54–58.

[5] Chiu, Y. (2009) Facilitating Asian students' critical thinking in online discussions. *British Journal of Educational Technology*, 40, 42–57.

■批判的思考のとらえ方の文化差

批判的思考態度の文化差に加えて、**批判的思考の概念的なとらえ方**についても文化差があることが示されている。たとえば、ハウ[6]が行った日本とカナダの中等教育に携わる教師を対象とした研究では、50個の思考に関連する特徴を記したリストを用意し、教師はそのなかから批判的思考に関連すると思われるものを選んだ。また、そのなかでも特に批判的思考にとって重要な特徴を10個選んでランキングをつけた。その結果、「意思決定」と批判的思考を関連づけている教師の割合は、日本は25パーセントであるのに対して、カナダは70パーセントであった。一方で、「客観性」や「公平性」と関連づけている教師の割合は、日本はそれぞれ75パーセント、45パーセントを占めるのに対して、カナダはそれぞれ42パーセントと7パーセントのみであった。ハウ[6]は、全体的に、日本の教師は批判的思考について態度的[7]側面を重視し、カナダの教師は認知的側面を重視すると考察している。

■批判的思考の文化の理解に向けて

批判的思考に関する文化比較研究が少しずつ蓄積されていくにつれて、「東洋人は西洋人と比べて批判的思考が苦手で権威に従順である」という考え方がステレオタイプなものであると指摘する研究が出てきている。先ほどのハウ[6]によれば、批判的思考の最も重要な特徴として「独立した思考[8]」を挙げた教師の割合が日本は11パーセント

[6] Howe, E.R. (2004) Canadian and Japanese teachers' conceptions of critical thinking : A comparative study. *Teachers and Teaching : Theory and Practice, 10*, 505-525.

[7] Howe (2004) では「affective」という表記。通常「情意的」とも訳されるが、情動（feeling）だけでなく態度（attitude）も意味する。論文では「客観性」や「公平性」などを指しているため、ここでは態度的と訳した。

[8] Independent thinking. Howe (2004) に詳しい定義は述べられていないものの、ここでは、他者に影響されずに自律的に考える思考だと解釈される。

であるのに対して、カナダは3パーセントのみであり、この結果は、日本人は集団に重きをおき、西洋人は独立性を何よりも重んじるというような考え方と矛盾する。また、日本の大学生を対象に行ったスタプルトン[9]の研究では、議論においては自分の意見を明確に述べることが重要だと考える学生や、自分の考えに根拠があれば教師に同意しなくてもよいと考える学生が多いことを示しており、「日本人は調和を維持しようとする」という従来の主張とは異なる結果が得られたと述べている[10]。

また、西洋文化と東洋文化の違いを**個人主義－集団主義**という区分ではなく、**低コンテクスト－高コンテクスト**という枠組みで説明する立場もある。山[11]によれば、低コンテクスト文化では、文脈的情報を潜在的に共有していないため、ルールに基づいた思考が必要となる。そのため、規準に基づく思考である批判的思考は西洋文化で重視されると解釈される。一方、日本に代表される高コンテクスト文化では、多くの文脈情報を共有しているため、明示的に発話しなくてもコミュニケーションが可能となる。

批判的思考を文化的枠組みから検討する研究は、少しずつではあるが行われ始めている。批判的思考教育への関心が国際的に高まれば、それぞれの国々で、自国の生徒・学生や教師がどのような文化的枠組みのなかで批判的思考を行っているのか理解しようとする動きも出てくるだろう。批判的思考と文化について理論的枠組みを整理するには、今後さらなる比較文化研究の蓄積が必要である。

〔**田中優子**〕

[9] Stapleton, P.（2002）Critical thinking in Japanese L2 writing : Rethinking tired constructs. *ELT Journal*, 56, 250-257.

[10] ただし、これらの研究は、批判的思考のとらえ方や議論に対する態度を検討したものであるため、必ずしも批判的思考パフォーマンスを予測するものとは限らないということに注意しておく必要がある。

[11] 山祐嗣（2011）「批判的思考と適応：批判的思考がとくに必要な状況」楠見孝・子安増生・道田泰司（編著）『批判的思考力を育む：学士力と社会人基礎力の基盤形成』有斐閣 pp. 66-86.

1-10 問題解決と意思決定

——より良く行うために

問題解決・意思決定[1]と批判的思考とは、どのような関係にあるのだろうか。実はこれらの関係については、研究者によってとらえ方が違う。批判的思考を問題解決・意思決定と同義のものとして扱っている研究もあれば[2]、そのようにとらえることは批判的思考をあまりにも幅広く考えることだとして区別すべきだと考える研究者もいる[3]。この問題をどうとらえるかは、批判的思考を何のために、どのように育成・測定しようとしているかによって異なってくる。ここではその問題には踏み込まずに、穏当と思われるとらえ方として、「批判的思考は問題解決や意思決定に含まれる」という考え方を示しておく。ベイリンら[4]は批判的思考の概念を検討するなかで、問題解決も意思決定も批判的思考と対比される思考ではなく、批判的思考が行われるべき「闘技場」であると述べている。それはこういうことであろう。人は、批判的なやり方でも無批判的なやり方でも問題を解決でき、意思を決定できる。そのような問題解決・意思決定の「場」において、解決や決定に必要な事実や代替案などを批判的に吟味することが、より良い問題解決・意思決定のための武器となる、というとらえ方である。

[1] 問題解決と意思決定を区別せずに扱う場合は、問題解決・意思決定と表記する。

[2] Adams, B. L. (1999) Nursing education for critical thinking: An integrative review. *Journal of Nursing Education*, 38, 111-119.

[3] Beyer, B. K. (1985) Critical thinking: What is it? *Social Education*, 49, 270-276.

[4] Bailin, S., Case, R., Coombs, J. R. & Daniels, L. B. (1999) Conceptualizing critical thinking. *Journal of Curriculum Studies*, 31, 285-302.

これを踏まえて本項では、問題解決や意思決定における批判的思考の位置づけについて検討していく。

■問題解決における批判的思考

問題とは目標状態と現在の状態とが一致していない状態であり、そのズレをなくすことが**問題解決**である。問題解決の中核にあるのは、**解の探索や検索**である。将棋などを想起してもらうといいが、その場その場で取り得るすべての指し手の集合（問題空間）を考えたとき、問題空間のなかで解にたどり着くための経路を探索したり、過去に経験した類似の問題を検索することが問題解決といえる。このような解の探索・検索の前には、問題を発見し、問題を理解（定義）するというプロセスがあり、解の探索・検索の後には、結果の妥当性を評価するというプロセスがある。[5]

このような問題解決の流れを定式化し、そのなかにおける批判的思考について論じたものに、ブランスフォードら[7]の**IDEAL法**がある。IDEALとは、問題の発見（Identifying）―問題の定義（Defining）―解の探索（Exploring）―解の実行（Acting）―実行結果の評価（Looking）の各ステップの頭文字を取ったものである。[6]

これらのうち、特に「問題の定義（理解）」のステップにおいて、人は必ず何らかの暗黙の前提を通して問題を理解している。それを疑問視し問題を別の方法で定義することは、より良い問題解決につながる。解の探索や検索を行う際も同じである。自

[5] 鈴木宏昭（2010）「問題解決」楠見孝（編）『思考と言語』北大路書房 pp. 30-58.

[6] ブランスフォードとスタインは批判的思考（critical thinking）という語ではなく、批判的に評価する（critically evaluate）、批判的に分析する（analyze critically）、知的批評精神（intellectual criticism）などの語を用いている。

[7] Bransford, J. & Stein, B. (1984) *The ideal problem solver: A guide for improving thinking, learning, and creativity.* W. H. Freeman and Company.［J・ブランスフォード、B・スタイン／古田勝久・古田久美子（訳）（1990）『頭の使い方がわかる本：問題解決のノウハウ：問題点をどう発見し、どう解決するか』HBJ出版局］

分の常識の範囲で問題空間を設定してしまうと、時として解にたどり着かない。このような暗黙の前提を疑問視するために、問題解決をIDEALの各ステップに分けて批判的に検討することの重要性を、ブランスフォードらは述べている。

■意思決定における批判的思考

意思決定をプロセスとしてみた場合、その主な過程は、状況の（再）定義と対応の判断であり[8]、問題解決過程と大差はない。一方、意思決定は心理学ではその中核部分である**選択現象**に焦点を当てて研究されている。そこにはさまざまな判断のバイアスがあり、合理的な意思決定ができないことが明らかにされている。

選択現象としての意思決定は、得られるものの主観的価値（効用）の評価と、それが得られる確率（不確実性）の評価の帰結として行われる[9]。選択判断にかかわるバイアスの一例を挙げるならば、効用に関しては、たとえば同じ病気についての描写であっても、死者数に着目した描写にするか、助かる人数に着目した描写にするかによって、評価が変わるという**フレーミング効果**がある。確率判断に関しては、利用しやすい情報があると生起確率が過大評価されるという**利用可能性ヒューリスティック**[10]がある。航空機事故は大きくより多く報道されるため、自動車事故よりも頻度が高いと判断してしまうのはその例である[11]。

では、より良い意思決定を行うためにはどうしたらよいであろうか。繁桝[12]は意思決

[8] 池田謙一（1986）『緊急時の情報処理』東京大学出版会

[9] 山岸侯彦（2007）「行動的意志決定論から考える」坂上貴之（編）『意思決定と経済の心理学』朝倉書店 pp. 156-168.

[10] 項目1-11「ヒューリスティックとバイアス」を参照。

[11] 平成25年版交通安全白書によると、平成20～24年の5年間で、民間航空機事故による死者数は34人であるのに対して、自動車事故による死亡者数は平成24年だけで約83万人である。

[12] 繁桝算男（2007）『後悔しない意思決定』岩波書店

定に関する実証研究の結果を踏まえて「後悔しない意思決定」のためのアドバイスを行っているが、その内容は、批判的思考態度として提唱されているものに重なる部分も多い。たとえば、確固たる目標をもつことで一貫した効用評価が可能になる、というアドバイスは、批判的思考研究者エニスの[13]「中心点から離れない」という思考態度項目と対応する。そのほかにも、自分の視野に入っていない選択肢はないか、たくさんの可能性を考える（＝他の選択肢を探す）、それぞれの選択肢をとった後、どういうことが起こるかをディシジョン・ツリーとして図示する（＝複雑な全体を秩序だって扱う）、自分にはない知識をもつ他者の知識やアドバイスを共有する（＝開かれた心でいる）（以上はエニスが挙げた批判的思考態度）、決定は一回限りではなく後で修正ができると考え、ゆったりと恐れずになるべく能動的に行う（＝正直な反省によって、変えることが正答であるときは、喜んで再考し考え方を変える、という批判的思考態度[14]）などが挙げられる。

■集団での問題解決・意思決定

批判的思考が合理的で反省的な思考であるならば、複数の人間で考えたほうが、より多面的な検討が可能となり、選択肢の幅も広がる。複数の視点で吟味されるので、より熟考され、合理的な決定も行われやすいといえそうである。

しかし実際には、複数での問題解決は必ずしも単独での問題解決に勝るわけではな

[13] Ennis, R.H.（1985）A logical basis for measuring critical thinking skills. *Educational Leadership, 43*, 44-48.

[14] Facione, P.A.（1990）*Critical thinking : A statement of expert consensus for purposes of educational assessment and instruction.* Newark, DE : American Philosophical Association（ERIC Doc. No. ED 315 423）.

い[15]。それどころか、時として集団で思考するがゆえに考えが浅くなり、不適切な判断がなされてしまうことがあり、**集団浅慮**（groupthink）と呼ばれている。

集団浅慮は、政府による政策決定の過程を分析するなかでジャニスによって提案されている[16]。一九六一年にケネディ大統領が行ったキューバ侵攻は、カストロ政権を倒すために亡命キューバ人がピッグス湾から上陸した作戦であったが、起きるはずの反カストロ運動は起きず、存在するはずのない防衛軍が待ち構えていたため、上陸部隊のほとんどが捕虜になるか殺害される結果となっている。キューバ侵攻決定までに起きたことは、自分たちの考えを過大に評価する一方で相手を客観視せず過小評価したこと、斉一性への圧力のため異論が唱えにくい状況であり、多面的な検討がなされなかったことのようである。このような浅慮は、集団討議過程に多様な意見が持ち込まれることで、対人葛藤も増え、時間がかかり、合意も得られにくくなるなどのストレスが生まれるためと考えられる[17]。

集団浅慮に陥らないためにジャニスはいくつかの提案をしている。それは大きくまとめるならば、リーダーが公平な姿勢を保つことと、批判的な評価ができる場面をどこかに作ることである。批判的な評価はさまざまな形で得ることができる。各メンバーが行うようリーダーが鼓舞する、集団外に別の検討グループを設定する、集団を下位集団に分けて複数の案を検討する（**弁証法アプローチ**）、最終結論を出す前に熟慮する時間をとる、外部の専門家に挑戦させる、メンバーの一人が批判役となる（**悪魔**

[15] 亀田達也（1997）『合議の知を求めて：グループの意思決定』共立出版
三宅なほみ（2000）「建設的相互作用を引き起こすために」植田一博・岡田猛（編著）『協同の知を探る：創造的コラボレーションの認知科学』共立出版 pp. 40-45.

[16] Janis, I.L.（1972）*Victims of groupthink: A psychological study of foreign-policy decisions and fiascoes.* Boston: Houghton-Mifflin.

[17] 蜂屋良彦（1999）『集団の賢さと愚かさ：小集団リーダーシップ研究』ミネルヴァ書房

[18] Schwenk, C.（1990）Effects of devil's advocacy and dialectical inquiry on decision making: A meta-analysis. *Organizational Behavior and Human Decision Processes, 41*, 161-176.

の代理人アプローチ）、などである。

題材などによって多少の差はあるものの、これらの方法の有効性が実験研究で確かめられている。[18] シュヴァイガーら[19]は、通常の集団討議に加えて、弁証法アプローチ、悪魔の代理人アプローチを用いて集団討議を行わせた。その結果、弁証法アプローチと悪魔の代理人アプローチでは決定の質が高いことが示された。しかし集団への満足度や、決定内容への関与・満足度は、通常の集団討議が高いことが示されている。すなわち、批判的評価が可能な状況を作ることによって良質の結論に導かれるが、一方で、そのようなやり方ではメンバーの満足は高くない。それは前述のようなストレスが生じやすいからかもしれない。

ケネディ大統領はキューバ侵攻時の反省から、討議と意思決定のあり方について改善を行っており、それが1年半後のキューバ危機では功を奏している。具体的には、各自に所属部門の代表としてではなく懐疑的なゼネラリストとして参加するよう要請し、外部の専門家を招き、グループを小グループに分けて別の行動方針案を作成させ、批判役メンバーを置くなどしたことで[20]、適切な解決策を得ることができている。[21] これはまさに、リーダー自身が公平な批判的思考者になるとともに、集団として批判的思考を行いやすい場面を作ることを意識した方策といえよう。

〔道田泰司〕

[19] Schweiger, D.M., Sandberg, W.R. & Ragan, J.W. (1986) Group approaches for improving strategic decision making: A comparative analysis of dialectical inquiry, devil's advocacy and consensus. *Academy of Management Journal*, 29, 51-71.

[20] M・A・ロベルト／スカイライトコンサルティング（訳）（2006）『決断の本質：プロセス志向の意思決定マネジメント』英治出版

[21] ただし高松（2002）によると、この手法もベトナム戦争時にはうまく機能しておらず、この手法が機能するための条件があるといえそうである。

高松基之（2002）ケネディ大統領の政策決定スタイルの特徴とリーダーシップについての一考察：ベトナム戦争への対応を事例として『同志社アメリカ研究』38, 53-73.

1-11

ヒューリスティックとバイアス

――迅速な意思決定に生じるゆがみ

ヒューリスティック（ス）とは、アルゴリズム（一定の手順に従って正解を得る）に対して使われる用語で、必ず正解が得られるわけではないが、迅速かつ簡単で、ある程度解決に有効な方略のことを指す。[1][2][3] 人間の記憶や思考は、それらを支える容量や処理速度は限られているものの、多くの場合でコンピュータの思考に勝る。その理由として、このヒューリスティックスによる思考を柔軟に行えることが挙げられる。

このように、人間はヒューリスティックスによって簡単かつ迅速な意思決定や思考ができるものの、判断に歪みが生じることがある。これを**（認知）バイアス**という。[4] その思考の歪みのことを、行動経済学者のアリエリーは「予想どおりに不合理」という言葉で巧妙に表している。[5] アリエリーによれば、「わたしたちは不合理なだけでなく、『予想どおりに不合理』だ。つまり、不合理性はいつも同じように起こり、何度も繰り返される。消費者であれ、実業家であれ、政策立案者であれ、わたしたちがいかに予想どおりに不合理かを知ることは、（商品購入などで）より良い決断をしたり、（自制心を高めて）生活を改善したりするための出発点になる」という。[6][7]

[1] 市川伸一（1996）「確率判断」市川伸一（編）『思考（認知心理学4）』東京大学出版会 pp. 61-79.

[2] ヒューリスティックの語源は、ギリシャ語の「探し出したり発見したりするのに役立つ」という意味の単語にある。ヒューリスティックは、経験則や発見的探索法でもある（とくに、ギーゲレンツァーは、ヒューリスティックを経験則と同義としている）。以上の知見は左記の文献による。
G・ギーゲレンツァー／小松淳子（訳）（2010）『なぜ直感のほうが上手くいくのか？：「無意識の知性」が決めている』インターシフト

[3] 楠見孝（2010）「判断のバイアス」乾敏郎・吉川左紀子・川口潤（編）『よくわかる認知科学』ミネルヴァ書房 pp. 120-121.

それでは、具体的にどのような認知バイアスがあり、「予想どおりに不合理」な思考を生み出すのであろうか。ここでは、ツヴェルスキーとカーネマンが不確実な状況下での判断に関する研究で明らかにした代表的なヒューリスティクスを紹介する。[8]

■代表性ヒューリスティック

◎コインを6回投げるとき（表を○、裏を●）、次のどちらが起こりやすいだろうか。

A：○●●○●○　　B：○○○○○○

多くの人が、Aのほうが起こりやすいと判断するが、実はどちらも個々の事象が独立している（例：1回目に「○」が出たからといって、次に「●」が出やすくなることはない）ため、確率的にはどちらも、2分の1の6乗である0・015625となる。このように、ある事象の起こりやすさ（確率）を、典型的な事象との類似している程度（○と●が混合した結果は頻繁に目にする点で典型的であるが、○ばかりという結果はめったにみられない）によって判断する方略を**代表性ヒューリスティック**という。また、Bのように「○」が6回も続くと、次は「●」が出そうだと考えてしまう（「裏」に賭けたほうが有利と考えてしまう）ことを**ギャンブラーの錯誤**と呼ぶ。代表性ヒューリスティックには、こうした「偶然性の誤解」の他にも、「事前確率の無視」や「標本サイズの無視」など、さまざまなものがある。

[4]　行動経済学を生み出し、ノーベル経済学賞を受賞したダニエル・カーネマンは、バイアスとは「ある特定の状況で決まって起きる系統的エラー」としている。
D・カーネマン／村井章子（訳）（2012）『ファスト&スロー：あなたの意思はどのように決まるか？（上・下）』早川書房

[5]　D・アリエリー／熊谷淳子（訳）（2010）『予想どおりに不合理：行動経済学が明かす「あなたがそれを選ぶわけ」（増補版）』早川書房

[6]　括弧内は、筆者（林）が加筆した。

[7]　ギーゲレンツァーらは、（単純な情報処理で）迅速かつ倹約的に処理するヒューリスティックの重要性を指摘している。たとえば、「再認ヒューリスティック」はその一つで、これは「片方の対象に聞き覚えがあるが、もう片方は知らないなら、価値は知っているもののほうが

■利用可能性ヒューリスティック

◎英語では、「rで始まる単語」と「rが3番目にくる単語」のどちらが多いか。

多くの人が「rで始まる単語」のほうが多いと答えるが、実際には「rが3番目にくる単語」のほうが多い。これは、単語を検索するときに、先頭の文字で探すほうが3番目の文字で探すより簡単である（read, road など、たくさんの単語がすぐに思い出される）ため、こうした直観的判断をしてしまう。このように、事例が容易に思い浮かぶかに基づいて、その生起頻度や確率を判断することを**利用可能性ヒューリスティック**と呼ぶ。利用可能性ヒューリスティックには、こうした「事例の思い出しやすさに起因するもの」の他にも、「検索のしやすさに起因するもの」や、「想像のしやすさに起因するもの」など、さまざまなものがある。

■アンカリング（係留）と調整ヒューリスティック

◎次のAの数式の答えを5秒間で予想してみよう。

A：8×7×6×5×4×3×2×1

◎今度は、身近にいる人に、次のBの数式の答えを5秒間で考えてもらおう。

B：1×2×3×4×5×6×7×8

結果の値は、あなたのほうが大きかったのではないだろうか。実際の研究でも、推定の結果（中央値）は、Aを出題したグループで2250、Bでは512だった（正

高いと推論せよ」というものである。一般に、マスメディアなどに取り上げられる機会が多い（それを通じて知る機会が多い）のは価値が高いものである（優れている製品、スポーツで優勝回数が多い、など）。したがって、必ず正答するわけではないが、多くの場合、再認ヒューリスティックによって迅速かつ倹約的に優れたほうを選ぶことができる。また、ギーゲレンツァーらは、環境への適応の観点からみると、ヒューリスティックは必ずしも非合理的ではないことも述べている。以上の知見は左記の文献による。

G・ギーゲレンツァー／小松淳子（訳）（2010）［2］に前掲。

[8] D・カーネマン、A・ツヴェルスキー（1982）選択の心理学『サイエンス』*12*, 112-119. ここでは、D・カーネマン／村井章子（訳）（2012）（［4］に前掲）の付録にある訳語を参考にした。

解はどちらも40320）。これは最初の数ステップを計算して、後は調整して回答の推定を行うが、その数ステップはAのほうがBより大きいため、Aのほうが大きな値が推定されてしまうからである。このように、最初に与えられた値や直観的に判断した値（係留）をもとにして調整し、解を推定することを**アンカリングと調整ヒューリスティック**という。

■二つのシステム

人間の思考は**システム1**と**システム2**の二つのシステムから成り立つとされる。[9] システム1は自動的に高速で働き、努力は不要かほんのわずかである。ヒューリスティックスはシステム1に当てはまり、それゆえバイアスが生じる。システム2は注意力を要するもので、システム1の直観的判断を監視し、バイアスを補正する役割を担う。

客観的かつ批判的に思考するうえで大切なことは、（システム1で生じる）人間のさまざまな認知バイアスの特徴を知りつつ、その知識を実際の問題解決場面で（システム2を働かせて）使うことである。これは**メタ認知**（特に、メタ認知的知識）につながることでもある。新聞や論文など論理的な文章を読んでいるときに、たとえば数値が現れたら、「人間は前に目にした値をもとにして調整してしまう」（この場合、アンカリングと調整ヒューリスティック）といった特徴を思い出すことで、認知バイアスをある程度補正でき、批判的思考を働かせていくことができるであろう。〔林　創〕

[9] D・カーネマン／村井章子（訳）（2012）［4］に前掲。項目1－5「批判的思考の神経基盤」を参照。

1-12

ステレオタイプと偏見／信念

——集団に対する認知のゆがみ

人間の思考にはバイアスがあり、特定の方向への歪みがある。[1] それは、ヒューリスティックスと呼ばれるものによるだけではなく、ステレオタイプや偏見などによっても同様のバイアスを生み出すと考えられる。

■ステレオタイプと偏見

ステレオタイプとは、ある社会的集団（人々）に関する知識や信念、期待（予期）によって構成された知識構造であり、集団カテゴリーに対する知識あるいは信念のことである。[2] 集団に対する認知だけでなく、その集団に属する個々の人々に対しても一律に当てはめてしまうことが多く、対人的な認知を歪めてしまう原因にもなる。[3] たとえば、コーエン[4]による実験では、実験参加者に対してビデオに登場する女性が「司書」または「ウェイトレス」と告げ、その後、ターゲットの女性が登場するビデオを見せた。ビデオの視聴後の記憶テストの結果を確認すると、事前に与えられた職業ラベルに一致する情報の再認成績が、一致しない情報の再認成績よりも高かったのであ

[1] 項目1-11「ヒューリスティックとバイアス」を参照。

[2] 工藤恵理子 (2010)「他者に対する評価・判断・推論：他者をみる目とはどのような目か」池田謙一・唐沢 穣・工藤恵理子・村本由紀子『社会心理学』有斐閣 pp. 113-136.

[3] 外山みどり (2011)「社会的認知」二宮克美・子安増生（編）『キーワードコレクション 社会心理学』新曜社 pp. 6-9.

[4] Cohen, C.E. (1981) Peron categories and social perception: Testing some boundaries of the processing effects of prior knowledge. *Journal of Personality and Social Psychology*, 40, 441-452.

る。このことから、実験参加者は事前に入った**職業ステレオタイプ**に一致する情報に注意が向いていたことがわかる。

このように、ステレオタイプは集団とその集団に属する人々に対する過度に一般化された認知であるが、そこには否定的な面もあれば肯定的な面もあるなどさまざまである。ステレオタイプに関連する用語であるが、否定的な認知を指すのが**偏見**となる。いずれも、人間の情報処理において、知識や予期などによってバイアスが生じることが明らかになっている。また、ステレオタイプや偏見は、ほぼ自動的に活性化することも知られている。

■確証バイアスと信念

私たちは無意識のうちに、自分がもっている期待や予測に合う情報（確証）を求めようとし、期待に反した情報（反証）にはほとんど注意を払わなくなる。この情報処理の傾向を**確証バイアス**と呼ぶ[5]。

具体的には、「血液型性格判断は正しい」と考えている人は、確証バイアスによって、身近にいるさまざまな人の行動のなかから「血液型性格判断に一致する例」のみを選択的に認知してしまう[6]。たとえば「A型は神経質である」と考えていると、A型の人がたまたま細かいことをした行動を「神経質」と判断してしまう。また、このような血液型で性格が判断できるという信念は、「実際に当たっている人がいる」とい

［5］ 菊池聡（2013）「認知心理学：認知バイアスを理解して思考力の達人になる」藤田哲也（編）『絶対役立つ教養の心理学　展開編』pp. 59–86.

［6］ 坂元章（1995）血液型ステレオタイプによる選択的な情報使用『実験社会心理学研究』35, 35–48.

う「期待に合う情報」により、さらに強固なものになっていく。つまり、私たちは、複雑であいまいな現実の世界に対して、**信念**[7]から生まれる予期や期待によって物事をとらえてしまうことで、予期に一致する例を選択的に見つけてしまう。そして、その結果、信念がますます強化されてしまうことになる。しかも、このときの信念がステレオタイプや偏見によって生み出されたものであったとしたら、誤った信念が定着してしまうことにもなるのである[5]。

■批判的思考を高めるために

抑制のリバウンド効果という現象がある。これは、考えたくないことを考えないように努力しても、逆にそれが頭に浮かびやすくなることを指す。この現象はステレオタイプの適用を避けようとした場合にも当てはまる[2]。つまり、他者についての評価や推論において、ステレオタイプを抑制しようとすると逆に余計にステレオタイプ的な反応をしてしまう結果になりやすい。たとえば、スキンヘッドの男性（この研究が実施されたイギリスにおいて、ネガティブなステレオタイプが存在する）の写真を見せ、その人の一日を想像して文章を書いてもらった実験がある。半数の実験参加者は、ステレオタイプ的な記述は避けるように指示があり、そうした制約がなかった実験参加者と比較すると、記述内容はステレオタイプ的ではなかった。ところが、別のスキンヘッドの男性の写真が提示され、その人の典型的な一日についての記述が求められ

[7] 信念とは、「ある対象とその他の対象、価値、概念および属性との関係性の認知」を指す（有斐閣『心理学辞典』の「信念」の項目より引用）。たとえば「A型は神経質である」という信念をもつことは、「ある対象（A型）とその他の対象（神経質）の関係性の認知」をしていることになる。

ると、今度はどちらのグループにも制約がなかったにもかかわらず、最初にステレオタイプを避けた記述をした参加者は、よりステレオタイプ的な記述になったという。[8]

このように、ステレオタイプや偏見によるバイアスは、コントロールが難しく、避けがたい現象である。しかし、客観的で公平な判断が求められる批判的思考においては、こうしたステレオタイプや偏見は避けなければならないし、確証バイアスも回避して、物事を客観的にとらえていく必要がある。そのためには、**メタ認知**を高めることが大切である。[9] たとえば、何かを考えているときに、自分自身を俯瞰し、「人間は、自分がもっている期待や予測に合う情報（確証）を求めようとし、期待に反した情報（反証）には注意を払わなくなる」という認知的特徴を思い出すことができれば、反証事例も注意して探すようになり、結果的に客観的に物事をとらえることができるようになるであろう。

ヒューリスティックスにも共通することであるが、私たちは自分自身の認知のバイアスをゼロにすることは難しい。しかしながら、このようなメタ認知を働かせた思考の繰り返しによって、認知バイアスを低減することはある程度可能であると考えられる。その積み重ねによって、批判的思考を高めていくことができるはずである。たとえば菊池[10]は、血液型などの占いの的中や、民間療法の治癒などの雑誌記事、人種やジェンダーへの偏見などを大学の授業で例示し、学生の意見を求めながら理解させることで、考えることへの「新しい気づき」をもたらすことを紹介している。〔**林　創**〕

[8] Macrae, C.N., Bodenhausen, G.V., Milne, A.B. & Jetten, J. (1994) Out of mind but back in sight: Stereotypes on the rebound. *Journal of Personality and Social Psychology*, 67, 808-817.

[9] 項目1-11「ヒューリスティックとバイアス」を参照。

[10] 菊池聡（2011）「疑似科学をめぐる懐疑的・批判的思考法」楠見孝・子安増生・道田泰司（編著）『批判的思考力を育む：学士力と社会人基礎力の基盤形成』有斐閣 pp.154-161.

1-13 批判的思考と情動

――価値判断のために

■沈着冷静な批判的思考

カッカしながら考えたり、喜びの絶頂で買い物したりすると、悪くない人まで悪く思ったり、買わなくてもよいものまで買ってしまったりしがちだ。感情的になると、人間は物事の本質を見失い、判断を誤る。このような例は枚挙に暇《いとま》がない。だから、批判的に思考するには、**情動**[1]を排して、沈着冷静に考えなければならない。情動は有害であり、純粋に理性的な思考が必要だ。

しばしばこのように考えられがちだが、もしそうだとしたら、情動はいったい何のために存在するのだろうか。われわれにとって情動はむしろ存在しないほうがよいようなお荷物にすぎないのだろうか。たしかに、成功の喜びや家族の愛情など、われわれにとって生きる意味を与えてくれる情動もあり、そのような情動はそれ自体として価値があろう。しかし、それらが批判的思考の役に立つのかといえば、そうではない。情動はやはり批判的思考にとって有害か、あるいはたかだか無用なものにすぎないのではないか。こうして批判的思考は純粋に理性的な心の働きによるのだという考

[1] 喜び、怒り、悲しみなどの心の状態で、心に感じる側面だけではなく、心臓の鼓動の高まりや内臓感覚のような身体的側面を含む点に特色がある。「情動」のほかにも「感情」「情念」「情緒」などの言葉が類義語として用いられるが、ここではとくに身体的側面を強調するときに「情動」を用い、心的な感じを強調するときは「感情」を用いる。

えがまったく当然のように思えてくる。しかし、本当にそうだろうか。

■何に注意し、どんな情報を収集するか

批判的思考には、対象への鋭敏な注意と、必要な情報の徹底した収集が必要だ。ある論文にデータの捏造や論理の飛躍がないかどうかを批判的に吟味しようとすれば、論文の隅々にまで注意を行き渡らせ、論文の内容に関連する情報を記憶の倉庫から蘇らせ、さらに他の論文や著作から必要な情報を探り出さなければならない。

このような鋭敏な注意と徹底した情報収集は情動によってはじめて可能になる。われわれは当該の論文が示す成果に驚きや疑惑の感情をもたなければ、そのような鋭い注意とたいへんな情報収集を行わないだろう。実際、情動は対象に注意を向け、対象に関連する情報を長期記憶や環境から探り出す働きをもつことが知られている。理性だけでもたしかに批判的思考に必要な注意や情報収集は可能かもしれないが、そのような優れた理性をわれわれ人間はもっていない。人間の心理的な能力からすれば、批判的思考に必要な注意と情報収集は情動によってはじめて可能となる。

■フレーム問題

情動は関連する情報を徹底的に粘り強く探索するのに必要なだけではなく、そもそも情報が目下の課題に関連するかどうかを見極めるのにも必要だ。このことを印象深

く示すのが**フレーム問題**[2]である。ある課題をうまく行うには、その課題に関連する情報をしっかり考慮することが重要である。コーヒーをこぼさずに運ぶといった簡単な課題でも、お盆に載せて運んだほうがよいかどうか、床に障害物がないかどうかといったことをしっかり考慮する必要がある。しかし、壁が赤いかどうか、本棚に『アンネの日記』があるかどうかといったことを考慮する必要はない。しかも、課題に関連しない情報は無数にあるから、それらが関連しないことをいちいち確かめてから考慮しないようにしていては、いくら時間があっても足りない。したがって関連しない情報は、いちいち確かめることなく、端的に無視しなければならない。では、課題に関連する情報とそうでない情報を効率的に区別して、関連する情報だけをうまく考慮するようにするにはどうすればよいだろうか。これがフレーム問題である。

人間はほとんどフレーム問題に悩まされることがない。おのずとそれを解いている。しかし、フレーム問題に悩まされないロボットを作るとなると、これが超難問である。フレーム問題が有名になったのも、この困難のゆえである。課題に関連する情報とそうでない情報を区別する能力をロボットに与えなければ、もちろんロボットは重要な情報を考慮し損ねて失敗するが、そうかといってその能力を与えてやると、今度は、無数にある情報について、それらが課題に関係するかどうかをいちいち確認するという作業を延々と続けて、いつまでたっても何もしようとしない「ハムレット状態」に陥ってしまう。

[2] たとえば、コーヒーの入ったカップを台所からリビングに運ぶとき、コーヒーをこぼさずに運ぶためには、何を考慮すべきで何を考慮しなくてもよいかをどうやって効率的に区別できるか、というような問題。D・C・デネット「コグニティヴ・ホイール」『現代思想』(一九八七年四月号)に、ロボットがこの問題に苦しむ様子が見事に描かれている。

人間がこのようなハムレット状態に陥ることはまずない。では、人間はどのようにして課題に関連する情報とそうでない情報を効率的に区別しているのだろうか。その鍵を握るのがおそらく情動だと考えられる。[3] 人間の場合、ある課題を遂行しようとすると、その課題に関連する情報は興味深く感じられ、そうでないものはそうではない。たとえ無意識的にせよ、関連する情報は興味・関心を引き起こす。こうして情動によりおのずと関連する情報とそうでない情報がふるい分けられ、関連する情報だけが際立ったものとして意識にのぼり考慮されるようになる。この一つの重要な証拠となるのが、ダマシオ[4]が詳細に研究して広く知られるようになった、脳の前頭前野の腹内側部を損傷した患者の振る舞いである。脳のこの部位は情動に関係しており、この部位を損傷すると、情動がほとんど生じなくなるが、この部位の損傷患者は、たとえば、次にいつ来院するかを決めるだけでも、関係ない事柄をあれこれ検討するばかりでいっこうに決めることができず、ハムレット状態に陥ってしまうのである。

健常な人はこのようなハムレット状態に陥ることはほとんどない。しかし、健常な人であっても、批判的思考のような高度な精神活動を行うときには、どの情報が関連するかがわからず、五里霧中ないし試行錯誤の状態に陥ることがある。そして批判的思考に長けた人だけがそのような状態に陥らずに、関連する情報を鋭くかぎ分けていく。このような場合にもやはり情動が鍵を握っており、批判的思考の達人は通常の人にはないような情動能力を身につけているのだと考えられる。

[3] 柴田正良「ロボットがフレーム問題に悩まなくなる日」信原幸弘(編)(2004)『シリーズ心の哲学Ⅱ ロボット篇』勁草書房 を参照。

[4] A・R・ダマシオ/田中三彦(訳)(2000)『生存する脳：心と脳と身体の神秘』講談社

■価値の認識

何が事実かを確定する批判的思考にはもちろん情動が必要だが、それよりも何に価値があるかを確定する批判的思考には、さらにいっそう情動が必要である。われわれはたしかに多くの物事についてその価値をすでに知っており、それを知るのにいちいち情動を必要としないが、まだその価値がよくわからないものについては、情動がふつう必要である。初めて会った人が信頼できるかどうか、ひょっとしたら危ない奴ではないかどうかを判断するとき、われわれはその人から爽やかな感じを受けるかどうか、あるいは胡散臭い感じを受けるかどうかを頼りとする。そのような情動的な反応が無意識的にすら生じなければ、その人がどんな人かを適切に評価することは困難だろう。その人の言動や身なりから純粋に理性的に評価することも原理的には可能かもしれないが、われわれはそのような卓越した理性を備えているわけではない。たいていの場合、われわれは情動を頼りにして**価値判断**を行わなければならない[5]。

もっとも、情動にもそれなりの限界がある。30年後に日本の財政が破綻して大惨事になる可能性は十分ありそうだが、そのような遠い将来のことについては、あまり心配や恐れの感情が湧いてこない。将来のことについて正しい評価を行うには、多くの場合、情動ではなく、**理性**が必要である。しかし、このような限界があるとはいえ、価値の認識にとってわれわれ人間には通常、情動が不可欠である。

[5] 情動の評価的な機能については、たとえば左記を参照。
Prinz, Jesse J. (2004) *Gut reactions: A perceptual theory of emotion.* Oxford: Oxford University Press.

■適度な情動

批判的思考に情動が必要だとしても、情動がしばしば批判的思考を妨げることもまた事実である。情動はどのような場合に批判的思考を促進し、どのような場合に妨害するのだろうか。ここで重要となってくるのが情動の強さである。たとえば、勇気は危険なものに立ち向かっていくことを可能にする情動であるが、強すぎると、危険を顧みない蛮勇となり、弱すぎると、危険を過大視する臆病となる。勇気はこの両者の中間に位置する適度な情動である。

批判的思考に貢献するのは、**中間の適度な情動**である。[6] 真実を暴こうとすると、身に危険が及ぶかもしれないような状況において、それでも真実を暴くべきかどうかを正しく判断させてくれるのは、知的勇気である。この情動が強すぎて知的蛮勇になれば、真実を暴かないほうがよいときに暴くほうがよいと判断してしまい、逆に弱すぎて知的臆病となると、真実を暴くほうがよいときに暴かないほうがよいと判断してしまうことになる。批判的思考は強すぎたり弱すぎたりする情動、つまり適度でない情動によって妨げられる。アリストテレスが中庸の徳として中間の適度な情動を称揚したように、[7] 批判的思考には適度な情動が必要なのである。

〔**信原幸弘**〕

[6] たとえば、左記を参照。
Starkey, C. (2008) Emotion and full understanding. *Ethical Theory and Moral Practice, 11*, 425-454.

[7] アリストテレス／高田三郎（訳）(1971-1973)『ニコマコス倫理学（上・下）』岩波文庫

1-14 批判的思考と知的徳

——価値観の対立を乗り越えるには

人々の価値観がぶつかり合い、唯一の正解がないなかで、それでも何らかの結論を導き出さなければならない状況では、相手の価値観を尊重することや、粘り強い話し合いによって価値観の対立を乗り越えることが必要である。以下では、十全な批判的思考には、理性的な吟味・熟慮の能力だけではなく、**知的徳**[1]、すなわち自分とは異なる価値観を尊重する包容力や、辛抱強く話し合う忍耐力のような、知識・認識にかかわる良い性格も必要であることをみていく。

■理性主義的な批判的思考

正しい前提から正しい推論を経て正しい結論を得る。これが批判的思考の理想であろうが、多くの場合、それは単なる理想にとどまる。正しい前提といっても、絶対に誤りのない前提が得られることはまれであり、われわれが得る情報は多くの場合、たかだか「信頼できる」といった程度のものである。また、正しい推論といっても、演繹的な推論だけで間に合うことはまれであり、帰納的推論[2]（前提が結論を必ずしも保

[1] 倫理的な徳が道徳的に正しい行いをするのに必要とされる良い性格であるのに対し、知的な徳は正しい認識や重要な知識を形成するのに必要とされる良い性格である。たとえば偏見のなさ、思考の柔軟性、知的な勇気、など。ただし、道徳的に正しい行いには正しい認識が必要であるから、知的徳は倫理的徳の一部とみなされることもある。

[2] 項目2-3「論理的思考」を参照。

証しない推論）を使わざるをえない場合がほとんどである。そうだとすると、結局のところ、われわれが実際に批判的思考としてめざすことができるのは、信頼できる前提から信頼できる推論を経て信頼できる結論を得る、といったところだろう。

しかし、そうだとしても、前提が信頼できるかどうか（あるいはそのもとになる情報源が信頼できるかどうか）や、使われた推論が信頼できるかどうかは、冷静に吟味し、慎重に熟慮すればわかることであり、したがって結論の信頼性もそのような理性的な吟味・熟慮によって明らかとなるように思われる。こうして批判的思考とは、結局のところ、理性的な吟味・熟慮に他ならないという見方が生まれてくる。しかし、このような**理性主義的な見方**[3]は批判的思考の一面をとらえたものにすぎない。

[3] 直観や情動、体験を排して、純粋に理性的な心の働きとして批判的思考を捉えようとする見方。それへの批判としては、たとえば左記を参照。
Ciurria, M. (2012) Critical thinking in moral argumentation contexts : A virtue ethical approach. *Informal Logic, 32*, 242-258.

■事実と価値

純粋に**事実**に関する問題なら、理性主義的な批判的思考で十分であろう。たとえば、50年後に日本の人口がどれくらいになるかは、統計学的な観点から信頼できる情報を用いて信頼できる推論を行えば、信頼できる結論が得られるだろう。したがって、情報と推論の信頼性を冷静に吟味することにより、結論の信頼性を確保すれば、それで十分である。それ以上、望むべきことはない。

しかし、**価値**が絡む問題になると、そう単純にはいかない。たとえば、50年後に日本の人口が５０００万人になるとして、それでよいのかという問題になると、人々の意見が分かれる。人々はそれぞれ自分独自の価値観をもち、その価値観に従って評価する。このような価値の問題については、唯一の正しい価値観があるわけではないので、多くの場合、唯一の正解があるわけではない。もしそのような正解があるのなら、評価の前提や評価を導く推論の信頼性を理性的に吟味することにより、結論の信頼性を確保すれば、それで十分であろう。しかし、そうはいかない。

価値の問題には通常、唯一の正解がない。しかし、だからといって、人々が自分なりの評価を下して、われこそは正しいと言い張っていればよい、というわけではもちろんない。評価の違いを克服して何らかの合意に至ることが必要だ。唯一の正しい評価はないにしても、人々の合意を形成しうるような適切な評価はあるだろう。そしてそうした評価を得るためには、理性主義的な批判的思考だけでは不十分である。

■知的徳

人々が自分の価値観に基づいて互いに食い違う評価を下すとき、そのような評価の違いをどう克服すればよいだろうか。一つの考えは**相対主義的な態度**をとることだろう。たしかに誤った価値観や歪んだ価値観はあり、それを正すことは不可能ではないが、そうしたところで、結局、どれもそれなりに正しいとしかいえないような複数の価値観が残る。このような価値観に基づく評価については、たとえ食い違っていても、互いにそれなりに正しいと認め合うしかないのではないか。

しかし、このような相対主義的な態度をとってこと足れりとしうるのは、実際にはごくまれである。多くの場合、われわれは評価の違いを乗り越えて、何らかの合意を形成しなければならない。50年後の日本の人口が5000万人でよいかどうかについては、人々が互いの評価をただ認め合えばよいというのではなく、日本の将来設計をどうするべきかという公共政策的な観点から広範な合意を形成する必要があろう。相対主義は自分の価値観を絶対視せず、相手の価値観も認める点でなかなか洗練された態度だが、多くの場合、もう一歩進んで、互いの評価の違いを乗り越えて何らかの合意を形成することが必要なのである。

このような**合意形成**に不可欠なのが知的徳である。[4] 価値観の違いを克服して合意に至るためには、互いの価値観を可能な限り反映した適切な評価を形成することが必要である。そしてこのような適切な評価には、相手の価値観に対する徹底した尊重、すなわち相手の価値観を決して見失わないようにすることが重要である。合意が実は自分の価値観の押しつけになってはならない。また、適切な合意に至るためには、粘り強い話し合いが必要である。互いの価値観を十分に反映した合意といっても、そもそも価値観が異なるのであるから、誰にとっても自分の価値観に完全に合致した合意などありえない。合意はその意味で妥協の産物である。そのような合意を心底納得するには、辛抱強く話し合うしかない。

このように価値観が異なる人々の間で合意を形成するには、相手の価値観を尊重す

[4] 倫理的徳については、アリストテレス以来、徳倫理学における長い研究の伝統があるが、知的徳については、近年、徳認識論という名称で急激に研究が盛んになりつつある。その動向については、たとえば左記を参照。
Baehr, J. (2011) *The inquiring mind: On intellectual virtues and virtue epistemology*. New York: Oxford University Press.

る包容力や、粘り強く話し合う忍耐力のような知的徳が不可欠なのである。

■専門家と市民

批判的思考は専門家だけではなく、一般の市民にも、あるいは一般の市民にこそ、必要な能力として問題にされることが多い[5]。市民は専門家の見解を鵜呑みにせずに批判的に吟味して、信頼できる結論を導き出すべきだというわけである。しかし、このような見方に対して、市民には批判的思考は無用だという反論もある。専門家は市民よりも批判的思考の能力が優れているから、市民は専門家が批判的に考えて出した結論に黙って従っていればよいというわけである。

このような専門家への随順論は、事実についての問題、つまり理性主義的な批判的思考だけで十分こと足りるような問題については、おおむね妥当だと言ってよいだろう。50年後の日本の人口がどれくらいになるかは専門家に任せて、その結論をただ受け入れればよい。ただし、このような問題ですら、誰が信頼できる専門家かを見抜くために批判的思考がそれなりに必要である。

しかし、価値の問題となると、専門家に任せるというわけにはいかない。そもそも価値の専門家がいるのかどうかさえ疑わしいが、かりにそのような専門家がいて、異なる価値観を抱く人々の間の「落としどころ」、つまり皆が合意できるような適切な評価を確実に見定めることができるとしても、そのような専門家の意見に黙って従え

[5] 第3部「社会に生きる批判的思考」を参照。

ばよいということにはなるまい。価値の問題は、どんな合意に至ったかという結果だけではなく、どのようにして合意に至ったかというプロセスも重要である。つまり、専門家が出した適切な評価に従うのではなく、人々が互いの価値観を尊重して粘り強く話し合いながら適切な評価に至ることが重要なのである[6]。ここでは、知的徳に基づく批判的思考を行うことがそれ自体で価値を有する。

[6] 項目3–4「科学コミュニケーション」を参照。

■自由教育

社会に役に立つ人材を育てるための職業訓練的な教育も大事であるが、そのような教育は一定の価値観を前提として、その価値観のもとで必要とされる能力を身につけさせるものになりがちである。しかし、われわれにはそのような能力だけではなく、自分の価値観を反省するとともに他者の異なる価値観を深く理解し、そのうえで自他の価値観の違いを適切に乗り越える能力も必要である。このような能力を身につけさせるのが**自由教育**ないし**教養教育**である[7]。

職業教育が重視され、自由教育が軽視される社会状況のなかでは、理性主義的な批判的思考は磨かれても、知的徳による批判的思考は曇るばかりである。しかし、それでは、異なる価値観を乗り越えて真の合意を形成することにより価値の新たな高みに至るという、人間にとって最も意義あることを成就できない。われわれには知的徳を涵養する自由教育が不可欠なのである。

〔**信原幸弘**〕

[7] 職業教育が実社会で生きるのに必要な実用的で専門的な知識・技能を養うものであるのに対し、自由教育は自由で寛容な精神や思慮深く反省的な態度を養おうとする教育である。教育の職業化に警鐘を鳴らし、自由教育の重要性と説くものとして、たとえば左記を参照。

Bevan, R. (2009) Expanding rationality : The relation between epistemic virtue and critical thinking. *Educational Theory*, 59, 167-179.

1-15

叡智

――社会的成功をもたらす知性

叡智は、常用漢字[1]以外の難しい字を含むので、「英知」と表記されることもある。「叡」の字は「谷をえぐるように深く物事を見る目のさまから、あきらか・さといの意味を表す」とされる。「智」は、「知」の字の下に「日」でなく「曰く」がついており、「知恵のある発言をする人」の意味であるとされる（以上、『新漢語林』より）。

叡智にあたる英語は、「かしこい（wise）」の名詞形ウィズダム（wisdom）である。ギリシア神話のアテナおよびローマ神話のミネルヴァは、「知恵の女神」とされるが、同時に「戦いの女神」でもあった。要するに、「知略」に長けた女神たちである。初期キリスト教などでは、「智慧の女神」ソフィアへの信仰もみられた[2]。これに対して、叡智は、人間が備えるべき徳目（virtue）の一つとしてとらえられてきた。

■エリクソンの叡智論

叡智が心理学で本格的に取り上げられるようになったのは、エリクソン[3]の**ライフサイクル論**からであると言えよう。エリクソンは、ドイツのフランクフルトに生まれ、

[1] 常用漢字は、法令、公用文書、新聞、雑誌、放送など一般の社会生活において国語を書き表す場合の漢字使用の目安として内閣告示された漢字である。

[2] ソフィア（sophia）は「知」を意味するが、神格化された「聖ソフィア」という名称の聖堂が東方キリスト教の影響下にある各地に建立された。トルコ・イスタンブールの有名なアヤソフィア寺院は、そのようなカトリックの聖堂を後にイスラム教化したものである。

[3] エリク・H・エリクソン（Erik Homburger Erikson, 1902-1994）は、ドイツ生まれのアメリカの心理学者。主著に『幼児期と社会』、『自我同一性：アイデンティティとライフ・サイクル』ほか。

ギムナジウム（高校）卒業後は、画家をめざしてヨーロッパ中を放浪し、ウィーンでアンナ・フロイト[4]に出会って精神分析の訓練を受けた。その後、ナチス・ドイツの迫害を避けて一九三九年にアメリカに渡り、臨床家として活躍し、アメリカ・インディアンの居留地で子どもの発達と養育についての研究を行った。多様な文化的背景のなかで研究を積み重ねたエリクソンは、以下のような八つの発達段階を区分し、それに対応する**発達期**、および**発達課題**（成功 対 不成功）を提唱した。

●第一段階　乳児期（0～1歳）基本的信頼 対 不信(basic trust vs. basic mistrust)
●第二段階　幼児前期（1～3歳）自律性 対 恥（autonomy vs. shame）
●第三段階　幼児後期（3～6歳）積極性 対 罪悪感（initiative vs. guilt）
●第四段階　児童期（6～12歳）勤勉性 対 劣等感（industry vs. inferiority）
●第五段階　青年期（12～18歳）同一性 対 役割混乱（identity vs. role confusion）
●第六段階　成人前期（18～35歳）親密性 対 孤独（intimacy vs. isolation）
●第七段階　成人後期（35～64歳）生殖性 対 沈滞（generativity vs. stagnation）
●第八段階　老年期（65歳～）自我統合性 対 絶望（ego integrity vs. despair）

エリクソンにとって、叡智は主として第八段階の重要なテーマであった。老年期には、仕事の第一線から退き、親や友人との死別を体験するなど、いやでも人間の死の問題に直面するが、自分にとって重要な死者を追憶し、生の意味を知り、客観的に死生の問題を受け止めることが叡智の重要な役割の一つであるとした。

[4] アンナ・フロイト（Anna Freud, 1895-1982）は、ジークムント・フロイトの六番目の子（末娘）で、一九三八年以後はイギリスで活動し、児童精神分析の開拓者となった。

■バルテスの叡智論

老年期の叡智を研究し、**サクセスフル・エイジング**（successful aging）の概念を提唱したドイツの心理学者バルテス[5]は、ドイツ西南部のザールルイに生まれ、ドイツの大学で教育を受け、アメリカの大学で研究成果をあげた後、一九八〇年からベルリンのマックス・プランク人間発達研究所において、実証的な生涯発達研究を進めた。

バルテスによれば、人間は長い人生のなかでさまざまな**獲得と喪失**（gain and loss）の問題に直面するが、それに対応する**可塑性**（plasticity）をもち、高齢化の進行に伴い、記憶力の減退、夜間・動体視力の低下、聴力の低下、歩行の困難など、認知と行動のさまざまな障害が生じてきても、**補償を伴う選択的最適化**（selective optimization with compensation）によってそれに対応していくことができる。

バルテスらの**ベルリン加齢研究**（Berlin Aging Study）の相関分析結果によれば、成人期の叡智は、年齢との関連性はむしろ弱く、創造性や社会的知能などパーソナリティと知能の境界面（interface）との関連性が最も強く、次いで人生経験（職業経験など）、さらにはパーソナリティ特性、知能の影響もみられた[6]。

■スタンバーグの叡智論

アメリカの心理学者スタンバーグ[7]は、ニュージャージー州のニューアークに生まれ、学部はイェール大学で学び、スタンフォード大学で博士号取得後、イェール大学

[5] パウル・B・バルテス（Paul B. Baltes, 1939-2006）は、ドイツ生まれの心理学者。ベルリン加齢研究などのプロジェクトを主導し、『生涯発達心理学』シリーズの編著者として活躍した。

[6] バルテスの叡智論については、左記の文献を参照。
Baltes, P. B. & Staudinger, U. S. (2000) Wisdom: A metaheuristic (pragmatic) to orchestrate mind and virtue toward excellence. *American Psychologist, 55*, 122-136.

[7] ロバート・J・スタンバーグ（Robert Jeffrey Sternberg, 1949-）は、アメリカ生まれの心理学者。実用的知能論、知能の鼎立理論、叡智論など、実証的知能研究の発展に貢献した。

とタフツ大学などの教授を歴任し、現在はワイオミング大学の学長である。

スタンバーグは、一貫して知能の実証的研究を行ってきた。知能の情報処理的側面に着目するコンポーネント分析の研究から出発したが、その後は広く人間の知能が社会的成功に果たす役割について検討し、そのなかで叡智について考察を行うようになった。

スタンバーグは、一九九〇年に編著『叡智：その性質・起源・発達（*Wisdom: Its nature, origins, and development*）』、一九九七年に著書『成功する知能（*Successful intellignce*）』、二〇〇二年に編著『なぜ頭のいい人々がこれほど愚かになれるのか（*Why smart people can be so stupid*）』、二〇〇三年に著書『叡智・知能・創造性の総合（*Wisdom, intelligence, and creativity synthesized*）』と、矢継ぎ早に叡智研究の成果を公刊し、叡智理論の集約となる**ＷＩＣＳモデル**[8]を提唱した。

スタンバーグは、情報処理の速度と正確さの測定値としての知能（intellignce）の重要性を認めながらも、それは社会から認められる**成功する知能**（successful intellignce）として、創造的な働きをするものでなければならないと主張した。叡智は、単なる「知識」の問題というよりも「行為」の問題であり、その行為は公益（the common good）に資するものでなければならない。また、批判的思考は叡智にとって不可欠の要素ではあるが、批判的思考力をもっていても、それによって公益に反する行為をするのであれば、叡智をもっていることにはならないのである。〔**子安増生**〕

[8] ＷＩＣＳとは、Wisdom, Intelligence, and Creativity Synthesized の頭文字を取った略号であり、「叡智・知能・創造性の総合」を意味する。出典は左記。
Sternberg, R.J. (2003) *Wisdom, intelligence, and creativity synthesized*. New York: Cambridge University Press.

第２部

批判的思考の教育

2-1 批判的思考教育運動の系譜

――デューイから21世紀型スキルまで

「考える」ことと、「考え方を教える」ことは同義ではない。しかし、「考え方を教える」ために、「考える」ことは不可欠である。また「考える」ためには、「何か」について考えることが必要であるが、これも「何か」、すなわち教科内容を教えることと同義ではない。批判的思考の教育においては、「考え方を教える」ための工夫がなされており、それは、古代の問答法にまで遡ることもできる。ここではアメリカを中心に、批判的思考教育という観点から主要な理論と教育運動を検討する。[1]

■プロパガンダと批判的思考教育

アメリカの批判的思考教育において、デューイ[2]は思考の五段階を、①困難の感覚、②困難の位置づけと定義、③可能な解決の暗示、④生じた暗示の推論による発達、⑤受け入れか拒絶かを導くさらなる観察と実験、と定めた。特に、**問題の性質を決定するための留保された判断**を、批判的思考と呼んでいる。プラグマティズムに基づくデューイの教育論は、後年の著書『民主主義と教育』や『学校と社会』において、経験

[1] 本稿の詳細については、左記を参照。
樋口直宏（2013）『批判的思考指導の理論と実践：アメリカにおける思考技能指導の方法と日本の総合学習への適用』学文社

[2] Dewey, J.（1910）*How we think*. Boston：D. C. Heath.

を重視する問題解決学習として具体化される。

また第一次、第二次世界大戦期には、大衆を説得する手段としてプロパガンダ研究が進められるとともに、**煽動や宣伝に説得されない手段**としての批判的思考教育も研究された。たとえばビドル[3]には、批判的思考を見出しとする章が設けられている。そこでは個人的・家族・社会的の三つのレベルから成る成熟の過程として、多様な意見や見方に小さい頃から触れさせることや、購買抵抗の仕方といった指導方法が検討され、教材「大衆の操作」を用いた実験研究においても効果がみられた。

一九三七年にはプロパガンダ分析研究所が設立され、機関誌『プロパガンダ分析』が刊行された。たとえばオズボーン[4]は、アイオワ州の高校において、教材「世論とプロパガンダ」を用いて授業を実施したが、実験群と統制群の差はみられなかった。またジューイット[5]やエドワーズ[6]は、新聞、雑誌やラジオ、映画を用いたプロパガンダについて、健全な懐疑主義を発達させる単元計画を提案した。

■社会科における批判的思考教育プログラム

批判的思考は、民主主義や市民性（シティズンシップ）といった主権者の形成に必要であり、社会科教育とのかかわりが深い。そのなかでラッグ[7]は、一九二〇～三〇年代にかけて「社会科学パンフレット」や教科書を刊行した。そこでは産業社会における市民性教育への行き詰まりを打開するために、衝動的な反応を批判的な判断に置き

[3] Biddle, W.W. (1932) *Propaganda and education.* New York: Bureau of Publications Teachers College, Columbia University.

[4] Osborn, W.W. (1939) An experiment in teaching resistance to propaganda. *Journal of Experimental Education,* 8, 1-17.

[5] Jewett, A. (1940) Detecting and analyzing propaganda. *The English Journal, 29,* 105-115.

[6] Edwards, V. (1940) Developing critical thinking through motion pictures and newspapers. *The English Journal, 29,* 301-307.

[7] Rugg, H. (1923) *Town and city life* (The social science pamphlets: The second experimental edition). New York: Lincoln School of Teachers College.

換えることや、**事実の分析、決定、推理および結論の導出**を意味する批判的思考の育成がねらいとされた。また全米歴史学会（American Historical Association：AHA）の報告書においても、批判的思考の学習が強調された。

全米社会科協会（The National Council for the Social Studies：NCSS）の年報[8]では、①問題の定義、②情報の位置づけ・選択・組織、③情報の評価、④結論の導出・提案・再考といった社会科における批判的思考技能の習得、および多様な状況での実践に関して、四名による論文が掲載されている。その一人であるタバは、批判的思考の評価方法について提案した。その後タバは、1～8学年の社会科カリキュラムとともに、教師用指導書にあたるハンドブックを開発した[9]。それらの教材は、カリフォルニア州コントラコスタ地区において実践されるとともに、授業分析およびテストが実施された。タバ社会科カリキュラムは、第1学年に「家族」を学び、以下、地域と世界のコミュニティ、州、合衆国とカナダ、中南米、西洋文明、合衆国の展望へと展開する。それとともに認知課題として、Ⅰ概念形成（①列挙・リスト化、②グループ化、③ラベルづけ・カテゴリー化）、Ⅱ推理と一般化（①ポイントの特定、②情報の項目についての説明、③推理・一般化）、Ⅲ原理の応用（①結論の予測・未知の現象の説明・仮説、②予測と仮説の説明と補強、③予測と仮説の証明）が設定され、教材に取り入れられた。

[8] Anderson, H. R. (Ed.) (1942) *Teaching critical thinking in the social studies*. Washington, D. C.: The National Council for the Social Studies.

[9] Taba, H. (1967) *Teachers' handbook for elementary social studies*. Palo Alto: Addison-Wesley Publishing Company.

■思考技能指導とポール

一九八〇年代になると、教育の卓越性に関する国家委員会による『危機に立つ国家』[10]をはじめとして、アメリカの学力低下問題が取り上げられた。そこでは基礎学力はもとより、推論や論理性といった高次の知的技能（higher order intellectual skills）について、十分な力をもっている生徒が少ないことも指摘された。これを踏まえて、スーパービジョンおよびカリキュラム開発協議会（Association for Supervision and Curriculum Development：ＡＳＣＤ）は、機関誌『教育リーダーシップ』（*Educational Leadership*）や思考技能指導のハンドブックである『精神の開発』（*Developing Minds*）[11]を編集した。

そのようななか、**思考を技能として直接指導**したのがベイヤー[12]である。そこでは思考は、心的操作、知識、性向・態度の三つの要素から構成される。このうち心的操作は、認知機能とメタ認知機能とに分けられ、認知機能はさらに思考方略、批判的思考、ミクロな思考技能へと具体化された。批判的思考は、①実証可能な事実と価値主張との区別、②無関連な情報・主張・理由から関連するものの区別、③陳述の事実に関する正確さの決定、④情報の信頼性の決定、⑤あいまいな主張や議論の特定、⑥述べられていない仮説の特定、⑦偏見の指摘、⑧論理的誤りの特定、⑨推論系列における論理的非一貫性の認識、⑩議論や主張の強度の決定、という各技能から成る。

これに対して、批判的思考の認知面だけでなく、**性格、感情、信念といった情意的**

[10] The National Comission on Excellence in Education（1983）*A nation at risk：The imperative for educational reform*. Washington, D. C.：Government Printing Office.［橋爪貞雄（訳）（1984）『危機に立つ国家：日本教育への挑戦』黎明書房］

[11] Costa, A.L.（Ed.）（1985）*Developing minds：A resource book for teaching thinking*. Alexandria, Va.：Association for Supervision and Curriculum Development.

[12] Beyer, B.K.（1988）*Developing a thinking skills program*. Boston：Allyn and Bacon.

側面を統合した強い意味（strong sense）の批判的思考を、哲学的な立場から指導したのがポールである。ポールはカリフォルニア州立大学ソノマ校において、批判的思考と道徳的批評センター（Center for Critical Thinking and Moral Critique）の所長に就任するとともに、教師用ハンドブックも出版した。

ポール[13]は、価値観や信念を伴う課題、およびそれを解決するための方法として、対話的（dialogical）、弁証法的（dialectical）な思考を重視する。またソクラテス的な「問い」を通して児童生徒の思考を刺激すれば、対話的議論は生じると考え、①思考と論理の構造、②思考のシステム、③思考の基準、④学問および領域の四つの枠組みから「問い」を分類した[14]。精神的特性についても、①精神の自立、②知的好奇心、③知的勇気、④知的謙虚さ、⑤知的共感、⑥知的誠実さ、⑦知的忍耐、⑧推理に対する信頼、⑨公平さを指導するための原理を示した。さらに、幼児から高等学校までを対象とする『批判的思考ハンドブック』においては、「A情意方略」「B認知方略ーマクロな能力」「C認知方略ーミクロな技能」から成る教授方略のリストが示され、各単元で「問い」の形になるように指導が計画されている[15]。

■21世紀型スキルとしての批判的思考

21世紀型スキルは、アメリカ連邦教育省、全米教育協会（National Education Association：NEA）およびインテル社などの企業から成るPartnership for 21st

[13] Paul, R. W.（1993）*Critical thinking: How to prepare students for a rapidly changing world.* Santa Rosa, CA: Foundation for Critical Thinking.

[14] Elder, L. & Paul, R.（2002）*The miniature guide to the art of asking essential questions.* Dillon Beach, CA.: The Foundation for Critical Thinking.

[15] Paul, R. W., Binker, A. J. A. & Weil, D.（1990）*Critical thinking handbook: K-3.* Rohnert Park, CA: Foundation for Critical Thinking, Sonoma State University.
　Paulの関係する団体のホームページ（http://www.criticalthinking.org）も参照。

Century Skills（P21）という組織によって提案された、**良き市民や働く人、リーダーとして成功するための知識や技能**のことである。それは、コア科目、21世紀テーマ、学習と革新スキル、情報、メディア、科学技術スキル、生活と職業スキルから成る。特に批判的思考は学習と革新スキルの一つとして、創造性[16]、問題解決[17]、コミュニケーション、協働などとともに目標とされている[18]。

21世紀型スキルにおける批判的思考は、①効果的に推理する、②システム思考を使用する、③判断と決定を行う、④問題を解決するといった四つの下位概念に整理される[19]。そこでは、推理をしながら各部分を分析、総合した判断および意思決定が、批判的思考の特徴として位置づけられた。また、21世紀型スキルの測定と指導方法を開発するためにATC21S（Assessment and Teaching of 21st Century Skills）と呼ばれるプロジェクトが発足しており、思考の様式、仕事の様式、仕事の道具、世界における生活の四つのカテゴリーから一〇の技能が提示されている[20]。批判的思考は、創造性、革新性、問題解決、意思決定、メタ認知などとともに、思考の様式における要素の一つであり、これらを育成および評価する方法も検討されている。

このように、批判的思考教育は各時代における実践が蓄積されて今日に至っている。それらは未来に向けて必須の能力として、今後いっそう注目されるであろう。

〔**樋口直宏**〕

[16] 項目2－4「創造的思考」を参照。

[17] 項目1－10「問題解決と意思決定」を参照。

[18] Bellanca, J. & Brandt, R. (Eds.) (2010) *21st century skills : Rethinking how students learn.* Bloomington, IN : Solution Tree.

[19] Trilling, B. & Fadel, C. (2009) *21st century skills : Learning for life in our times.* San Francisco : Jossey-Bass.

[20] Griffin, P., McGaw, B. & Care, E. (Eds.) (2012) *Assessment and teaching of 21st century skills.* Dordrecht : Springer.［P・グリフィン、B・マクゴー、E・ケア（編）益川弘如・望月俊男（編訳）(2014)『21世紀型スキル：学びと評価の新たなかたち』北大路書房］

2-2 批判的思考の発達

——幼児期／児童期／大学生

批判的思考の発達に関する研究は、大学生を対象としたものが圧倒的に多い。しかしそれ以外の時期について検討している研究も多少は存在する。本項では主に、批判的思考の萌芽がみられる幼児期・児童期における研究を取り上げ、また大量の研究が蓄積されている大学生における批判的思考の発達について概観していく。

■幼児期・児童期における批判的思考の萌芽

幼児期や児童期では、批判的思考能力の測定方法が限定されることなどから、包括的かつ系統的に行われた研究は、筆者の知る限りでは存在しない。しかし、一部の批判的思考技能に焦点を当てた研究は存在する。ソロフら[1]は、批判的思考技能のうちの**バイアスを見つける**ことに焦点を当て、幼稚園児から小学4年生までを対象に、批判的思考の発達を検討している。具体的には、対象児に個別に短い物語を聞かせ、そこにあるバイアスとその理由についてきく、という独自のテストを行っている。テスト内容の詳細は不明だが、実験の結果、他学年に比べて小学4年生が有意に高い得点を

[1] Soloff, S.B. & Houtz, J.C. (1991) Development of critical thinking among students in kindergarten through grade 4. *Perceptual and Motor Skills*, 73, 476-478.

得ていることが示されている。

批判的思考技能のうちの**情報源の信頼性を評価する**ことに関しては、幼児期の発達が検討されている[2]。ケーニグら[3]は、人によって信頼性が異なることを3～4歳児が理解しているかどうかについて、実験的に検討している。実験としてはまず、ボールなど子どもが知っているものを、「ボール」と呼ぶ人と「くつ」と呼ぶ人が登場するビデオを見せる。次に、カラフルな織物など子どもが見たことがないものを見せ、その名前をどちらの人に尋ねるかを対象児にきく、というものである。さらに、それぞれの人がそれを「ミド」「ロマ」と呼んだ後に、何と呼ぶかをきいた。その結果、3歳児とは異なり、4歳児は既知のものを正しく呼んだ人を信頼する傾向を示した。すなわち4歳児でも、人によって情報の信頼性に違いがあることを認識し評価しており、それに基づいて情報を選択していることが示されている。

情報の信頼性を評価するにあたっては、誰が言っているかだけでなく、内容によっても疑うべきかどうかが変わってくる。これについてはヘイマンら[4]が懐疑主義の発達という観点で、6～7歳の年少児童と10～11歳の年長児童を対象に、アメリカと中国で調査を行っている。彼らは、正直さ、賢さ、親切さといった価値にかかわる性格を取り上げ[5]、「ある人が他人に親切かどうかを聞こうと思っている」ときに、その人が「本当は親切ではないのに、他人に親切なことをよく行うと言う」と思うかどうかという形で、情報を歪めて主張する可能性について尋ねている。その結果、両国とも年

[2] 左記の文献が批判的思考という観点から関連論文をレビューしている。

Heyman, G. D. (2008) Children's critical thinking: When learning from others. *Current Directions in Psychological Science, 17*, 344-347.

[3] Koenig, M. A. & Harris, P. L. (2005) Preschoolers mistrust ignorant and inaccurate speakers. *Child Development, 76*, 1261-1277.

[4] Heyman, G. D., Fu, G. & Lee, K. (2007) Evaluating claims people make about themselves: The development of skepticism. *Child Development, 78*, 367-375.

[5] 比較対照のために価値にかかわらない特質として、外に出るかどうか、塩味が好きかどうか、赤色が好きかどうかも調査しており、それとの比較で論じている。

長児童のほうが歪曲の可能性を予期していることが示されている。ただしそのような懐疑主義の程度は中国のほうが高かった。これは、中国のほうがめだたないよう自分のポジティブな側面を隠すことが大事だというメッセージを明示的にも暗示的にも受け取っているのではないかと考え、実際に、中国の児童はポジティブな特質を開示しないと考えていることも確かめている。この研究からは、他人の言動に懐疑的になる（あるいは懐疑的になるのに失敗する）うえで、社会経験が重要であるといえる。

■児童期における教育を通した批判的思考の発達

以上の研究は、子どもが自然な社会生活のなかで身につけた批判的思考の萌芽といえるが、批判的思考の育成をめざした教育の効果としての批判的思考の発達について検討した研究もある。ダニエルら[6]は、討論を通して批判的思考を育成する子どものための哲学[7]の算数版を、三つの地域（オーストラリア、メキシコ、カナダ）の小学校高学年（10～12歳）計8クラスで毎週1回、1年間行っている。それはたとえば、「完璧な立方体は存在するのか？」「形を書いたら幾何学をしていることになるのか？」などといった問いに対して、ファシリテーターのもとで話し合うのである。ダニエルらは、年度序盤、中盤、終盤での生徒同士の哲学的討論において、対話的な批判的思考がどのように現れるかについて、グラウンデッド・セオリー・アプローチ[8]を用いて検討している。

[6] Daniel, M., Lafortune, L., Pallascio, R., Splitter, L., Slade, C. & de la Garza, T. (2005) Modeling the development process of dialogical critical thinking in pupils aged 10 to 12 years. *Communication Education*, 54, 334-354.

[7] 哲学者リップマン（M. Lipman）が始めた、教室での哲学対話の方法。哲学と関連した物語を読み、問いを作り、哲学的対話を行う、というのが基本的なステップである。

[8] グラウンデッド・セオリー・アプローチとは、データに根差した理論構築を目的とし、データからボトムアップ的にコーディングを行う質的研究法。

その結果、批判的思考と関連した思考モードとして**論理的、創造的、応答的、メタ認知的の四つ**がみられること、年度当初には論理的思考モードしかみられないが年度終盤には複数の思考モードがみられるというように**思考が複雑になる**ことなどが見出されている。また、生徒同士のやり取りには独白的なもの[9]と対話的なものがあるが、創造的思考が独白的やり取りを**対話的やり取りに変える**ことも見出されている。対話的やり取りはすべてが批判的なものではなく、非《non-》批判的なもの、半《semi-》批判的なもの、批判的なものがあるが、視点の違いに気づき、自分の視点を調整したり修正したりするようなメタ認知的思考が行われたとき、対話的やり取りが批判的なものになること、最も批判的なやり取りのなかで応答的な思考がみられることなどが明らかにされている。このようにダニエルらの研究では、1年間の実践を通して生徒同士のやり取りが対話的な批判的思考に発達していく道筋が示されている。

■大学生における批判的思考の発達

大学生の批判的思考の成長については、パスカレラらが[10]、認知的側面だけでなく心理面、態度面など幅広く大学が及ぼす影響について概観している。批判的思考に関してはさまざまな縦断研究や横断研究がなされているが、標準化されている多肢選択式テスト[11]の結果から、大学1年次から大学4年次にかけて、総じて0・5〜1SD（19〜34パーセンタイル）の成績上昇がみられることが示されている。批判的思考態度尺

[9] 視点の評価がない単純なやり取りのこと。

[10] Pascarella, E. T. & Terenzini, P. T. (1991) *How college affects students: Findings and insights from twenty years of research*. San Francisco: Jossey-Bass.
Pascarella, E. T. & Terenzini, P. T. (2005) *How college affects students: Volume 2 A third decade of research*. San Francisco: Jossey-Bass.

[11] ワトソングレーザー批判的思考テスト、コーネル批判的思考テスト、カリフォルニア批判的思考技能テストなど。

度でも縦断研究が行われており、批判的思考態度尺度の総得点、ならびに一部の因子（真実の追究、批判的思考への自信）で大学1年次よりも4年次の得点が有意に上昇していた。[12]

しかし批判的思考能力に関しては、常にこのような結果がみられるわけではない。多肢選択式の批判的思考テストではなく、論説文に含まれる疑わしい前提を指摘させるという記述式の課題を大学1年生と大学4年生に行ったキーリー[13]は、4年生のほうが1年生よりも重要な前提を多く指摘できたものの、どちらの群でも多くの前提を探せた学生はあまりおらず、高校でも大学でも前提を見出すことは十分に育成されていないと結論づけている。同様に道田[14]は、論理的に問題のある文章の問題点指摘を大学1年生と4年生に行わせたところ、使用した3題材中1題材のみでしか学年差がみられないという結果になった。これらの結果から、多肢選択式テストのように解答の候補が選択肢として挙げられているなかから選ぶ力は大学在学中に高められているが、**論理的な問題点を自分で見出して述べる力**は大学で十分には育成されていないといえるかもしれない。

これは純粋な大学の効果なのだろうか。パスカレラら[15]は、アメリカ16の州から選んださまざまなタイプの大学17校の２０７６人に対して、大学入学時と1年末に批判的思考テストを行った。入学時の批判的思考得点、性、人種、学習動機の高さ、年齢、仕事時間、分野別の履修数、大学の平均批判的思考レベルを統計的に統制し、1年で

［12］ Giancarlo, C. A. & Facione, P. A. (2001) A look across four years at the disposition toward critical thinking among undergraduate students. *The Journal of General Education, 50*, 29-55.

［13］ Keeley, S.M. (1992) Are college students learning the critical thinking skill of finding assumptions? *College Student Journal, 26*, 316-322.

［14］ 道田泰司（2001）日常的題材に対する大学生の批判的思考：態度と能力の学年差と専攻差『教育心理学研究』*49*, 41-49.

［15］ Pascarella, E. T., Bohr, L., Nora, A. & Terenzini, P. T. (1996) Is differential exposure to college linked to the development of critical thinking? *Research in Higher Education, 37*, 159-174.

の登録単位数と1年度末の批判的思考得点の関係をみたところ、半期に25単位時間以上登録した学生は、6単位時間以下の学生に比べて批判的思考得点が0・41SD（15・9パーセンタイル）高かった。すなわち、大学で授業にたくさん出る学生は批判的思考レベルを向上させており、それは成熟などではなく純粋な大学の効果といえるであろう。

ではこのような大学の効果は、具体的にはどのような経験から来るのであろうか。ツイ[16]は、回顧的調査[17]ではあるが、大学入学時から自分がどれだけ批判的に考えることができるようになったかという自己報告を、全米392大学の2万4837人の大学4年生に求め、その回答とさまざまな経験との関連を検討した。その結果得られたのは、どれもあまり大きな説明率ではなかったが、作文課題に対して教師からフィードバックを得ることが批判的思考技能の発達に影響すること、多肢選択試験は批判的思考の向上に負の影響があること、研究プロジェクトやグループプロジェクトで作業し、プレゼンし、小論文形式のテストを受けることは学生の批判的思考技能を高めることであった。ツイ[18]は、大学で批判的に考えることができるようになった学生が多かった大学とそうでない大学のフィールド調査を行っている。そこでも、添削を受けて作文を書き直すことや授業中に討論を行うことの重要性が見出されている。とはいえ、具体的にどのような経験が大学における批判的思考の発達に大きく寄与しているかについては、十分に明らかになっているわけではない。

〔**道田泰司**〕

[16] Tsui, L.（1999）Courses and instruction affecting critical thinking. *Research in Higher Education, 40*, 185-200.

[17] 大学1年生と4年生の比較（横断調査）や同一対象者の大学1年次と4年次の比較（縦断調査）ではなく、4年時点で過去を振り返って、1年の時よりも成長したと思うかどうかを問うこと。

[18] Tsui, L.（2002）Fostering critical thinking through effective pedagogy：Evidence from four institutional case studies. *Journal of Higher Education, 73*, 740-763.

2−3 論理的思考 ――筋道を立てて考える

論理的思考（logical thinking）は、英語のままロジカル・シンキングとして用いられることも多くなっているが、前提から結論に至るまで、筋道を立てて考えることをいう。反対に、前提から結論に一足飛びに飛躍してしまったり、結論に関して損得や好悪で判断するような思考は非論理的な思考である。論理的思考は、批判的思考とは特に親和性が高い思考であるとされる。

■命題的思考

命題（proposition）とは、「である」「でない」「かつ」「または」「ならば」などの論理語を用いて、真偽いずれかかが判断できる文をいう。[1]

命題のなかには、**恒真命題**（tautology）というものがある。たとえば「XまたはXでない」は、恒真命題の基本例である。もう少し具体的な例を挙げると、シャーロック・ホームズが「ワトソン君、Aの奴はこの事件の犯人であるか、または犯人でないかのどちらかなんだ。すごい結論だろう[2]」と言ったら、ワトソンは長年の相棒を見

[1]　命題AとBに対し「Aでない」を $\sim A$「AかつB」を $A\wedge B$「AまたはB」を $A\vee B$「AならばB」を $A\rightarrow B$ であらわす。

[2]　たとえば、次のものはすべて恒真命題である。
$p\rightarrow p$, $\sim(\sim p)\rightarrow p$, $p\vee\sim p$, $\sim(p\wedge\sim p)$, $(p\wedge(p\rightarrow q))\rightarrow q$, $((p\rightarrow q)\wedge(q\rightarrow r))\rightarrow(p\rightarrow r)$

限り、ベーカー街221Bの部屋から荷物をまとめて出て行ってしまうことだろう。

しかし、証券会社の顧客担当係から「お客さん、株価というものは、上がるか下がるかどちらかなんですよ。でも、買わなきゃ、株価が上がって儲けるということは絶対ありませんよ」と言われると、論理的に正しいことのみを言われているだけに、心がぐらついて、勧められるままにP株を買ってしまう客も少なくないかもしれない。この場合、批判的思考を働かせると、何が問題となるのだろうか。それは、顧客担当係が実は前提の部分しか述べておらず、その前提が「P株を買うべきだ」という真の結論と論理的にどう結びつくかを述べていないことに気づくべきだということである。

それでは、応用問題である。「彼女のことを好きなのか、好きでないかどっちかだろ。好きでも嫌いでもないなんてことはないんだ。好きなんだったら結婚すればよいじゃないか」という友人の「懇切なアドバイス」は、論理的に正しいだろうか。[3]

■論理的思考のタイプ

論理的思考には、演繹推理、帰納推理、アナロジー推理などが区別される。

演繹推理（deduction）とは、一般的事実や原理から、特殊な事例または個別的な事実について推理することをいう。たとえば、ピタゴラスの三平方の定理（$a^2+b^2=c^2$）を使って、180×90センチメートルの畳の対角線の長さを約201センチメートルと計算するのは、演繹推理の一例である。

[3]　この友人のアドバイスの内容を論理式であらわすと、$p \vee \sim p$、$\sim(\sim p \wedge \sim(\sim p))$、$p \rightarrow q$ の三つである。最初の二つは恒真命題であるが、$p \rightarrow q$ はそれ自体真でも偽でもない。そもそも、「私は誰々が好きだ」という言明は、命題の形式はとっているが、真偽いずれかが判断できる真の命題とは必ずしもいえないだろう。

帰納推理（induction）とは、特殊な事例または個別的な事実から、一般的事実や原理を推理することをいう。子どもたちは、帰納推理の積み重ねによって、たとえば「イヌ」にはシェパードやプードルを含めるが、オオカミやキツネは含めないことを学んでいき、「イヌ」の正しい概念を獲得するのである。

アナロジー推理（analogical reasoning）とは、論理的厳密性は欠くが、ある領域の特殊な事例または個別的な事実に当てはまる関係を、別の領域の特殊な事例または個別的な事実に適用するような推理をいう。たとえば、次のような例がある。

(a) 電流の法則を理解するために、水流に関して成り立つ関係を敷き写して考える。
　電気：電流：電圧＝水：水流：水圧

(b) 人間の記憶の機能を図書館の業務に置き換えて説明する。
　記銘：保持：再生＝登録：保管：検索

(c) 外部から侵入してコンピュータに誤動作を起こさせたりデータを破壊したりする危険なプログラムとその対策ソフトのことを、病気とその治療法になぞらえる。
　ウイルス：ワクチン＝コンピュータウイルス：ワクチンソフト

■**内挿と外挿**

論理的思考を展開させる際に、議論の根拠となる測定データを挙げることがしばしば重要となる。[4] その際、そのデータの**区間**（interval）を同時に考えておく必要があ

[4] 近年、医学の分野では、科学的根拠に基づく医療という意味で、エビデンス・ベースト・メディスン（evidence-based medicine）ということばが重視されている。

る。たとえば、小学生の学力について、小学2年生、4年生、6年生のデータを得たとすれば、そのデータの区間は2年生から6年生の範囲である。このデータ区間内の未知のデータを既知のデータに基づいて推測することを**内挿**（interpolation）という。たとえば、小学2年生、4年生、6年生の学力のデータであれば、小学3年生と5年生のデータはその前後の学年の中間あたりの値になると考えることである。内挿による推定は、比較的誤りが少ないものの、時として大きな齟齬も生じうる。

内挿が区間内の推定であるとすれば、区間外の推定も当然可能である。たとえば、小学2年生、4年生、6年生の学力のデータから、区間外の小学1年生や中学1年生の学力を推定することである。このように、データ区間内の既知のデータに基づいて区間外のデータを推測することを**外挿**（extrapolation）という。外挿は、内挿以上に根拠に乏しく、「将来の経済成長予測」のように、誤って一人歩きしやすい。

■悪魔の証明

悪魔の証明（probatio diabolica）とは、本来「ない」ことの証明はできないのに、そのことを求められる場合にいう。「おまえがこの事件の犯人だろう」と言われたとき、「犯人でない」ことの証明は、悪魔の証明を求められることになる。断罪を申し立てたほうが「犯人である」ことの証明を行わなければならないのである。訴えられて、恐れ慄き、批判的思考を働かせることをストップさせてはならない。〔**子安増生**〕

2-4 創造的思考

――アイデアを生み出して評価する

創造性の心理学的研究は、一九五〇～六〇年代に行われたギルフォードの研究に遡る。今日に至るまで、創造性に関する複数のモデルが提唱され、測定方法が開発されている。たとえば、最も広く用いられている創造性テストの一つにトーランスが一九六六年に開発した**創造的思考テスト**（Torrance Tests of Creative Thinking：**TTCT**）がある。[1] TTCTには、物（例：段ボール）の変わった使い方を考えさせるといった言語課題や、二本の垂直に描かれた平行線を使ってできるだけ多くの異なる絵を描かせるなどの図形課題から構成される。TTCTはこれらの課題によって「流暢性」「独創性」「柔軟性」を測定しようとするものである。[2] 一方で、創造性をどのようにとらえるかは研究者によって異なる。研究対象となる認知的活動も、創造的視覚化、創造的発明、芸術、洞察・固着、創造的発想、創造的問題解決など多岐にわたる。本項では、批判的思考との関連について検討することを目的として、図形や絵画や物体にかかわる創造性というよりも、言語的で高次な認知活動である**創造的発想**と**創造的問題解決**に着目する。

[1] Torrance, E. P. (1966) *The Torrance Tests of creative Thinking — Norms-Technical Manual Research Edition: Verbal Tests, Forms A and B-figural Tests, Forms A and B.* Prinston, NJ: Personal Press.

[2] Sternberg, R. (2005) Creativity or creativities? *International Journal of Human-Computer Studies,* 63, 370-382.

創造的発想

創造的な発想を促すことを目的として開発された代表的な手法に**ブレインストーミング**（Brainstorming）が挙げられる。これは、一九五〇年代にオズボーンがアメリカで発表して以来、現在まで広く用いられている手法である。ブレインストーミングは、「批判や評価は保留にする」「大胆な発想を歓迎する」「アイデアの量を重視する」「アイデアを結合し改善させる」という四つの基本ルールに沿って行われる。これらのルールは、とにかく多くのアイデアを出すことに重きをおき、自由な発想やアイデア同士の組み合わせで新たな発想が生まれることを目的としている。これらのルールに沿って集団でブレインストーミングを行うことで、平均的な人は一人のときよりも二倍の数のアイデアを出すことができるとしている。

オズボーンが創造的思考を促すためにアイデアの数を重視するのは、アイデアを出せば出すほど創造的なアイデアが出てくるチャンスが高まるという考えに基づいている。しかし、オズボーンのブレインストーミングの手法は、研究の蓄積によって構築された方法ではなく、オズボーン自身の数多くの実践に基づいて考案された手法である[3]ことに注意をしておく必要がある。実際には、ブレインストーミングを一人ずつ個別に行った場合とグループで行った場合では、個別に行った場合のほうがより多くのアイデアが出るという実験結果や、どちらもアイデアの質は変わらないという実験結果もあり[4]、四つの基本ルールの効果が実証的に支持されているわけではない。

[3] Osborn, A.F. (1986) *Applied imagination : Principles and procedures of creative problem-solving.* New York : Scribner.

[4] Diehl, M. & Stroebe, W. (1987) Productivity loss in brainstorming groups : Toward the solution of a riddle. *Journal of Personality and Social Psychology,* 53, 497-509.

■創造的問題解決

上述のオズボーンの手法では、ブレインストーミング中に批判や評価を避けることが重要な原則の一つとされている。しかし、このことは創造的思考と批判的思考が相反するものであることを意味しない。オズボーンは、このような原則を設けた理由として、著書のなかで、批判的な思考と創造的な思考を同時にしようとするとどちらかが中途半端になってしまうため、ブレインストーミング中はアイデアを出すことにのみ集中し、批判や評価は後で行うよう述べている[3]。ブレインストーミングの研究では、アイデア生成プロセスで批判をされると、参加者は自分のアイデアの評価が気になってしまい（**評価懸念**）、アイデアを出すことをためらうことにもつながりかねず、創造的アイデアの生産性にネガティブな影響を与えることも指摘されている[4]。

これらのことは、アイデアを数多く出すプロセスにおいては批判や評価を保留にしたほうがよいことを示唆するが、創造的思考そのものに批判や評価のプロセスが必要ないことを示唆するものではない。実際には、創造的思考を複数の構成要素やプロセスからとらえる立場では、批判や評価をそれらのプロセスに位置づけている研究も多くみられる。

たとえば、オズボーンが考案したモデルをもとに創造的問題解決のプロセス（Creative problem solving：**CPS**）の研究をしているトレフィンガーら[5]は、創造的問題解決の主要な構成要素として「問題の理解」「アイデアの生成」「行動の準備」と

[5] Treffinger, D. (1995) Creative problem solving: Overview and educational implications. *Educational Psychology Review*, 7, 301-312.

いう三つを挙げている。まず、「問題の理解」では、問題が何かを明らかにしたり、課題の分析を行う。状況が不明確なときや、焦点や方向性を明確にする必要があるときに必要なプロセスである。「アイデアの生成」は、多くの選択肢や新しい方法を考え出す拡散的なフェーズと、それらを検証したり、まとめたり、選択する収束的なフェーズから構成される。ここで思いついた新しい方法がそのまま実行可能で、役立つものであるとは限らない。そこで、「行動の準備」では、有望そうな方法を対象に、その利点や限界、ポテンシャルを詳細に検討する。また、これらの方法を実行に移すときに必要となるリソース（人、場所、物、時間）や障害になりそうなものを検討する。このCPSモデルの特徴は、「アイデアの生成」のフェーズが、アイデアを出す対象となる問題の批判的検討を行うフェーズと、生成したアイデアを評価するフェーズで挟まれていること、またこれらの三つのフェーズは互いに行き来しつつ循環的なものとして想定されている点である（図1）。

また、ルンコらによる創造的思考のモデルにおいても、問題の発見や評価は重要な要素として位置づけられている。[6] **創造的思考の二層モデル**（Two-tier model of creative thinking）と呼ばれるこのモデルでは、「問題の発見」「アイデア生成（ideation）」「評価」という三つのスキルを第一層として、その上に「知識」と「動機」からなる第二層がある。第一層を構成している「問題の発見」は問題を定義するスキル、「アイデア生成」は複数のユニークなアイデアをすばやく生成するスキル、

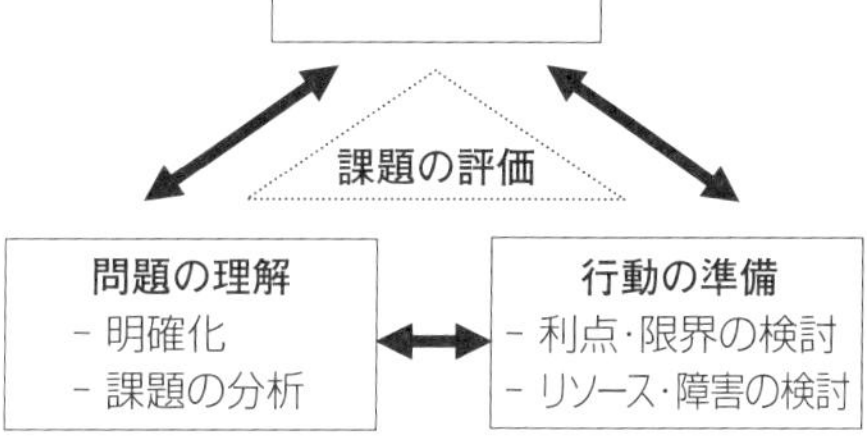

図1　CPSモデル

[6] Runco, M. A. & Chand, I. (1995) Cognition and Creativity. *Educational Psychology Review*, 7, 243-267.

「評価」はアイデアを批判的に分析するスキルである。第二層に位置づけられている「知識」には手続き的知識や宣言的知識[7]が含まれており、「問題の発見」および「アイデア生成」と相互に影響し合い、「動機」は「アイデア生成」および「評価」と相互に影響し合うと想定されている。

これらの創造的思考のモデルは、批判的思考のモデルと多くの共通点をもつ。たとえば、トレフィンガーの創造的問題解決の構成要素における「問題の理解」や「行動の準備」は、エニスの批判的思考の構成要素における「明確化」や「行動の決定」と類似しているし[8]、ルンコらの創造的思考の二層モデルにおける「知識」「動機」「評価」は、ゼックミスタとジョンソン[9]やクーン[10]の批判的思考のモデルにも含まれるものである。このように、創造的問題解決モデルと批判的思考のモデルの構成要素のなかにはいくつか類似したものが存在する。

■創造的思考と批判的思考

創造的思考と批判的思考の関係性は、ギルフォードの知の構造モデルにおける**拡散的思考**（divergent thinking）と**収束的思考**（convergent thinking）の関係性に似ているようにみえるかもしれない。創造的思考において多数の異なるアイデアを探索するプロセスは拡散的思考といえるし、批判的思考において複数のアイデアを評価したり吟味したりして少数のアイデアに絞り込んでいくプロセスは収束的思考と類似して

[7] 手続き的知識（procedural knowledge）はノウハウに関する知識で、宣言的知識（declarative knowledge）は事実に関する情報を意味する。

[8] 項目1―4「心理学と批判的思考」を参照。

[9] Zechmeister, E. B. & Johnson, J. E. (1992) *Critical thinking : An functional approach*. CA : Brooks/Cole Publishing company.［E・B・ゼックミスタ、J・E・ジョンソン／宮元博章・道田泰司・谷口高士・菊池聡（訳）(1996/1997)『クリティカルシンキング：あなたの思考をガイドする40の原則　入門篇／実践篇』北大路書房］

[10] Kuhn, D. (2001) How do people know? *Psychological Science, 12*, 1-8.

いる。しかし、これらは相互に置き換え可能な用語としてとらえるべきではないだろう。むしろ、上述のように、創造的問題解決プロセスには、多数のアイデアを探索するプロセスもそれらを評価するプロセスも両方含まれている。また、批判的思考においても、単一の解にアイデアを収束させていくことはあまり本質的なことではなく、複数の選択肢を探したり、新たな可能性について開かれた心をもっていることが重要とされる[11]。創造的思考と批判的思考の関係性を、拡散的思考に対する収束的思考としてとらえると、高次の思考としての創造的思考と批判的思考が共有する認知プロセスを見失う恐れがあるだろう。

したがって、創造的思考と批判的思考は相互独立的にとらえるのではなく、互いに関連し合う思考としてとらえる必要がある。これらの二つの思考をどのように関連づけるかは、どのような創造性を対象とするかによって異なるだろう。近年は、**学問的な創造性**（scholarly creativity）と批判的思考の関係などの研究も進められており[12]、創造的思考と批判的思考の関連性を整理する新たな概念的枠組みも提唱されている[13]。

〔**田中優子**〕

［11］ Ennis, R.H. (1987) A taxonomy of critical thinking dispositions and abilities. In Baron, J.B. & Sternberg, R.J. (Eds.) *Teaching thinking skills : Theory and practice*. New York : W. H. Freeman. pp. 9–26.

［12］ Bordin, E.M. & Avery, H. (2014) Conditions for scholarly creativity in interdisciplinary doctoral education through an Aristotelian lens. In Shiu, E. (Ed.), *Creativity Research : An inter-disciplinary and multi-disciplinary research handbook*. New York : Routledge.

［13］ Brodin, E.M. (in press) Conditions for criticality in doctoral education : A creative concern. In Davis, M., Barnett, R. & Ennis, R.H. (Eds.), *Critical thinking in higher education*. New York : Palgrave McMillan.

2-5 批判的思考教育の技法

——さまざまな教授法とその特徴

■批判的思考教育について考えるために

批判的思考教育の形にはさまざまなものがあるが、大きくとらえるならばそこでは、①どのような場で教育を行うか、②考えるための手掛かりや視点（一般原則など）を与えるか、という二つの視点があり、これらの違いが批判的思考教育の形態の違いといえる（表1）。本稿ではこの二つの観点を出発点として、批判的思考教育のあり方について整理を行い、そのなかに批判的思考教育の諸技法を位置づける。

①の批判的思考教育を行う場に関しては、批判的思考そのものを主題とした特設科目で行う形（表中のa）と、既存の科目のなかで行う形がある。さらに後者では、②の教授を明示的に行うやり方（表中のb）と、それを明示的に教授せず考えることに没入させるやり方（表中のc）に分けられる。[1][2]

この区分は非常に有用なものであるが、批判的に考えるための手掛かりや視点に関しては、それを与えるか与えないかという区別しかされていない。考えるための手掛かりにもさまざまなものがあり、その観点から整理することが、批判的思考教育の技

表1　批判的思考教育の技法

批判的思考を行う場 ＼ 考えるための手掛かりや視点		あり	なし
批判的思考を行う場	特設の科目	a. ジェネラルアプローチ	
	既存の科目	b. インフュージョン（導入）アプローチ	c. イマージョン（没入）アプローチ

[1] Ennis, R.H.（1989）Critical thinking and subject specificity: Clarification and needed research. *Educational Researcher, 18*, 4-10.

法を理解するのに有効と思われる。以下では、与える手掛かりや視点の違いから、批判的思考の入門書を中心に批判的思考教育の技法をみていく。

■批判的に考えるためのさまざまな手掛かりや視点

①論理学的知識　批判的に考えるための手掛かりとして、特に米国で最も一般的なのは形式論理学、非形式論理学[3]といった**論理学**の知識である。このスタイルで書かれた入門書が多数出版されており[4]、そこで扱われている内容は似通っている。ここで批判的思考の対象となるのは、**論証**（argument）、すなわち前提から結論が導き出されている一連の命題である。何が結論であり、どの前提からそれを導き出しているかといった論証の構造を明確化し、その適切さを評価することが批判的思考の主な目的となる。そのためには、あいまいな語句を明確にし、信頼できる情報源とそうでないものを区別し、非形式論理学で挙げられているような**誤謬推論**を見分ける必要がある。また、演繹的推論の妥当性を検討し、帰納的推論の強さを評価できるような形式論理学の知識も必要である。

つまり論理学をベースとした批判的思考においては、形式・非形式論理学の知識をツールとし、それを視点として論証の骨格（構造）を理解し、その**妥当性**や**真偽性**を検討し、あるいは規準に沿った妥当な論証を構築することが批判的思考の基本的な技法といえる。なお、形式・非形式論理学の視点を「問い」の形で提示することで、正

[2]「特設科目」で「手掛かりや視点を与えずに」批判的思考を育成する、という右上のセルのようなスタイルも可能性としてはありうるが、このような批判的思考教育の区分を提唱したEnnis（1989）では想定されていない。

[3] 日常行われている自然言語による議論を分析するための論理学。一般的には、議論の中に、妥当性に影響するような誤謬がないかどうかを検討することが中心となっている。

[4] たとえば左記のものがある。
Ennis, R.H. (1996) *Critical thinking*. New Jersey : Prentice Hall.
Fisher, A. (2001) *Critical thinking: An introduction*. Cambridge : Cambridge University Press.［A・フィッシャー／岩崎豪人・品川哲彦・浜岡剛・伊藤均・山田健二・久米暁（訳）(2005)『クリティカル・シンキング入門』ナカニシヤ出版］
Moore, B.N. & Parker, R. (2008) *Critical Thinking* (9th ed.). New York : McGraw-Hill.

しい問いが出せるよう工夫された入門書[5]もある。

②**心理学的知識**　心理学には、人がどのようなときにどのように誤りやすいかについての知見が蓄積されている。それゆえ、心理学で明らかにされている**バイアス**などの知識をもつことによって、より適切に考え判断できるようになることが期待できる。そのように考えて作られた入門書[6]で扱われているのは、因果関係を推論するうえで陥りやすい**錯覚**、他人の行動を説明するときの**基本的帰属錯誤**、自分自身を振り返るときの**自己奉仕バイアス**など、人が陥りやすい錯覚や偏った見方などである。そのほかにも、問題解決や意思決定に関する心理学的研究で明らかにされているさまざまなバイアスを踏まえ、効果的な問題解決や意思決定の方法が紹介されている。

このように心理学をベースとした批判的思考では、人が自分の視点（枠組み）を通して誤った見方や偏った見方をしがちであることの知識をもつことがツールとなり、その視点から他者や自分の行動、出来事などを理解し、問題解決や意思決定に役立てることが中心となる。なお心理学をベースとした批判的思考の入門書では多くの場合、心理学的知識だけではなく、形式論理学や非形式論理学といった論理学の知識についても一定の分量を割いて論じられている。

③**ビジネス系のツール**　わが国特有の批判的思考として、主にコンサルティング企業のコンサルタントが使うツールや考え方がある。よく挙げられるものは、**ロジックツリー**や**フレームワーク**である[7]。ロジックツリーは、上位概念を下位概念にツリー状

[5]　Browne, M. N. & Keeley, S. M. (1998) *Asking the right questions : A guide to critical thinking* (5th ed.). NJ : Prentice Hall.［M・N・ブラウン、S・M・キーリー／森平慶司（訳）(2004)『質問力を鍛えるクリティカル・シンキング練習帳』PHP研究所］

問いとしてはたとえば「問題と結論は何か?」「理由は何か?」「どの単語や句があいまいか?」「どんな価値が仮定されているか?」などが扱われている。

[6]　Zechmeister, E. B. & Johnson, J. E. (1992) *Critical thinking : A functional Approach*. CA : Brooks/Cole Publishing Company.［E・B・ゼックミスタ、J・E・ジョンソン／宮元博章・道田泰司・谷口高士・菊池聡（訳）(1996/1997)『クリティカルシンキング：あなたの思考をガイドする40の原則　入門篇／実践篇』北大路書房］

に分解していったもので、問題の所在や解決策を検討する際に有用である。フレームワークは、何かの概念を分解する視点としてすでに知られているものである。たとえば戦略を策定する際に顧客（customer）、競合（competitor）、自社（company）の視点から分析する3Cなどがある。ロジックツリーでもフレームワークでも重視されるのが、上位概念を網羅的に分解して列挙することであり、MECE（Mutually Exclusive and Collectively Exhaustive：モレなくダブリなく）と呼ばれている。[8]

このようにビジネス界における批判的思考では、上位概念を網羅的に分解するツールを中心として、問題が丁寧に分析され解決策が幅広く検討されている。なおコンサルタントが中心となって著された入門書[9]では、上記ツールが紹介されているだけでなく、隠れた前提といった論理学的知識も、不適切なサンプリングといった心理学的知識も同時に扱われていることが多い。

以上述べたものは、ジェネラルアプローチやインフュージョン（導入）アプローチで、考える際の手掛かりや視点として提供され、必要なときにそれが使いこなせるようになることが、批判的思考教育の目的となる。これらが主に視野に入れているものはそれぞれ異なっており、論理学では「論証の骨格をとらえて的確に理解・評価・構成すること」、心理学では「人が自分の視点（枠組み）を通して誤った見方や偏った見方をしがちであることを自覚すること」、ビジネス系のツールでは「全体を網羅的

［7］道田泰司（2011）一般書としてのクリティカル・シンキング本の研究『琉球大学教育学部紀要』79, 161-174.

［8］項目2－6「教育のためのTOC」でも、アンビシャス・ターゲット・ツリーでは「障害を前もって思いつく限り列挙」することになっており、同種のツールといえる。

［9］たとえば、左記を参照。
グロービス・マネジメント・インスティチュート（2005）『MBAクリティカル・シンキング：MBA思考力ゼミナール　新版』ダイヤモンド社

に見渡すこと」といえる（図1）。したがって批判的思考の技法は、自分に合ったものを選択する、あるいは必要に応じて組み合わせることが重要である。

■批判的に考える場を作る

考えるための手掛かりや視点を与えない場合、批判的思考教育はどのように行われるであろうか。第一には、自分の見方や考え方の偏りや一面性に気づけるよう、多様な意見や見方に触れられる機会を作ることであろう。そのためには、**討論**をすることであり、対立する考えを知り、どちらがよいかを比較検討することである。ディベートの形式をとることで、問題の多面性により気づくことが可能である。あるいは、他者の考えに対して質問がないか考えたり、他者からの疑問に答えたりする活動も多面性に気づく一方策である。

ブレインストーミング[11]を行うことで、物事の一面だけではなく、幅広くみることを促すことができる。そのような形をとらなくても、教師が**ファシリテーター**となって参加者の多様な意見を引き出すことも有用である。参加者が自分の意見を表明することをためらうような雰囲気がある場合は、付箋紙をはじめとしたファシリテーションによく用いられる道具立てが効果を発揮する。付箋紙に書かれた意見を模造紙上で整

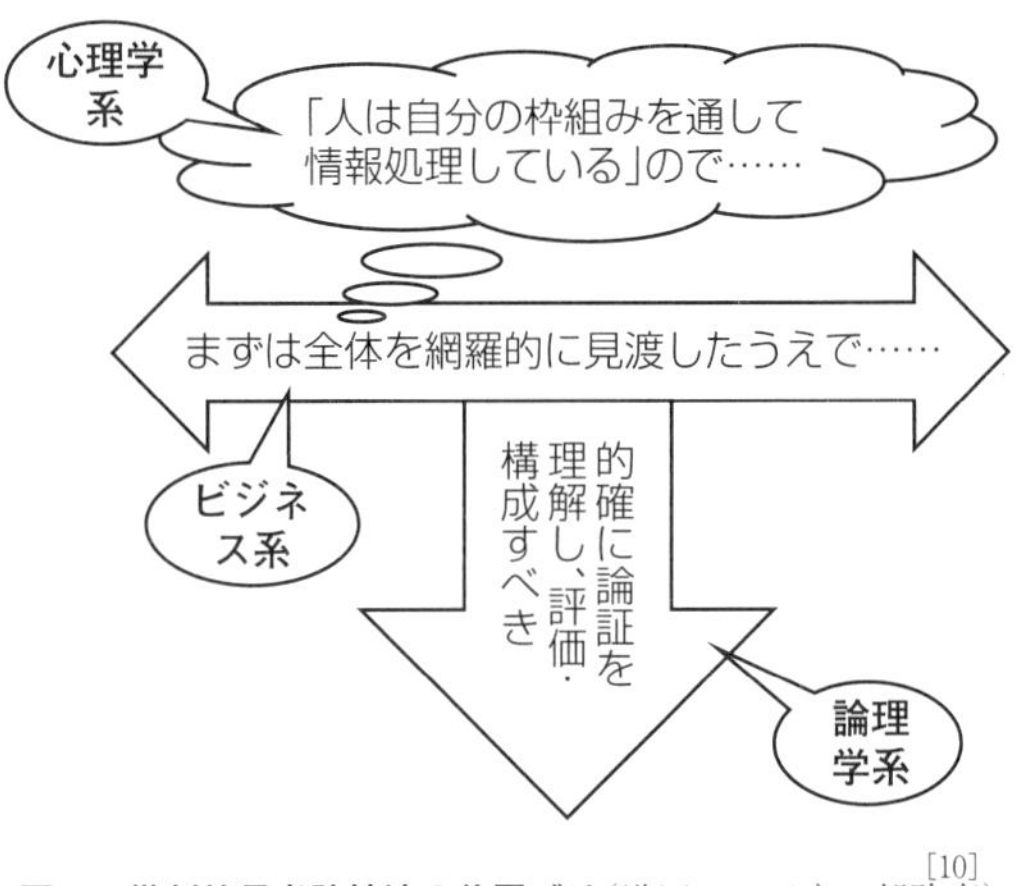

図1　批判的思考諸技法の位置づけ（道田，2012[10]を一部改変）

理すれば、視点の網羅性も確認でき、よりモレのない意見収集が可能となる。
きちんとした骨格をもつ議論を組み立てるためには、自分の考えを、他者に伝わるよう、あるいは他者を**説得**するよう表明することである。口頭で発表する場合も、文章による作文という形をとる場合もある。表明して終わりではなく、できればそれに対する他者からのコメントや反論があり、それを受けて書き直し[12]、意見の再表明が行われれば、それだけ議論の妥当性の向上も期待できる。より確かな思考を組み立てる必然性を生むためには、単に自分の意見を表明するだけではなく、何らかの問題に対して、解決策を策定する場を作ったり、意思決定を行ったりすることも有効であろう。

これらはいずれも、考えざるを得ない場作りを行ったうえで、考えやすい雰囲気を作ることとなっており、そのうえで視点の一面性／多面性に気づき、網羅的に見渡し、きちんとした骨格の議論を組み立てることを促している。もちろんこれをただ行えば批判的思考になるわけではなく、時には教師やファシリテーターによるゆさぶりの問いかけも必要であろうし、また、最後には参加者自身がその日の思考を振り返ることで、考えを深めるための手掛かりや視点を自分で見出していき、次の機会に活かしていくことで、批判的思考が深まることにつながる。なおこのような場作りは、イマージョン（没入）アプローチだけでなく、ジェネラルアプローチやインフュージョン（導入）アプローチでも併用することにより、教育効果をより高めることができるであろう。

〔道田泰司〕

[10] 道田泰司（2012）『最強のクリティカルシンキング・マップ：あなたに合った考え方を見つけよう』日本経済新聞出版社

[11] 項目2－4「創造的思考」を参照。

[12] ツイは学生が大学生活を通して批判的思考力を高めている大学のフィールド調査を行った結果、そのような大学では、エッセイの草稿を学生同士で批評しあい、書き直しをすることが重視されていた。それに加えて、授業中の討論も重視されていた。

Tsui, L. (2002) Fostering critical thinking through effective pedagogy: Evidence from four institutional case studies. *Journal of Higher Education, 73*, 740-763.

2−6 教育のためのTOC（制約理論）

——三つのツールで実践する

■現代の教育の諸課題の中心

社会の縮図の一つである学校をめぐって期待・社会的要請がますます高まるとともに、さまざまな問題・課題が多くの関係者の努力にもかかわらずなかなか解決・前進していない。ここで注目したい問題・課題は、①学校での授業に集中し、家庭での自宅学習の習慣を確立し、基礎学力をしっかり身につけるということができていない（**基礎学力の低下**）、②学んだことをつなげて、具体的な問題に応用し、生活などで活かしていくことができない（**応用力の低下**）、③自分への評価が低く、失敗を恐れ挑戦せず、低い目標しか設定せず、他人の評価を気にし過ぎるという傾向（**自己肯定感の低下**）の三点である。さらに、グローバル化のなかで人材養成・教育上の課題としてクローズアップしてきていることが、④**コミュニケーション力の偏り**である。これは「空気を読む」という、その場限りの状況に合わせてそこでの雰囲気を壊さないように自己規制するという著しく「配慮」してしまう傾向である。これは「いじめ問題」の背後にもある問題であり、自分の意見を述べる、他人の意見に耳を傾ける、互いに認め合って合意できる解決策を見出す、などといったコンフリクト（葛藤・対立）を通じての建設的討論、自分と相手の双方を尊重する態度（アサーティブなコミュニケーション）[1]をとることができない。これら四つの問題は多数の要因によって生まれているものであるが、同時にこの四つの問題そのものが深く相互に関係している。したがって、これら四つの問題に個別に対策を打つのではなく、これらを同時に結びつけて解決できる考え方・手法が求められる。それが批判的思考教育だと主張したい。批判的思考教育とは自己決定できる力、他者と協働できる力、そして未来を変えられる力につながることを目的としているものであり、本項で紹介する**教育のためのTOC**という思考プロセスは、批判的思考を学び実践するための具体的な提案である。

■教育のためのTOCの三つのツール

教育のためのTOC（Theory of Constraints）は三つの批判的思考、ビジュアルシンキング（図解を通じて思考を促進する）のツールによって構成されている。すなわち、ブランチ、クラウド、アンビシャス・ターゲット・ツリーである。

第一のツールの**ブランチ**は、目に見える形で、論理的思考の中心である原因―結果の関係で物事を理解する武器である。因果関係の構造について推論を進めるブランチ

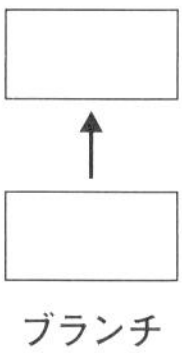
ブランチ

[1]「アサーティブ」な態度とは、受動的に人が言うことに従ってしまうのでもなく、攻撃的に他人に自分の考えを押しつけるのでもなく、自分の意見を確立して主張するとともに、他人の意見にも積極的に耳を傾け、他者を尊重しつつ、自分の尊厳を保持するという姿勢・行動である。

は批判的思考の中心となる。国語で学ぶ文章（説明文、物語文）には、原因と結果の連鎖でストーリーが展開されており、ブランチを使って見える形で文章のなかに叙述されている因果関係を整理することで、作者の主張やストーリー展開が明確に見えてくる。さらに、作成したブランチの図解を丁寧に読み込むことで、「行間を読む」、書かれていない、隠れた原因を「推論」して、内容を深く理解することができる。このように全教科の基礎と言ってよい国語をしっかり学んで理解するうえでブランチ＝因果関係の図解は有効である。算数・数学、理科、社会科でも同様に有効であり、ブランチを使って教師が授業を行う、ブランチを使って児童・生徒が授業内容を確実に「理解」することで、基礎学力の向上が期待できる。

さらに、授業で学んだ知識を授業外で応用するためには、暗記だけでは不十分であり、類似の状況への類推や、異なる状況についての比較などのロジックを展開する必要があり、このような思考を見える形で促進するのがブランチである。

第二のツールの**クラウド**は、対立や葛藤を理解し、それを解決する武器である。多くの問題は内部に構造的な対立を含んでおり、クラウドは構造についての推論を重ねることで抜本的な解決を図るという批判的思考の応用である。対立は自然現象でも社会現象でも個人の意思決定でもしばしば見受けられるものであり、対立のために問題が解決できず、深刻な状況になってしまうことも少なくない。そこで、授業科目の内容を理解しつつ、授業外での現実の対立問題を解決するために、クラウドは図解を通

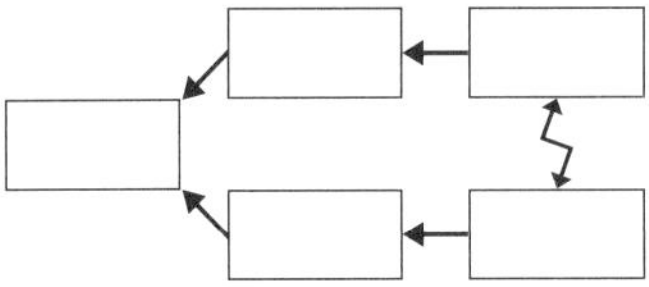

クラウド

じて対立の構造・背景を理解するように努める。相手と自分の対立であれば、なぜ自分はそう主張・行動するのか、その理由・要望を確認し、次いで相手の主張・行動の背後にどんな理由・要望があるかを推理・想像するように努める。相手の立場に立って考えるということを通じて、対立問題の理解を深めるのである。

さらにクラウドは、対立は解決できる、WIN－WINの解決策[2]があるはずだという信念に基づき、対立を成り立たせている仮定・条件・思い込みに挑戦することで、抜本的な解決策を創造することを促進する。このことは、自分は問題を解決することができる、他人と建設的で肯定的な関係を取り結ぶことができるという信念・態度を育むことにつながる。

第三のツールの**アンビシャス・ターゲット・ツリー**は、未来に向けて達成が容易ではない目標（アンビシャス・ターゲット）にいかに取り組むかという武器を与えてくれる。アンビシャス・ターゲット・ツリーは、難しい目標に向けた計画策定を推論を通じて導くという批判的思考の応用である。子どもが大人になる過程で学ぶべきことは多く、決して一夜漬けで足りるようなものではなく、長期的で持続的なプロセスが不可欠である。しかし、多くの子どもが（そして大人も）簡単に達成できないのであれば、「どうせ自分には無理」と決め込んで、最初からあきらめて困難な、しかし本当は実現したい目標を設定せず、より低い、妥協した目標にしてしまう。このことは、子どもの持続的な学力の成長にとってネガティブであるとともに、実生活におい

[2] 対立の解決策として、しばしば、問題を無視して先送りする、一方の主張を押しつける、一方がその主張をあきらめる、互いにかけひきを繰り返す、妥協する、というような結果になりがちである。そうではなく、クラウドはWIN－WINの解決策、すなわち、両者がともに納得する、両者の対立が解消する、両者の要望が成立する、抜本的な解決策を導く。

て建設的な努力を進めるという習慣をもたず、「短気で刹那的」な行動スタイルに結びついてしまう。

アンビシャス・ターゲット・ツリーは、目標を達成するうえでの障害に注目し、障害を前もって思いつく限り列挙して、それを克服している状況を中間目標として組み直す。そして中間目標間の前提関係に注目して、取り組みの前後関係、段取りを組み立てる。このように困難な目標を段階的な中間目標に細分化して、一歩一歩着実に達成可能な歩みを続けていくことで、結果として困難な目標を達成するという見通し・戦略的計画を提供する。これにより、子どもは今できないことも、いかに取り組んだらできるようになるか、見通しをもって取り組めるようになり、自己に対する信頼、自己肯定感、自己効力感を高めることになるだろう。

■教育のためのＴＯＣの起源

教育のためのＴＯＣはもともと、経営改革のための経営思想・ツールの体系であるＴＯＣのサブセットである。ＴＯＣは、ゴールドラット博士が開発した管理哲学・ツール[3]で、生産システムに「科学的思考」を導入して、生産の各部門・各工程の効率化・コスト削減を追求するという「常識的な経営改善」の誤り（一利どころか百害をもたらす）を明らかにし、「工場の生産性はボトルネック工程の能力以上は絶対に向上しない」という「コロンブスの卵」のような「非常識的な解」を示した。ＴＯＣは

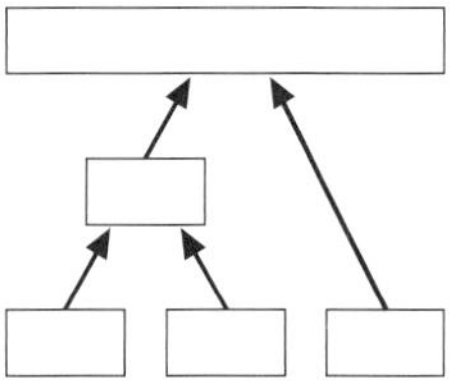
アンビシャス・ターゲット・ツリー

[3] エリヤフ・ゴールドラット博士によるＴＯＣの代表的著作には、『ザ・ゴール：企業の究極の目的とは何か』、『ザ・ゴール２：思考プロセス』、『クリティカルチェーン：なぜ、プロジェクトは予定どおりに進まないのか？』、『チェンジ・ザ・ルール！：なぜ、出せるはずの利益が出ないのか』、『ザ・チョイス：複雑さに惑わされるな！』（以上、ダイヤモンド社）などがある。

その後さらに進化を続け、製品開発やソフトウェア開発、建設工事などのプロジェクトをマネジメントする手法（ＣＣＰＭ）や、小売業の商品調達・在庫管理の問題解決の手法などを開発し、それらを生み出す基本的な思考プロセスの体系化を進めている。[4]

■教育のためのＴＯＣの広がり

TOC for Education Inc.[5] が国際組織として設立されており、児童・生徒に関与する学校教員を中心に、教育のためのＴＯＣの普及を拡げている。すでに世界24カ国の学校などで採用、20万人以上の教育関係者が学んで授業などで活用実践している。

さらに日本では、TOC for Education Inc. のキャシー・スエルケン（Kathy Suerken）代表を二〇一一年から招いて、正式な国際資格認定プログラム（四日間）を開催し、「教育のためのＴＯＣ」の体系的な講義・演習を行い、有資格者を生み出している。その成果を受けて「非営利特定活動法人 教育のためのＴＯＣ日本支部」[6] が誕生し、日本における普及・活用に努めている。特に日本では、国際的にみてもユニークなコミュニティが生まれていると評価されている。それは「教育」を狭くとらえず、広く「学び考える子どもや大人」を支援することを教育のためのＴＯＣのミッションとしてとらえることによって、大人も子どもも互いに学び考え励まし合うコミュニティが広がりつつあるのである。

〔**若林靖永**〕

[4] たとえば、左記を参照。
岸良裕司・きしらまゆこ（2014）『考える力をつける3つの道具：かんたんスッキリ問題解決！』ダイヤモンド社
岸良裕司（2008）『全体最適の問題解決入門：「木を見て森も見る」最強の思考プロセス』ダイヤモンド社
岸良裕司（2009）『「よかれ」の思い込みが、会社をダメにする：飛躍的成長を実現する全体最適のマネジメント』ダイヤモンド社

[5] アメリカ。参照 http://www.tocforeducation.com/

[6] 二〇一三年設立。理事長 若林靖永。参照 http://www.tocforeducation.org/

2-7

初等・中等教育

――高次な思考を学ぶ土台として

批判的思考教育は高等教育の枠組みで語られることが多く、教育実践も多数行われている。しかし、これらは高等教育で突然開始するのではなく、発達[1]に応じて、初等・中等教育においても段階的に行うことでより効果的になるものと思われる。また、大学進学率は九〇年代と比べて上昇したものの、約半数は中等教育修了後に社会に出るという現状を考慮すると、批判的に考える力を育むうえで初等・中等教育が果たす役割は大きい。

平成二〇、二一年に改訂された新学習指導要領で重視されている知識・技能を活用して課題を解決するために必要な思考力・判断力・表現力は、批判的思考の土台になるものとして考えられる。国立教育政策研究所が平成二三年に出した報告書「教育課程の編成に関する基礎研究：社会の変化に対応する資質や能力を育成する教育課程[2]」において、批判的思考力は論理的思考力と関連して、知識基盤社会の進展に対応して求められる資質や能力として位置づけられている。それでは、初等・中等教育段階において批判的思考を育む教育を行う場合、どのような教科、カリキュラムにおいて導

[1] 項目2―2「批判的思考の発達」を参照。

[2] 国立教育政策研究所（2012）平成23年度調査研究等特別推進経費調査研究報告書「教育課程の編成に関する基礎的研究（報告書3）社会の変化に対応する資質や能力を育成する教育課程：研究開発事例分析等からの示唆」

入することが可能だろうか。本項では、他項で取り上げられていない教科での教育実践例と、従来の教科によらない複数の学年にまたがる長期的取り組みをいくつか紹介する。

■家庭科

荒井[3]によれば、家庭科教育において「生活の問題に気づき、その解決方法を考えて実行し、新たな生活を主体的に『つくる』力を養うこと」は重要な目標である。米国では、一九七〇年代に家庭科教育の課題が「生活技術力の獲得」から、**個人・家族の実践的問題に取り組む力の獲得**へとパラダイム転換し、それに沿ったカリキュラム開発が行われてきているという。日本においても、現代的な課題に対する生徒の批判的思考を育成する活動を組み込んだ家庭科教育の実践例が報告されている。

たとえば、中学生を対象とした八塚[4]の授業実践では、「約一日分の緑黄色野菜」などと書かれた野菜飲料を題材として、パッケージ情報を吟味するという取り組みを行っている。最初はパッケージ情報を鵜呑みにしていた生徒たちが、関連する新聞記事や班活動での意見交換を通じて、パッケージ情報が誤った印象をもたらしかねないことや、重要な情報がわかりにくい小さい文字で書かれていることなどについて気づきを得ていく。また、荒井[5]の研究プロジェクトでは、小学校や中学校を含め、幅広い年齢層を対象として、批判的思考の育成を目的とした複数の家庭科教育カリキュラム開

[3] 荒井紀子（2007）米国家庭科の実践的推論プロセスに学ぶ：問題解決力や批判的思考力を家庭科でどう育むか『高校家庭科情報誌ACCESS』Vol. 10-4, 2-3.

[4] 八塚悠子（2011）批判的思考力を育成する消費者教育の具体的展開：消費者としてよりよい意思決定ができる生徒を目指して『熊本市教育センター平成23年度教育論文』

[5] 荒井紀子（2009）文部科学省科学研究費補助金研究成果報告書「批判的思考を取り入れた家庭科のカリキュラム開発：市民性の育成を視点として」（代表：荒井紀子、課題番号：18530691）

発を行っている。

■音楽科

音楽の授業というと、そこでは感性や豊かな表現方法が重要であり、推論や客観性といった思考はなじまないような印象をもつ人もいるかもしれない。しかし、米国の音楽教育のなかで最も大きなカリキュラム開発プロジェクトであるマンハッタンビル・ミュージック・カリキュラム・プログラム[6]を例として挙げると、幼稚園から高等学校（K－12）までの児童・生徒を対象としたこのカリキュラムにおいて、演繹や帰納を含む推論能力、創造的思考、批判的思考が重視されている[7]。

岡本[8]は、音楽における良き批判的思考者の資質として、**音楽の諸要素を理解するための音楽の概念的知識、音楽を情意的・認知的に評価するために必要な音楽経験、音楽的証拠を探すためのメタ認知的方略**という三つを挙げている。また、教材として「赤とんぼ」の歌を例に挙げながら[9]、赤とんぼとドボルザークの交響曲9番第2楽章の雰囲気が似ているのはなぜかという問いを検討するためには、教師は「似ている」という解釈や推論の根拠を生徒に明確に示す必要があるという。歌唱活動や鑑賞活動は、単に歌の知識を得たり、日本の抒情を感じるためだけのものではなく、子どもが歌やその背景を深く理解するための手段でもあるととらえれば、根拠に基づいて推論・判断する力が重要になってくるのである。

[6] Moon, K. & Humphreys, J. (2010) The Manhattanville Music Curriculum Program : 1966–1970. *Journal of Historical Research in Music Education*, 31, 75–98.

[7] Thomas, R. (1970) *Manhattanville Music Curriculum Program*. Final Report.

[8] 岡本信一（2011）音楽科における批判的思考力に関する考察(1)：「高次思考力：higher-order thinking skills」との関連を視点として『兵庫教育大学研究紀要』38, 165–169.

[9] 岡本信一（2011）音楽科における批判的思考力に関する考察(2)：「学習次元」モデルの「第3次元：知識の拡張」を視点として『兵庫教育大学研究紀要』39, 177–181.

■複数の学年にまたがる長期的な教育実践

教科教育のなかに批判的思考教育を組み込む事例の他に、複数の学年や教育段階にまたがり、長期的な取り組みとして教育実践を行っている事例もある。そのなかには、「批判的思考」という言葉を用いていない取り組みも多いが、これは日本では「批判的」という語に否定的な印象があるため、「論理的」という語が多用されていることが影響していると思われる。[10] しかし、論理的思考は批判的に考えるうえで土台となるものであるし、具体的な授業内容をみてみると批判的に考える力も含まれている。ここでは、初等・中等教育における批判的思考教育を考えるうえで参考になる教育実践を紹介することを目的として、「論理的思考」を「批判的思考」と厳格に区別せず扱うこととする。

児童の論理力を育むことを目的として、「論理科」という科目そのものを設けた実践例がある。これは、平成一八年より広島県安芸高田市立向原小学校が行った取り組みである。[2] 児童は、小学校6年間、合計141時間を通じて、「情報（図表・文章など）に表された内容を読み解く」、「内容の真偽性や考えの道筋の妥当性について判断する」、「真実や考えを道筋を立てて表現する」ことについて学んでいく。また、論理力を構成する力を「比較、分類、分析、評価、選択、推論、構成」という下位要素に分けてとらえ、それらを一つひとつ取り上げて身につけさせる基礎的な学習を行う授業と各要素を組み合わせた単元構成による発展・応用型の授業を組み合わせて行って

［10］井上尚美・尾木和英・河野庸介・安芸高田市立向原小学校（編）（2008）『思考力を育てる「論理科」の試み（国語科・授業改革双書4）』明治図書出版

いる。また、授業教材として「論理スキルブック」、授業評価として「『論理力』チェックテスト」を作成して用いている。

小学校6年間に加えて、中学校の3年間も合わせた長期的な教育実践を行っている事例として、千葉県教育委員会が平成一九年度から取り組んでいる「豊かな人間関係づくり実践プログラム」[11]が挙げられる。児童や生徒の発達段階に合わせて各学年3～4時間の授業数で構成されており、それぞれ指導案や教材などが用意されている。小学校低学年では話し方や聞き方の基礎、中学年で相手や自分の感情に意識を向け、感情をコントロールするための基礎、高学年では、友だちと一緒に考えながら問題を解決する方法や上手に自己主張する方法について学習する。中学校では、小学校で学習したことを土台として、批判的思考、セルフコントロールや意思決定などについて学習する。中学校の1年目に学習するテーマとして設定されている批判的思考の授業では、行動する前に自分の感情を確認する、事実と思い込み・推測を区別する、自分の考えを冷静に伝える方法を学ぶ。

さらに、幼稚園から高校までの13年間にわたる教育プログラムも開発されている。北広島町芸北中学校など地域の計7校が連携して行っている取り組みで、論理的思考力と論理的表現力を育成するプログラムである。[2] 発達段階によって「導入期前（幼稚園～小2）」、「導入期（小3～小4）」、「充実期（小5～中2）」、「発展期（中3～高3）」に分けられており、学習内容や指導方法はその段階に応じたものになっている

[11] 千葉県教育委員会「豊かな人間関係づくり推進事業」 http://www.pref.chiba.lg.jp/kyouiku/shidou/shou-chuu/omoiyariplan/ (2014. 5. 26)
項目2－14「総合的な学習の時間」を参照。

ものの、子どもたちは、「ことば技能科」という一貫した科目名で授業を受けることで、その内容を系統だてて理解することが期待できる。授業時間数は、小学校で国語科や生活科の一部を、中学校では総合的な学習の時間を「ことば技能科」にあてることで確保している。

以上、日本の初等・中等教育における批判的思考教育に関連する実践例を紹介してきた。それぞれの教科や教育プログラムによって、対象年齢も異なるし、内容や目的も多様である。また、用いられる語も「批判的思考力」や「論理的思考力」であったり、単に「思考力」や「考える力」と表現されていることもある。しかし、一方的な知識伝達型の教育ではなく、根拠や規準を用いながら物事を自ら判断できる熟慮的な力を育もうとしている点は共通している。初等・中等教育の段階から教科縦断的に、あるいは複数の学年を通じて批判的思考教育を行うことは、高等教育に進み、より高次で抽象的な思考を学ぶ土台となるだけでなく、そのような力が重視されているという顕在的・潜在的なメッセージとなり、批判的思考態度形成にも影響する可能性がある。初等・中等教育段階での教育がその後の批判的思考力に及ぼす影響について、今後学術的検討が行われることが期待される。

〔**田中優子**〕

2-8

国語教育

――情報を吟味する力を育む

国語教育における批判的思考は、読み書きなどによる情報の伝達において、受け取った情報を吟味することが中心となる。本節では、伝達される情報の吟味がどのように国語科のカリキュラムのなかで実現されてきたかを概観し、今後の国語教育における批判的思考指導のあり方を検討する。

■国語教育の課題と言語活用への関心

情報を吟味するスキルや態度の指導は、長く国語教育の中心的課題とは位置づけられてこなかった[1]。まずスキルの指導についてみてみよう。一九五一年から約10年間は、「文学編」「言語編」とした二種類の教科書が出版され、「言語編」で読み方や書き方といったスキルを学び、「文学編」はそれらを深めるための資料として位置づけられていた。情報の吟味という批判的思考のスキルの指導が「言語編」に期待されていたといえる。しかし、一九六二年以降すべてが「総合教科書（総合編）」となったことで「実際の扱いとしては文学教材のほうに多くの時間をかける反面、言語的な教

[1] 井上尚美（2007）『思考力育成への方略：メタ認知・自己学習・言語論理　増補新版』明治図書出版

材は敬遠[2]」される傾向が強まった。近年の国語教育のなかでは、批判的思考のスキルの指導が（少なくとも明示的には）取り上げられにくかったと解釈できる。

また、スキルと態度両面にかかわる点として、情緒的・感性的な読みを期待する題材の多さも指摘できる。中学校教科書をみると、年代や出版社によるばらつきはあるものの、いずれの教科書においても小説や随筆が説明文や意見文より多い点では共通しており、ページ数にして意見文・論説文の1・5～2倍程度が小説文であった。作文指導について小学校6年生と中学生の国語科の教科書を分析した研究[3]では、中学校では意見文が比較的多く取り上げられているものの、小学6年生では少ない扱いであることが示されている。批判的思考は、説明文や論説文でより重要性を増すと考えられるが、国語教育ではそれより情緒的に作品を味わうことを重視してきたといえる。批判的思考のスキルや態度の育成に国語教育が積極的ではなかったといえるだろう。

これらの国語教育の課題が広く注目されるようになったきっかけは、二〇〇三年のOECD学力調査（**PISA**）の結果であった。OECDでは**読解リテラシー**を「自らの目標を達成し、自らの知識と可能性を発達させ、効果的に社会に参加するために、書かれたテキストを理解し、利用し、熟考する能力」と定義している[4]。内容の正確な読み取りだけでなく、その内容の解釈や批判的検討を読解の目的として位置づけていることがわかる。そのため、読解リテラシーの問題は、文章から情報を抽出するだけでなく、**書かれた内容の解釈や評価、文章をもとにした意見の展開**を含んでい

[2] 文献［1］p. 212

[3] 清道亜都子（2010）小学校国語教科書における意見文指導単元の変遷に関する一考察『読書科学』53. 24-33.

清道亜都子（2010）中学校国語教科書における意見文指導単元の変遷に関する一考察『読書科学』53. 34-45.

[4] 国立教育政策研究所（2004）『PISA2003年調査：評価の枠組み（OECD生徒の学習到達度調査）』ぎょうせい

[5] PISAにおける読解リテラシー測定の特徴。
①情報の抽出・解釈・熟考／評価の三側面からの測定。
②連続テキスト（文章）だけでなく非連続テキスト（図表やグラフ、広告など）を含む。
③テキストの内容、形式、構造、表現方法を問う。

る。[5] PISAの結果からは、日本の学習者の課題として、文章の解釈や評価、自分の意見の記述の二点が示唆された（表1）。この結果を受け、文部科学省は従来まで指導の中心であった正確な意味の抽出に加えて、読んだ内容の解釈や評価といった活用の側面を重視した読解力の育成を図る方針をとるようになった。こうした動きと教科書の内容を対応させてみると、二〇〇〇年以降、「言語編」に相当する内容が徐々に増えていくこと、説明文や論説文の題材や、表現する活動が増加していくことがみてとれる。

国語教育のなかで批判的思考力を育成する

前述した言語活用の側面を重視した方針に沿って、二〇一一年に改訂された新学習指導要領では、総則において「思考力・判断力・表現力」の育成の重視が打ち出された。そのために、国語科をはじめとした各教科で記録・説明・批評・論述・討論などの言語活動を充実させることが重要なポイントとされた。言語活動で望まれる要素として挙げられているもののなかで批判的思考の育成に特に重要だと思われる点として、「事実を正確に理解し伝達する」、「概念・法則・意図などを解釈し、説明したり活用したりする」、「情報を分析・評価し、論述する」が挙げられる。これらの要素を含む活動によって、情報を吟味するスキルを育成することがめざされている。

国語科の言語活動の例としては、読んだ本の紹介や調べた内容の発表、意見を述べ

表1　PISA 2003において正答率がOECD平均より5％以上低い問題の割合（％）

回答形式別		読解プロセス別	
多肢選択	0.0	情報の抽出	0.0
短答	25.0	解釈	35.7
自由記述	60.0	熟考・評価	14.3

文部科学省（2005）「読解力向上プログラム」より抜粋して作成。

て討論することなどが挙げられる[6]。これらの活動のなかには、これまでも国語科の指導で取り上げられてきたものも含まれているだろう。活動の意味を改めて検討し、児童・生徒が**情報を伝達し、解釈・評価する**活動として計画・実施することで、批判的思考のスキルや態度に結びつけることが望まれる。

一方、こうした言語活動が批判的思考の育成につながるためには、留意すべきポイントもある。まず、言語活動が一時的なイベントとしてのみ実施されるのではなく持続的な働きかけが必要である。一般に、特定の文脈で学んだことを異なる文脈において応用することは難しいことが知られている。言語活動のなかで、特定の批判的思考のスキルが指導されても、それをすぐに他の文脈でも用いることはできない。繰り返し、さまざまな場面で批判的思考のスキルを発揮する機会を作ることが必要である。

次に、言語活動が「規準に基づいた思考や判断」という批判的思考の本来の意味に沿ったものであることも重要であろう。学校での発表などはともすると表面的な感想や印象を述べるものになってしまったり、一つひとつの意見や情報の吟味が不十分なまま終わってしまうことがある。根拠に基づいた解釈や、有意義な批判・批評を重視し、そのためのスキルを指導することが必要である。

〔**犬塚美輪**〕

〔6〕 **表2 国語科の言語活動例**

分類	**例**
作品などの紹介	読んだ本の紹介。事物についての説明文を読み紹介を書く。
報告と発表	見つけたことの報告と感想。神話を聞いたり発表しあったりする。
意見の主張、討論	考えをまとめ意見を述べ合う。新聞記事から材料を収集し意見文を書く。
説明	写真資料について説明する文章を書く。課題解決のために資料を読み内容を説明する。
物語	ファンタジーを読み感想を述べ合う。

文部科学省（2011）「言語活動の充実に関する指導事例集：思考力、判断力、表現力等の育成に向けて【小学校版】」教育出版をもとに作成。

2－9

外国語教育（第二言語習得）

――英語教育で批判的思考力を高める方法

本項では、なぜ第二言語学習者にとって批判的思考力の習得が難しいのかについて述べ、それにかかわる実証研究の結果を報告する。そして研究結果に基づいた批判的思考力を育成するための効果的な教育方法を紹介したい。

■日本人の批判的思考力が乏しいと思われているのはなぜか

海外の大学で、日本人は批判的思考力が乏しいと言われている。[1] それはなぜだろうか。批判的思考力を育成するためには、教員、学習者ともにその原因を考え、言語教育や学習に活かしていく必要がある。

日本人の批判的思考力が乏しいのは、**サピア＝ウォーフの仮説**[2]にあるように、**第一言語の言語構造に制約**され、表現できることが限られているからだという説がある。[3] たとえば、日本語で批判したり、意見の相違を指摘したりする際、日本人は直接的な表現は使わず、間接的な表現を用いる傾向がある。[4] すなわち、日本人英語学習者の場合、母語にないものは批判的に考えるという視点もないため、日本語の批判的思考力

［1］ 日本人英語学習者の批判的思考力については、左記の文献を参照。

Atkinson, D. (1987) A critical approach to critical thinking in TESOL. *TESOL Quarterly, 31,* 71-94.

［2］ サピア＝ウォーフの仮説とは、アメリカの人類・言語学者、サピアとウォーフにより提唱されたものである。人間の世界の見え方は母語の構造によって変わるという説。

［3］ Hockett, C.E. (1954) Chinese versus English : An exploration of the Whorfian thesis. In H. Hoijer (Ed.), *Language in culture.* Chicago : University of Chicago Press.

［4］ イタクラとツイは日本語が場面によって直接的な表現を用いないと述べている。詳細は、左記の文献を参照。

は常に低く、英語の学習開始時には批判的思考力も乏しいと考えられる。マナロら[5]は、この第一言語による制約の有無について明らかにすべく、日本の私立大学理工系の2年生を対象に調査を行った。日本語と英語で意見を問う作文を書いてもらい、批判的思考にかかわる論述を評価対象として分析した結果、英語の作文より日本語の作文のほうが批判的思考力の評価が高いことが明らかになった。これは、日本語の言語構造が批判的思考に適さないわけではないことを示唆する結果である。

第一言語の言語構造以外にも、**第二言語の言語能力が低い**ため、それが影響して批判的思考が困難になるとする説がある[6]。この説を確かめるため、マナロら[5]は、英語能力（TOEICスコア）と先の批判的思考力には相関があるのかを調べたところ、日本語の作文には英語能力との相関がみられなかったが、英語の作文では、英語能力の高い学習者ほど、批判的思考力の評価が高い傾向があった。このことから、批判的思考を表現するには、ある一定水準の言語能力が必要だと言えよう。

最後に、日本人の批判的思考力が乏しいのは、**批判的思考に特化した教育を行っていない**からだという説を挙げたい。三森[7]によると、日本における国語教育は世界基準とは異なっているため、批判的思考をはじめ、言語技術が育っていない。世界の多くの国の言語教育は、小学生のときからレトリック（修辞学）を習得目標に据えており、多くのトレーニングを積んでいる。日本でも言語技術のトレーニングさえすれば、ある程度の水準までは誰でも獲得が可能だという。マナロら[5]は、それを裏づける

Itakura, H. & Tsui, A.B.M. (2011) Evaluation in academic discourse : Managing criticism in Japanese and English book reviews. *Journal of Pragmatics, 43*, 1366-1379.

[5] Manalo, E., Watanabe, K. & Sheppard, C. (2013) Do language structure or language proficiency affect critical evaluation? In M. Knauff, M. Pauen, N. Sebanz & I. Wachsmuth (Eds.), *Proceedings of the 35th Annual Conference of the Cognitive Science Society*. Austin, TX : Cognitive Science Society. pp. 2967-2972.

[6] Floyd, C.B. (2011) Critical thinking in a second language. *Higher Education Research and Development, 30*, 289-302.

[7] 三森ゆりか (2013)『大学生・社会人のための言語技術トレーニング』大修館書店

ような調査結果を得ている。第二言語である英語で批判的思考スキルの教育を行い、そのスキルの発達を確認した。その結果、英語による批判的思考スキルの教育を受けていない1年生より教育を受けた同じプログラムの2年生のほうが日本語、英語ともに批判的思考力の評価が高いことがわかった。第二言語の英語で受けた教育の成果が、英語にとどまらず、日本語の作文にも影響を及ぼしていたのである。これは、日本における批判的思考の教育のあり方に大きな影響を与える結果である。

■批判的思考スキルの教育法

マナロら[5]の結果から、批判的思考は第二言語でもスキルとして教育できること、第二言語で批判的思考を行うためには一定の言語運用力が必要であることがわかった。すなわち、批判的思考をスキルとして学ぶ**タスクベースの学習・教育法**が効果的だと考えられる。批判的思考のスキルには、論評のスキル、解釈のスキル、説得のスキルなど、多くのスキルがあるが、ここでは、**説得のスキル**を取り上げ、以下にタスクベースの学習・教育法の一例を紹介する[8]。

①形式を覚える（Focus on Form）

説得する際、意見には理由や証拠が必要であり、その談話構造は「意見＋理由＋証拠」という形式になる。そこで、テンプレートや具体例を挙げ、テストなどでこの形式の復習や確認をする。これは、意識的な知識、すなわち言葉で説明可能な知識を作

[8] タスクベースの言語教育については、左記の文献が詳しい。
Ellis, R. (2003) *Task-based language learning and teaching*. Oxford: Oxford University Press.

る段階である。この形式の知識がなければ、次の「文脈で練習する」のが難しくなる。

また、第二言語においては形式に加え、説得するための言語を持ち合わせていなければならない。そこで、説得する場面で必要となる単語、文法、言い回しなどを覚える。シェパードら[9]は、意見や根拠を示す表現として [I think……] [Because……] [In my view……] などを扱っている。

②形式を文脈で練習する（Form-focussed Practice）

次に、覚えた形式を文脈に当てはめて確認する練習を行う。この練習は、意味より形式に焦点を当てている。無意識的な知識を作る第一歩となる重要な練習である。具体的には、相手や場面、トピックを自分で選び、形式を考えて会話を作成する。次の例は、友だちAとBが食堂で話している場面で、説得のスキルの習得を目標としている。

A：My friend really likes cats. What do you think about cats ?

B：〈意見〉I think cats are cute. 〈理由〉Because, they do funny things.

〈証拠〉There is a cat on the Internet, for example, which likes running into empty boxes.

[9] シェパードらは、批判的思考を、英語教育を通して教える教材を作成している。詳細は左記の文献を参照。
Sheppard, C., Fujii, M., Manalo, E., Tanaka-Ellis, N. & Ueno, Y. (2013) *Communication strategies 1*. Tokyo : DTP Publishing.

このように、ある文脈で質問（A）を提示し、形式を考えながらその回答（下線部）を作る練習を行う。

③意味に焦点化した応用練習を行う（Meaning-focussed Practice）

会話などの場面で批判的思考スキルを使えるようにするためには、形式だけでなく意味に焦点を当てた応用練習の機会を設ける必要がある。応用練習は、簡単で単純な課題から始め、意味を考えながら、形式も意識できるような余裕をもたせる。段階を踏んで形式や意味を徐々に複雑にしていき、最終的には実際に学習者が必要となる場面や社会で活用できる課題を設定する。

シェパードら[9]の教材では、応用練習に五段階のレベルを設けている（表1）。

第一段階では身近な語彙と形式「意見＋理由」を使って、「好き嫌い」などの限られた話題について話す。形式は「意見＋理由」とする。第二段階も身近な語彙であるが、無人島への持ち物に何を選ぶかをグループで交渉するといったように、話題や話し合いはやや複雑になる。形式にも証拠が加わり、「意見＋理由＋証拠」となる。第三段階では、社会的な話題（タイタニック沈没の理由など）で話し合いをする。証拠の妥当性や信頼性を検討するような「証拠の質」が形式に入る。第四段階では、社会的な話題という枠のなかで自らテーマを決め（例：「自炊が及ぼす環境への影響」「橋と交通の関係」「ラーメンと健康」など）、データを収集する。その分析結果を自らの意見の裏づけとして発表する課題を設けている。最後の第五段階では、自らの研究テ

表1　説得のスキルの段階別課題の一例

段階	1	2	3	4	5
話題	身近なもの		社会的なもの		専門的なもの
テーマ例	好き嫌い	無人島への持ち物	タイタニック沈没	社会的なテーマでデータ収集	自分の研究テーマで論述
〈形式〉意見と裏づけ	意見＋理由	意見＋理由＋証拠	意見＋理由＋証拠の質	意見＋理由＋授業内に集めた収集データによる証拠	意見＋理由＋自分の研究データによる証拠

ーマで収集したデータを証拠に意見を発表し、議論する。話題は専門的で高度なものになり、説得力が求められる。

以上がタスクベースの学習・教育法である。批判的思考スキルを育成させるためには、学習者の専門分野、あるいは学習者がその熟達度の必要性を感じられる課題にし、批判的思考の便利さ・有用性を実感させる必要がある。

■まとめ

外国語教育が批判的思考を発達させる唯一の手段であるとは考えないほうがよい。外国語教育以外の分野でも批判的思考力を育成する教育方法はある[10]。しかし、外国語教育においてもその一端を担えることを強調したい。本項では、批判的思考の発達を促す外国語教育の一例を紹介したが、ある言語を通して学んだ批判的思考スキルは、他の言語を用いた批判的思考にも影響することが予測される。したがって、知っている言語の少なくとも一つの言語で、批判的思考に関する言語技術の教育を受けることが重要だと考える。

〔**エマニュエル　マナロ・クリス　シェパード・木下直子**〕

[10]　ハルパンは、経済学の分野で批判的思考力を教育する方法を紹介している。詳細は左記の文献を参照。

Halpern, D.F.（1998）Teaching critical thinking for transfer across domains. *American Psychologist*, 53, 449-455.

2-10

算数・数学教育

――批判的思考方略を取り入れた授業

数は、抽象的な性質をもっており、簡単な概念といえども、その獲得には長い時間とかなりの経験を必要とする。たとえば、「数を唱える」や「モノの個数を数える」といった技能は、2~3歳の子どもで可能となる。しかし、そうした技能を完全にマスターするには、少なくとも7~8年もの期間を必要とすることがわかっている[1]。入学後に子どもは、さまざまな概念を学習するが、その獲得は容易ではなく、いくつかの概念は、きわめて高いハードルとして子どもの理解を阻害している。教師による指導によって初めてそうした概念を理解できるようになるが、教科書に基づく典型的な指導では、基本となる概念の理解さえもおぼつかないたくさんの子どもがいるのが、実情である。学年が上がるにしたがって、この傾向はますます強くなる。算数という領域において子どもに対して高い壁となっているのは、分数、割合などである。

そこで、ここでは子どもにとって小学校の算数で最も高い壁となっている**割合**を対象にして、批判的思考を導入した授業について紹介しよう。割合は、子どもにとっても理解がきわめて困難な概念だが、教師にとっても教えることが難しい単元でもあ

[1] 吉田甫（1991）『子どもは数をどのように理解しているのか：数えることから分数まで』新曜社

る。このため、この単元については教師による一方的な指導となりがちで、子どもの方略や意欲などが反映されない授業となり、概念の難しさに加えて指導の問題が、この概念に対する子どもの理解をさらに難しいものにしている。こうした困難さを克服する一つの方法として、批判的思考の導入が考えられる[2]。

批判的思考の方略については、さまざまなパターンがあるが、ここでは一斉指導のなかで所与の考えに対して別の子どもが疑問を発することで、批判的思考が育成され、それにより概念の理解が深化することを示した研究を紹介する[3]。この研究では、まず全員で割合問題の解決方略を考えて、次にそれを全員で共有する。それから、子どもを2グループに分けて、一方は所与の方略に対して「質問するグループ」、残りはその質問に「答えるグループ」に分かれる。質問するグループの子どもは、なぜそうした解決方略を採用したかを質問し続け、答えるグループは、その質問に答えるという役割を果たす。その質問がほぼ出尽くしたところで、攻守交代し、質問するグループが答えるグループになるという進行である。実験的な介入（E群）が5年生一クラス、残り一クラスは通常の指導を行うテキスト群（T群）となった。

実際に使った問題[3]は、左記の通り。

> みのるさんの家では、50㎡の畑からさつまいもが63kgとれました。ゆたかさんの家では、80㎡の畑から108kgとれました。どちらの畑のほうがよくとれたといえるでしょう。

[2]　批判的思考では、子どもに批判的思考を獲得させ、それによって自らの認識や問題解決を振り返る自己モニター（メタ認知）の能力を獲得させることができる。さらに、批判的思考の能力を獲得することは、自らの認知をモニターする能力を獲得することにもつながり、それはまた子どもによる概念の理解の深化を促進する方法の一つになると考えられるからである。

[3]　吉田甫（2003）『学力低下をどう克服するか：子どもの目線から考える』新曜社

まず、どのような話し合いが行われたか、授業の香りを伝えるために、実際の発言内容を紹介する。状況は、授業の初めで自らの考えを作り上げ、その後で話し合いに移ったところである。T群での話し合いを以下に記す[3]（Tは教師、Cは子ども）。

T：これ、C_1君、どうですか。

C_1：この式は、1kgあたりの畑の面積で、式を、みのる君の方は、50÷63＝0・79で、ゆたか君の方は、80÷108＝0・74で、全体を割り切れなかったので、2桁の概数になおしました。こっちの方は、取れ高が同じときには、面積が小さい方がよくとれる方なので、ゆたか君の方がよくとれるといえます。みなさん、どうですか。

少数：（元気のない声で）分かりました。

T：なんか、難しいみたいですね。こっちの問題に移っていいですか。なんか難しく考えているようですね。これ、イモ（図を提示）、イモ1kgだと思ってください。何キロ、2つで？

全体：2kg。

T：2kgだね。これ、畑。1枚が1㎡（図を提示）。何㎡ありますか？

全体：4㎡。

T：4㎡ありますね。そしたら、1㎡あたりの取れ高は、どういう式になりますか？　何わる何？　イモ2kg、畑の広さが4㎡、イモ1kgあたり何㎡になりますか？C_2君。

C2：……（答えられない）

T：何か言って、分かりませんとか。

C2：分かりません。

T：C3さん。

C3：……（答えられない）（以下省略）

子どもは、この問題に対してかなりの困難さを示していることが読み取れるだろう。多くの子どもが、自分の答えに自信をもたず、教師の質問にも満足に答えておらず、教師と子どもの間の相互作用は、どうみても活発とはいえない。

E群では、それに対し、教師と子どもの間だけでなく、子ども同士の相互作用が活発に行われていることが観察された。その例を以下に示そう。[3] 状況は、T群と同じように、授業の初めで自らの考えを作り上げ、その後で話し合いに移ったところである。

T：さあ、これ、どうでしょう。

C2：何で、割らないといけないんですか?

C3：森山君や柳田君のを反対にしたわり算と一緒じゃないんですか。何で、答が違うんですか。

C_4：あたりまえじゃん。反対にしたら、答は違うわ。

T：最初の質問に戻りますよ。どうして50を63で割るんですかっていう質問。

C_1：1㎡分のイモの量をだすためです。

数人：意味が分かりません。

T：これは、1㎡分の？　これ（森山君や柳田君の答え）といっしょなのだと。

C_5：そうだよ。そしたら、63÷50でもいいんじゃないんですか？

C_4：63÷50だったら、最初の単位がkgだから、1・26kgになる。

C_6：だったら、畑の面積とイモの量をなんで割らないといけないんですか。

C_4：だから、1㎡分のイモの……。

C_7：ほら、最初の単位は、㎡やわ。

T：C_7君、言葉でいきましょう。50㎡を63kgで割っています。でてきたのはね。切り上げたら0・79になります。この0・79っていうのは、何でしょう。C_7君たちは、1㎡分のイモの量って言いたいんでしょう。

C_4：はい。

T：はたして、イモの量なのか。

C_8：いや、違います。

T：違う？　（以下省略）

このプロトコルからは、教師が子どもの話し合いをうまくリードしているが、子ども同士でもかなりの相互作用が行われていることがわかる。この単元は、3回の授業構成だが、最後の時間に行った事後テストの結果では、T群の正答率は39パーセントであったが、E群では76パーセントにも達し、ちょうど2倍の正答率という驚くべきものだった。

この授業でのやり取りを数値化してみよう。そのために、発言内容を以下の6カテゴリーに分類した。①**説明**（自らの考えについて説明する）、②**精緻化**（自らのまたは相手の意見に新たな根拠を加えて追加の説明をする）、③**主張**（自らの解釈を提示する）、④**質問**（相手に尋ねる）、⑤**反論**（相手の意見に理由をつけて反論する）、⑥**支持**（相手の意見に賛成する）。E群とT群3時間全体での発言をこれらのカテゴリーに分類し、その発言回数をまとめたものが、図1である。図から明らかなように、E群の発言量が明らかに多い。なかでも、E群は、T群に比べて、新たな根拠を加えて追加の説明をしたり（②）、自らの解釈を提示したり（③）といった活動を盛んに行っている。

こうして、特に対立するような意見が存在しない状況でも、質問を投げかけるという活動が、批判的思考を大きく育てていることがわかるだろう。こうした授業方略を採用する際には、周到な準備を必要とするわけではないので、批判的思考を育成する手軽に導入できる方略と言えるだろう。

〔吉田　甫〕

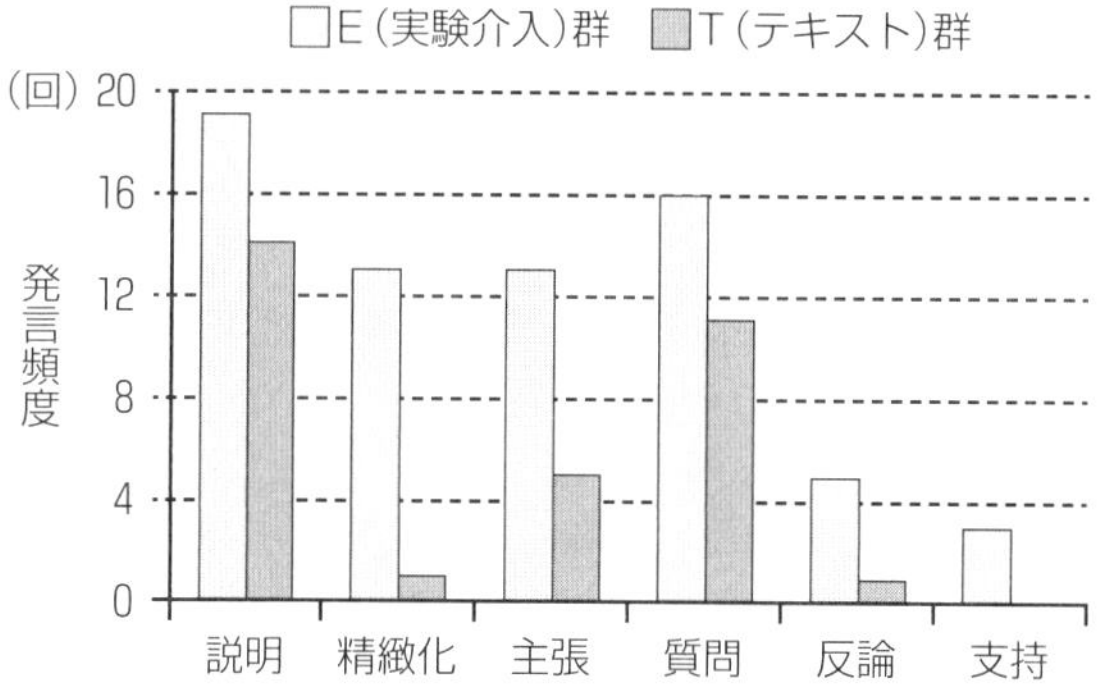

図1　各カテゴリーごとの出現頻度

2-11

理科教育

——データと原理に基づく論証を組み立てる

■理科教育における批判的思考

学校教育法や学習指導要領総則に掲げられた理科教育の目標は、学力の三要素に対応づけると、**基礎的・基本的な知識・技能**と、**科学的な思考力・判断力・表現力**、**主体的に学習に取り組む態度**の三点に集約される。**科学的思考**は、本質的には、複雑な思考の集合体であるが、一般的には、科学的な探究や仮説検証における思考ととらえられている[1]。科学的探究にあたっては、証拠と関連づけた説明の産出や洗練、調査の実施など、多くの場面で、批判的・論理的な思考が必要である[2][3]。理科教育の領域では、一九八〇~九〇年代を中心に、批判的思考に関連した研究が多数実施された。たとえばゾハーは、批判的思考のスキルを向上させる活動を生物学の授業に組み込み、その効果を検証した[4]。理科における批判的思考を育成する学習活動としては、自分や他者の考え（実験計画や推論過程など）を批判的に吟味する活動[5][6][7]や、議論への参加が提案された[8]。後者の研究では、科学的な論争を取り上げ、対立する二つの考えを比較させる活動を通して、日常場面での批判的思考力が伸びたことを示した。

[1] Kuhn, D. (1993) Science as argument: Implications for teaching and learning scientific thinking. *Science Education, 77*, 319-337.

[2] National Academy of Science (1996) *National Science Education Standards*. Washington, DC: The National Academies Press.

[3] National Research Council (2012) *A framework for K-12 science education: Practices, crosscutting concepts, and core ideas*. Washington, DC: The National Academies Press.

[4] Zohar, A., Weinberger, Y. & Tamir, P. (1994) The effect of the biology critical thinking project on the development of critical thinking. *Journal of Research in Science Teaching, 31*, 183-196.

[5] Allain, R., Abbott, D. & Deardorff, D. (2006) Using peer ranking to enhance student writing. *Physics Education, 41*, 1-4.

科学的内容について批判的に考えるためには、科学の方法を知り、規準や規範を順守する必要がある[4][7]。理科における批判的思考は、科学の規準に従う論理的な思考であり、科学的規準に則した批判や内省を伴うものである。したがって、科学的思考の育成と批判的思考の育成は、不可分の関係にある。

■理科教育で求められるアーギュメント（論証）の実践

科学の規準に従う思考とはどういうものか。『学習指導要領解説理科編』では、その条件として、実証性、再現性、客観性を挙げている[9]。証拠に基づく検証や批判を通して、理論や仮説を社会的に構築し更新していくことが、科学という文化の特性である。このような認識から、現在の理科教育では、実験データや科学的原理を用いて論証を組み立てる**アーギュメント**（argument）の力が、世界的に重視されている。PISAの科学リテラシー[10]やTIMSSの論述式問題の他、アメリカの理科教育フレームワークで、説明の構築や証拠に基づくアーギュメントの活動を就学前から初等・中等のカリキュラムに必須の実践と位置づけたことなどは[3]、その実例である。日本の学習指導要領でも、小・中・高等学校のすべてで、「言語活動の充実」がめざされ、「科学的な概念を使用して考えたり説明したりする学習活動」を促進するとともに[11]、評価の際は、「思考・判断・表現」の観点で、知識を活用しての思考・判断と、その内容を文章などで表現する活動とを、一体的に評価することを求めている[12]。そして、思考

[6] 山中真悟・木下博義（2011）批判的思考力育成のための理科学習指導に関する研究：高等学校物理における授業実践を通して『日本教育工学会論文誌』35, 25-33. et al.

[7] Bilin, S. (2002) Critical thinking and science education. *Science & Education, 11*, 361-375.

[8] Malamitsa, K., Kasoutas, M. & Kokkotas, P. (2009) Developing Greek primary school students' critical thinking through an approach of teaching science which incorporates aspects of history of science. *Science & Education, 18*, 457-468.

[9] 文部科学省（2008）『小学校学習指導要領解説理科編』

[10] 項目3－3「科学・技術リテラシー」を参照。

[11] 文部科学省（2008）『小学校学習指導要領』

とその表現方法の指導において、アーギュメントは大きな役割を果たす。

その一方で、アーギュメントの構築が、子どもたちにとって易しい作業ではないことを示す結果が多数挙がっている。代表的なものとして、マクニールら[13]は、児童生徒の説明構築に関し、①適切で十分な証拠を利用できない、②なぜ証拠が主張を支えているかの理由づけができない、③対立する科学的説明を考慮し、反駁することが難しい、といった実態を指摘した。また日本の小学生を対象とした調査からも、「主張の根拠を示さない」、「根拠を示す際に証拠と理由づけとの両方を用いて主張を正当化しない」、という実態が報告された[14]。アーギュメントを構築する力を育成するには、明示的な教授や練習が必要なのである。

■アーギュメンテーション――アーギュメントの構築に向けた議論

アーギュメンテーション（argumentation）は、アーギュメントを社会的に構築するプロセスであり、一般的には、複数の人々が対立する主張について議論に取り組む[15]。理科教育におけるアーギュメンテーション研究は、議論における子どもの発言を、論証構造の観点からとらえる点を特徴とする。**トゥールミンのアーギュメントモデル**[16]に基づき、主張・データ・論拠・反駁などの論証を構成する要素の観点からとらえようとする研究が多い。アーギュメンテーションを理科の授業に導入することで、冒頭で述べた批判的思考の促進に加え、科学概念の理解の促進、探究能力の発達、科

[12] 文部科学省（2011）『言語活動の充実に関する指導事例集：思考力、判断力、表現力等の育成に向けて（小学校版）』教育出版

[13] McNeill, K. L. & Krajcik, J. (2011) *Supporting grade 5–8 student in constructing explanation in science.* Boston, U.S.A.: Pearson.

[14] 坂本美紀・山本智一・山口悦司・西垣順子・村津啓太・稲垣成哲（2012）アーギュメント・スキルに関する基礎調査：小学校高学年を対象としたスキルの獲得状況『科学教育研究』*36*, 252-261.

[15] Kuhn, D. & Franklin, S. (2006) The second decade: What develops (and how). In W. Damon & R. M. Lerner (Series Eds.), D. Kuhn & R. Siegler (Eds.), *Handbook of child psychology: Vol. 2. Cognition, perception, and language* (6th ed.). Hoboken, NJ: Wiley. pp. 953-993.

[16] Toulmin, S. (1958) *The use of argument.* New York, U.S.A.:

学の認識論の理解、社会的実践としての科学の理解[17][18]など、多様な学習効果が生じることが示唆されている。アーギュメンテーションの実践は、科学の方法を理解してその手法を駆使する科学リテラシーの育成にとどまらず、科学する文化の構築やそこに生きる市民の資質の育成という側面を合わせもつのである。

■理科教育におけるアーギュメントの教授

アーギュメントやアーギュメンテーションについて、明確な教授方略を示した欧米での研究には、次のようなものがある。まず、幼稚園児から小・中・高校生、教員といった幅広い対象に、アーギュメントを構成させる実践を行ったマクニールら[13]は、12の教授方略を提唱した[19]。サンドバルとクラーク[20][21]は、中学生を対象に、アーギュメント構造の利用を支援するソフトウェアを用いて指導を行った。アーギュメンテーションについては、オズボーンを中心とした研究チームのIDEASプロジェクトによる一連の研究が代表格である[22]。また、科学領域と科学以外の領域との双方でアーギュメンテーションを行わせたクーン[23]、オンラインのアーギュメンテーションを扱ったクラーク[21]も、具体的な支援方法を示した。

山本ら[24]は、以上の研究群から抽出された教授方略を整理し、「アーギュメントの意義を理解させる」、「アーギュメントの構造を理解させ、その構造を利用できるように促す」、「内容知識の利用を促す」の三つのデザイン原則を見出した。二点目に関する

Cambridge University Press.

[17] Driver, R., Newton, P. & Osborne, J. (2000) Establishing the norms of scientific argumentation in classrooms. *Science Education*, *84*, 287-312.

[18] Erduran, S. & Jiménez-Aleixandre, M.P. (2008) Argumentation in science education: An overview. In Erduran, S. & Jiménez-Aleixandre, M.P. (Eds.), *Argumentation in science education: Perspectives from classroom-based research*. Dordrecht, Netherlands: Springer. pp. 3-27.

[19] 準備段階の方略は、アーギュメント構造の掲示やワークシート上の足場かけ等、実施段階の方略は、アーギュメント構造の説明、アーギュメントの必要性の説明、日常事例との関連づけ、他教科との関連づけ、アーギュメントの例示と批評、個人へのフィードバック、相互評価等である。

教授方略は、図などでアーギュメントの構造を可視化する、他者のアーギュメントを評価させる、意見の異なる者でグループを構成したりして主張や意見の対立を際立たせる、などであり、批判的思考の教授方略といってもいいものである。

　最近、日本の理科教育でも、上記のデザイン原則に基づきアーギュメントの育成に取り組んだ研究が始まった。小学校高学年を対象にした実践研究の事例のうち、記述のアーギュメントを扱った研究では、実験を通して科学的原理を発見する理科授業に、マクニールら[13]が提唱した教授方略すべてを活用したアーギュメントの指導を組み込み、単元を開発した[25][26]。これまでに、科学的原理を用いて証拠と主張を結びつけるアーギュメントと、複数の証拠を用いて正当化するアーギュメントを構成する力の育成に関し、教授方略の有効性が検証されている。アーギュメンテーションを重視した授業では、二つの仮説のどちらが科学的原理として正しいかを、実験結果を通して検証する議論の場を設定し、オズボーンが提唱した五つの教授方略を活用して、反論スキルに焦点を当てた練習を実施した[27]。練習を通して、児童のアーギュメンテーションのレベルは向上したものの、反論の促進という点では課題を残した。

■アーギュメントの評価

　アーギュメントとアーギュメンテーションは、科学的思考とその表現を育成する言語活動に含まれる。しかし、理科での言語活動の観点別評価に関しては、児童生徒の

[20]　Sandoval, W. A. & Reiser, B. J. (2004) Explanation-driven inquiry : Integrating conceptual and epistemic scaffolds for scientific inquiry. *Science Education, 88*, 345-372.

[21]　Clark, D. B., Sampson, V. D., Weinberger, A. & Erkens, G. (2007) Analytic frameworks for assessing dialogic argumentation in online learning environments. *Educational Psychology Review, 19*, 343-374.

[22]　Osborne, J., Erduran, S. & Simon, S. (2004) *Ideas, evidence and argument in science*. London : Nuffield Foundation.

[23]　Kuhn, D. (2010) Teaching and learning science as argument. *Science Education, 94*, 810-824.

[24]　山本智一・山口悦司・稲垣成哲・坂本美紀・西垣順子 (2012) アーギュメントの教授方略の研究動向『理科教育学研究』*53*, 1-12.

科学的思考の表現を客観的に評価する規準が具体的に示されていない。また、PISAやTIMSSなどの調査でも、個々の問題を超えたアーギュメントの評価フレームワークは明示されていない。これらの実態を踏まえて、科学的内容のアーギュメントに関する評価知見の統合をめざした研究[28]では、先行研究で用いられた評価フレームワークの共通項を探った。代表的な研究として、リン、マクニール、サンドバルなど五つの研究群を抽出し、評価フレームワークを比較した。その結果、トゥールミンモデルにおける主張、データ、保証と保証の裏づけの三要素が、評価対象として共通していること、そしてこれら三要素について、有無と質、すなわちアーギュメントの構造と内容の両方が、評価の観点になっていることが明らかになった。一方、アーギュメンテーションの教育効果を実証した研究はきわめて少なく、児童生徒たちのアーギュメンテーションの質を評価する枠組みも、まだ開発途上にある。

■おわりに

批判的思考に特化した理科教育の実証研究は、今世紀に入ってからはそれほど多くない。それは、科学的思考のさまざまな側面の指導に包含されたためと考えられる。本項で紹介したアーギュメントとアーギュメンテーションは、科学的規準に従う論理的思考を育成する実践で、理科における批判的・内省的思考の基盤を提供する。効果的な育成方法に関する実証研究の蓄積が望まれる。

〔**坂本美紀**〕

[25] 山本智一・坂本美紀・山口悦司・西垣順子・村津啓太・稲垣成哲・神山真一（2013）小学生におけるアーギュメントの教授方略：「振り子の運動」の実践を通して『理科教育学研究』53, 471-484.

[26] 山本智一・稲垣成哲・山口悦司・村津啓太・坂本美紀・西垣順子・神山真一（2013）適切かつ十分な証拠を利用するアーギュメント構成能力の育成：小学校第5学年「物の溶け方」の事例『科学教育研究』37, 317-330.

[27] 村津啓太・山口悦司・稲垣成哲・山本智一・坂本美紀・神山真一（2013）反論を含むアーギュメンテーションを促進するための教授方略：静電気を題材とした小学校第6学年の理科授業を通して『理科教育学研究』54, 93-104.

[28] 坂本美紀・山口悦司・西垣順子・山本智一・稲垣成哲（2012）理科教育研究における記述のアーギュメントの評価フレームワーク『科学教育研究』36, 356-367.

2-12 社会科教育／市民性教育／平和教育
――多面的に考え、公正に判断する

■社会科教育の目標と批判的思考

社会科教育の目標は、国際社会に生きる平和で民主的な国家・社会の形成者として必要な公民的資質の基礎を養うこと、すなわち**公民的資質の育成**であり、わが国では小学校・中学校に共通した社会科の究極的なねらいである。公民的資質が何であるかは図1に示したが[1]、後半に挙げられている「多面的に考え、公正に判断する」こと[2]は、批判的思考の定義[3]といってもいいぐらいに、批判的思考教育がめざしている方向性と一致しているといえる。

■社会科教育における批判的思考の育成

とはいうものの学習指導要領解説をみる限り、社会科における「多面的」とは必ずしも正負対立する面というわけではなく、複数の側面（歴史と自然条件、販売者と消費者など）から社会的事象を考えるというぐらいの意味合いとなっている。「公正」な判断についても、公民的分野では社会生活における物事の決定の仕方などについて

「公民的資質」とは，国際社会に生きる平和で民主的な国家・社会の形成者，すなわち市民・国民として行動する上で必要とされる資質を意味している。したがって，公民的資質は，平和で民主的な国家・社会の形成者としての自覚をもち，自他の人格を互いに尊重し合うこと，社会的義務や責任を果たそうとすること，社会生活の様々な場面で多面的に考えたり，公正に判断したりすることなどの態度や能力であると考えられる。

図1　公民的資質とは（小学校学習指導要領解説 社会編より）

考えるに際して**公正さ**が強調されているが[4]、それ以外の地理的分野、歴史的分野では、一面ではなく複数の側面から考察することを指しており、批判的思考研究者ポールのいう、自己中心的ではなく知的謙遜や知的共感を含む公正な思考としての批判的思考[5]、という意味合いはあまりないように思われる。

実際、一九九〇年代の研究ではあるが、日米の小学校における歴史の授業での教師の語りを比較した渡辺[6]によると、日本の小学校では、過去の出来事を時間順で再現しつつ、歴史上の人物がその状況でどのように感じたかを想像させ、その人物の気持ちと行動を結びつけるような、時系列と共感を重視した教え方がなされていた。それに対してアメリカの小学校では、ある出来事がなぜ起こったのかと問うことで、出来事を原因と結果の因果律として分析し理解する授業がなされていた。アメリカで「なぜ」と問う分析力が重視されるようになったのは一九七〇年代初めからで、批判的思考運動が影響を与えているという。アメリカの小学校の歴史の授業としてはそのほかに、西部に向かう開拓者の旅をシミュレーションさせる授業も渡辺は紹介している。グループで話し合ってどの道を選ぶか意思決定を行っているが、教師は「ある道筋の有利な点と不利な点を比較して決断」するよう児童に指示している。これも批判的思考に基づく、多面的に考えて判断する力を養う授業といえよう。

他にも、歴史的分野であれば教科書に記載されている歴史を唯一の見解と考えるのではなく、対立する複数の見解を比較し評価することで批判的思考を育成する教育が

[1] 文部科学省（編）（2008）『小学校学習指導要領解説　社会編』東洋館出版

[2] 中学校社会科では、教科の目標の冒頭にさらに、「広い視野に立って、社会に対する関心を高め、諸資料に基づいて多面的・多角的に考察し」とあり、「広い視野」「多面的・多角的に考察」と、批判的思考的ともいえる表現が付されている。

[3] 道田（2000）は批判的思考を、「見かけに惑わされず、多面的に捉えて本質を見抜く」と定義している。
道田泰司（2000）批判的思考研究からメディア・リテラシーへの提言『コンピュータ&エデュケーション』9, 54-59.

[4] たとえば、みんなが参加して決める（手続きの公正さ）、不当に不利益を被っている人をなくす（機会の公正さ、結果の公正さ）など、自己中心的でない思考の重要性が強調されている。

ある。フランス革命にかかわる重要なテーマに関して、複数の見解を比較検討し、最終的には各自の見解を作らせるという教材がある。[7] たとえば君主制への反乱の是非というテーマなら、それを非（不合理）とする論者の見解と是（合理的）とする論者の見解を、各論者のプロフィールとともに紹介し、各論者の主張の理由やその背後にある価値観を分析させ、その比較検討をもとに各自の見解を構築させるのである。そうすることで、歴史的問題について深く理解するのみならず、対立する主張がどのような根拠や価値観によって生まれるか、など歴史事象を多面的・多角的に考察することが可能となっている。

■シティズンシップ教育と批判的思考

シティズンシップ教育（市民性教育）とは、市民性を育てるための教育である。市民性が何を指すかは一義的に決まってはいないが、経済産業省[8]はシティズンシップの定義として、「多様な価値観や文化で構成される社会において、個人が自己を守り、自己実現を図るとともに、よりよい社会の実現に寄与するという目的のために、社会の意思決定や運営の過程において、個人としての権利と義務を行使し、多様な関係者と積極的に（アクティブに）関わろうとする資質」と述べている。そのような資質を、公的活動、政治的活動、経済的活動の分野で育成する教育がシティズンシップ教育であり、一九九〇年代以降、個人の志向性や価値観が多様化するなかで注目されて

[5] Paul, R. W. (1994) Teaching critical thinking in the strong sense: A focus on self-deception, world views, and a dialectical mode of analysis. In K.S.Walters (Ed.) *Re-thinking reason: New perspectives in critical thinking*. New York: State University of New York Press. pp. 181-198.

[6] 渡辺雅子（2003）歴史教育における説明スタイルと能力評価：日米小学校の授業比較『教育社会学研究』*73*, 43-63.

[7] 空健太（2008）批判的思考を育成する歴史単元の構成原理："Opposing Viewpoints in World History"を事例として『教育学研究紀要』53, 518-523.

いる。シティズンシップ教育は、生活科、総合的な学習の時間、特別活動、道徳、家庭科、あるいは特設教科（「市民科」など）のなかで実践が試みられているが、その性質上、中核となるのは社会科（特に公民的分野）と考えられる。

経産省の報告書では、シティズンシップを発揮するために必要な能力が、意識、知識、スキルに分けて論じられているが、三つ挙げられているスキル（図2）は、「ものごとを批判的に見る」、「情報や知識を……正しく理解・判断」、「他者とともに……意思決定し、実行」と、批判的思考的なスキルが含まれている[9]。

■自己・他者・社会の状態や関係性を客観的・批判的に認識・理解するためのスキル

── 自分のことを客観的に認識する力，他者のことを理解する力，ものごとを俯瞰的にとらえ全体を把握する力，ものごとを批判的に見る力，等

■情報や知識を効果的に収集し，正しく理解・判断するためのスキル

── 大量の情報の中から必要なものを収集し，効果的な分析を行う力，ICT・メディアリテラシー，価値判断力，論理的思考力，課題を設定する力，計画・構想力，等

■他者とともに社会の中で，自分の意見を表明し，他人の意見を聞き，意思決定し，実行するためのスキル

── プレゼンテーション力，ヒアリング力，ディベート，リーダーシップ，フォロワーシップ（多様な考え方や価値観の中で，批判的な目でチェック機能を果たしたり，リーダーの意を汲んで行動したり，適切な役割を果たす力），異なる意見を最終的には集約する力，交渉力，マネジメント，紛争を解決する力，リスクマネジメント，等

図2　経産省(2006)が挙げる，シティズンシップに必要なスキル[8]

シティズンシップ教育のあり方に関して組織的な検討がなされているイギリスの「クリック報告」[10]のなかでも、「本委員会が目指すのは、……発言・行動する前に証拠を比較検討する批

[8] 経済産業省（2006）シティズンシップ教育と経済社会での人々の活躍についての研究会報告書（http://warp.ndl.go.jp/info:ndljp/pid/281883/www.meti.go.jp/press/20060330003/citizenship-houkokusho.honpen-set.pdf）。これをもとに「シティズンシップ教育宣言」もなされている。

[9] 例示されている下位項目にも、「客観的に認識」「俯瞰的に把握」「効果的な分析」「論理的思考力」「批判的な目でチェック」「異なる意見を集約」など、批判的思考的な考えが含まれている。

[10] The Advisory Group on Citizenship (1998) *Education for citizenship and the teaching of democracy in schools: Final report of the Advisory Group on Citizenship.* London: QCA. http://dera.ioe.ac.uk/4385/1/crickreport1998.pdf (http://www.akaruisenkyo.or.jp/citizenship/ に邦訳あり)

判的能力を備えたアクティブな市民……」と、批判的思考的な語[11]が強調されている。

シティズンシップ教育には、知識習得型、シミュレーション型、体験型、プロジェクト型、実践・参加型といくつかのタイプがある。[12]特に批判的思考を育てるプロジェクト型学習の例としては、大学生など年長者の指導・支援のもとで、自分たちが解決したい問題について、児童生徒のグループで問題解決を行う**パブリック・アチーブメント**[13]がある。

■平和教育と批判的思考

平和教育とは、社会的不正義を解消し、暴力を根絶し、戦争をなくすための教育である。そのためには、現状に疑問をもって批判することが重要であり、ほとんどの平和教育の目標として、批判的で分析的な技能が挙げられている。[14]批判的思考の必要性は、国際理解・国際協力・国際平和を含む国際教育においても、[15]軍縮不拡散教育においても強調されている。[16]平和教育は、独立の教科として、あるいはさまざまな既存の教科のなかで教えうるが、しかし最も多いのは、社会科である。[17]平和教育が、人権や民主主義、政策決定、法による支配などの内容を含むからであろう。

批判的思考力を育むことを意識した平和教育として、北上田[18]の実践がある。これは、「日米双方の視点から太平洋戦争／沖縄戦を学ぶことを通して、戦争の実態について理解するとともに歴史に対する批判的思考力を養う」ことを目的とした実践であ

[11] 批判的な市民、批判的討論、批判的思考、批判的読み、批判的評価、批判的精神などの語が使われている。

[12] 経済産業省（2006）前掲書

[13] http://www.augsburg.edu/democracy/publicachievement/

[14] B・リアドン、A・カベスード／藤田秀雄・淺川和也（監訳）(2005)『戦争をなくすための平和教育：「暴力の文化」から「平和の文化」へ』明石書店

[15] United Nations Educational, Scientific and Cultural Organization (1974) Recommendation concerning education for international understanding, co-operation and peace and education relating to human rights and fundamental freedoms.
http://portal.unesco.org/en/ev.php-URL_ID=13088&URL_DO=DO_TOPIC&URL_SECTION=201.html

る。

授業では、当時の日米双方が置かれた状況を理解することに加え、日米の教科書を比較することなども通して、複数の視点から歴史事象の解釈が批判的に学ばれている。客観的なデータではないが生徒の自由記述からみる限り、生徒の批判的思考力育成に有効に働いたのは、歴史的状況や国家レベルでの動向といった大局的な視点だけでなく、美術館[19]に展示されていた原子爆弾被爆者の衣服の写真、兵士個人の苦悩などが読み取れる日系兵の手記、美術館展示から読み取れる一般住民の避難先の洞窟での生活など、「ふつうの人」の目からみた戦争の事実に触れたことが重要なようであった。日米双方の視点を知ることはたしかに戦争を多面的に理解することにつながる。しかしそれは国家レベルの状況であり動向であり、それらを議論している大局的（マクロ）な視点のみという意味では、当時の状況の一側面にしかすぎないともいえる。そこには、個々人が時代状況に苦しめられ、それぞれの立場のなかで葛藤しているという個別具体の（ミクロな）視点が抜け落ちている。それを知ることは、大局的な歴史も一つの視点であることに気づき、より重層的な歴史認識につながるとともに、知的謙遜や知的共感なども含んだ批判的思考の育成に有効であることが、この実践から示唆される。

〔**道田泰司**〕

[16] 外務省（2010）軍縮不拡散教育に関する共同ステートメント（http://www.mofa.go.jp/mofaj/gaiko/kaku/npt/jointstate_edu1005.html）など

[17] 中矢礼美（2012）平和教育カリキュラム編成に関する国際比較研究：アメリカ・カナダ・インドネシアの事例『広島大学国際センター紀要』2, 16-30.

[18] 北上田源（2011）批判的思考力を育むための平和教育実践：アメラジアンスクール・イン・オキナワにおける日米教員の協働授業から『平和文化研究』32, 147-168.

[19] 沖縄県にある佐喜眞美術館。普天間基地に隣接しており、生と死、苦悩と救済、人間と戦争というテーマで、美術品以外の展示がなされることもある。

道徳教育

――モラルジレンマ授業

道徳教育と批判的思考

道徳教育と批判的思考。おそらくこの二つの言葉はあなたの頭のなかでスムーズに結びつかないのではないだろうか。現在の道徳教育の世界では「批判的思考」という言葉をあまり見かけない、というのが私の率直な印象である。

小・中学校の『学習指導要領』（平成二〇年改訂）をみると、第1章「総則」や第3章「道徳」のなかには、「批判的思考」どころか「批判」という言葉さえ見当たらない。学習指導要領の内容を詳しく説明している小・中学校の『学習指導要領解説道徳編』には、批判的思考とほぼ同義で「批判的な見方」という言葉が一度だけ出てくる。そこでは、「道徳の授業で読み物資料を効果的に用いるためには、登場人物への共感を中心とした展開や、資料に対する感動を大事にする展開、迷いや葛藤を大切にした展開、知見や気付きを得ることを重視した展開に加えて、批判的な見方を含めた展開を工夫することが必要である」と述べられている[1]。

このように、批判的思考という観点は道徳教育では重視されているとは言いがた

[1] 文部科学省（編）（2008）『小学校学習指導要領解説　道徳編』東洋館出版社 p. 83.
文部科学省（編）（2008）『中学校学習指導要領解説　道徳編』日本文教出版 p. 90.

く、それよりも「共感」や「感動」という観点から「道徳的に正しいこと」へとアプローチすることが一般的であるように思われる。しかし、道徳教育でも批判的思考は非常に重要なのである。そのことを説明してみよう。

■一般的な道徳教育の問題点

小学校や中学校の道徳教育で扱われている道徳的に正しいことというのは、非常に常識的な事柄である。たとえば「嘘をついてはいけない」ということを知らない人が、クラスのなかに本当にいるのだろうか。たとえ子どもであっても、「嘘をついていいと思うか」と尋ねれば、おそらく全員が「いけない」と答えるだろう。知っていることを改めて授業で習う――これが道徳教育の直面している問題なのだ。

また、道徳的に正しいとされることを子どもに強制して実践させることも、道徳教育としては不適切である。竹刀を持った怖い先生が校門の前に立って睨みを利かせていて、その先生に怒られないように「おはようございます」と挨拶することは、厳密には道徳的な行為だとはいえないのだ。なぜなら、道徳とはその行為者がそうすべきだと自発的・主体的に行うことでなければならず、鞭やアメを用いて子どもの行為をコントロールしてもだめだからである。ゆえに、道徳教育ではその正しいとされることを子どもたちが内面化したり自覚化することが求められるのである。

道徳的に正しいとされることを子どもたちが内面化するためには、それを子どもたち自身が自分たちの生活や考え方に当てはめて、自分のこととしてとらえ、そのうえでそれを「正しいこと」だと考えるようにならなければならない。すなわち、内面化するためには、批判的思考の一つである**反省（内省）的思考**[2]が不可欠なのである。

道徳教育には反省的思考が不可欠なのだが、それがなかなか実現できないということが、道徳教育の抱える課題でもある。道徳の時間だから先生はこう言ってほしいのだろうと子どもが推測して、本当はそれほど実感していないのに、「これからはクラスのために係活動を頑張りたいと思います」と子どもに言わせても、それは道徳教育の目的である自律した人間を育てることにはならないのである[3]。

■モラルジレンマ授業

先にみてきた一般的な道徳授業とは別に、実は批判的思考とたいへん相性の良い道徳授業も存在している。**モラルジレンマ**と呼ばれるその授業方法論は、道徳的に正しいことを「教えない」という一見変わった考え方である。

モラルジレンマ授業とは、アメリカのコールバーグが考案した道徳的認知発達理論に基づいた道徳教育方法論で[4]、日本でも一九八〇年代半ば以降、荒木紀幸氏や、残念ながら若くして亡くなられた徳永悦郎氏によって広められた[5]。

その特徴は簡潔に次のようにまとめることができる。まず、コールバーグは道徳性が発達するということを、それまで知らなかった道徳的価値を獲得することとか、道

[2] 項目1－1「近代知としての批判的思考」を参照。

[3] こうした道徳教育の捉え方については左記を参照。
上地完治（2009）「道徳的価値のとらえ方と道徳教育」林忠幸・堺正之（編）『道徳教育の新しい展開：基礎理論をふまえて豊かな道徳授業の創造へ』東信堂
上地完治（2014）「道徳授業の方法2：インカルケーションをどのように道徳『学習』へと変えるか」丸山恭司（編）『道徳教育指導論』協同出版

[4] コールバーグの道徳的認知発達理論については、たとえば左記を参照。
L・コールバーグ／岩佐信道（訳）（1987）『道徳性の発達と道徳教育：コールバーグ理論の展開と実践』広池学園出版部

[5] モラルジレンマ授業については、たとえば左記を参照。
荒木紀幸（1998）『道徳教育はこ

徳的行動が実践できるようになることととらえていない。彼にとって、道徳性の発達は**道徳的判断**と密接にかかわって、その判断理由が特定の発達段階を経て高まっていくことを意味していた。また、この道徳性の発達には、すべての人に共通する発達段階が存在すると考えられている。[6] 道徳授業では、基本的には二つの行為が葛藤する状況が描かれた「ジレンマ資料」と呼ばれる資料が用いられ、ジレンマ資料によって引き起こされた道徳的葛藤状況のなかで、どうするべきかという判断を子どもたちに考えさせる。そのとき、なぜそう考えるのかという判断理由を必ず提示させる。そして、授業の終末では学級として一つの結論を出さなくてもよいとされ、子どもたちがそれぞれ自分の考えを深めることが授業の目的とされる。

実際のジレンマ資料の一つに**ハインツのジレンマ**というものがある。妻が難病で瀕死の状態にあるとき、その病気を治す新薬が開発される。しかし、その薬は非常に高価で買えないため、夫のハインツはこの薬を開発した薬屋にお金をまけてくれないかと頼みに行った。しかし、薬の開発に巨額のお金がかかったこと、そしてこの薬で大儲けするつもりであるという理由から、薬屋はハインツに薬を譲ってはくれない。思い余ったハインツは薬屋へ薬を盗みに入ってしまう。このとき、ハインツは薬を盗むべきだったのか、それとも盗むべきではなかったのか。

ハインツはどうするべきかという問いに対して、薬を盗むべきだという答えも、薬を盗むべきではないという答えも、どちらも万人を納得させることはできないだろ

うすればおもしろい　第4版』北大路書房
徳永悦郎（1995）『ジレンマ学習による道徳授業づくり』明治図書出版
道徳性発達研究会（編）／荒木紀幸（監修）（2012）『モラルジレンマ教材でする白熱討論の道徳授業』明治図書出版

[6] コールバーグの発達段階は次の3水準6段階で表される。
[前－慣習的水準]
第1段階：罰の回避と権威に対する服従への志向
第2段階：道具主義的相対主義への志向
[慣習的水準]
第3段階：対人的同調への志向
第4段階：法と秩序の維持への志向
[脱－慣習的水準]
第5段階：社会契約的遵法への志向
第6段階：普遍的な倫理的原理への志向

う。ある人は、妻の命を救うためには盗むことも仕方がないと考えるだろうし、別の人は、たとえどんな理由があったとしても人の物を盗むことはいけないと考えるだろう。人命を優先すべきだと考える人でも、大切な薬を盗まれる薬屋の立場や、愛する夫を自分のせいで罪人にしてしまったと悲しむ妻の気持ちを考えれば、盗むべきではなかったという見解にも一定の理があることを知るだろう。結局、この二択から正しい答えを選ぶことは不可能なため、どうするべきかという「正解」を子どもたちに教えることはできないし、授業自体も、正しい判断を示すことなく、それぞれの意見を出し合って終わっていくことになる。

■モラルジレンマ授業における批判的思考

モラルジレンマ授業では、簡単には答えが出ない道徳的葛藤状況において、どうするべきかという自分の考えが求められる。その点でこれは、道徳的課題が自分のこととしてとらえられにくいという、先述した道徳教育の課題の克服をめざすものであるといえる。だが、モラルジレンマ授業がめざしているのは、反省的思考のみではない。モラルジレンマ授業のなかで子どもたちは、道徳的判断を下すための多様な観点を学習していく。道徳性が段階的に発達すると先に述べたが、コールバーグによればば、それは具体的には道徳的判断を下す視点が**自分中心の視点**（第1・第2段階）から**友人や自分の属する集団の視点**（第3段階）へ、そしてさらには法律や常識といった**社会的な視点**（第4段階）へと広がることを意味するという。コールバーグにとって、道徳性の発達とはこうしたより広範な観点から道徳的な問題を判断することができるようになることなのである。

こうした道徳的判断を行う際に重要とされるのが判断理由である。ハインツのジレンマの事例であれば、盗むべきか盗むべきでないかという判断それ自体が問題なのではなく、なぜ盗むべき、あるいは盗むべきではないと考えるかという理由が大事なのである。そして、そこで問われているのが、合理的・論理的な思考なのだ。[7]

このモラルジレンマ授業にはさらに、一般的な道徳授業にはない批判的思考の観点も存在している。それは、社会的な視点に基づく法律や常識を守ることはたしかに大事だが、しかし納得のいく理由があり、適切な手続きを経て合意に至ればそれらを変更してもよいという、コールバーグの発達段階の第5段階である。これは**より良い社会をめざす視点**だと呼んでもいいだろう。[8]この視点は、既存の法律や常識の妥当性を吟味し、批判的にとらえ、場合によっては修正することを認めるという、まさに批判的思考の特徴を有した段階なのである。[9]

日本の道徳教育では常識的なことを表面的に教えることで、子どもたちから考える機会が奪われてしまっているのではないか。道徳教育のこの限界を突破するためには、反省的思考や合理的・論理的思考に加えて、より良い社会を築くための批判的思考が重要であり不可欠なのである。

〔**上地完治**〕

[7] 項目1－1「近代知としての批判的思考」を参照。

[8] こうした視点の意味は、「脱－慣習的水準」というネーミングが適切に表現していると思われる。社会慣習的な道徳に対する適応を求めるだけでなく、既存の社会をより良い方向へと越えていくという意味合いが、「脱」という接頭語に込められているのである。

[9] 批判を「否定」という意味でとれば、道徳には適さない言葉だと感じられるかもしれない。しかし、より良い社会をめざすためには、既存の道徳的観点について改善が必要な部分を吟味し、それを否定することが出発点として不可避なはずである。

2−14

総合的な学習の時間

——課題への主体的な取り組みを促す

■総合的な学習の時間について

平成一〇年の学習指導要領改訂に伴い、**総合的な学習の時間**（総合学習）が小・中・高で導入された[1]。これは、児童生徒の生きる力を育むため、これまでの知識偏重・教科別教授法とは異なった「各科目を横断する」という視点による学習活動（教科ではない）として設計され、生涯学習社会における学習態度の育成、地域社会とのかかわりを通じた成長、自己理解を深め将来の自己実現に向けた省察（内省）的態度の育成が重視された。しかしながら、初めて担当する教員の当惑、設立趣旨に対する批判、学校行事や補習学習への充当など多くの問題を当初から抱えていた。

このようななか、平成二〇年一月の中央教育審議会答申[2]では、総合的な学習の時間の見直しが言及され、「総合的な学習の時間は、変化の激しい社会に対応して、自ら課題を見付け、自ら学び、自ら考え、主体的に判断し、よりよく問題を解決する資質や能力を育てることなどをねらいとすることから、思考力・判断力・表現力等が求められる『知識基盤社会』の時代においてはますます重要な役割を果たすものである」

[1] 文部科学省のホームページを参照。
http://www.mext.go.jp/a_menu/shotou/sougou/main14_a2.htm

[2] 文部科学省（編）（2008）『中学校学習指導要領解説：総合的な学習の時間編』教育出版

と基本方針を唱え、それに沿う形で、学習指導要領が改訂された。このような学習者の主体的な課題への取り組みに関しては、批判的な思考態度をもち得ていることが求められ、また、次に述べる具体的な取り組みについて、批判的思考の教授アプローチにより、より有効に教育活動が展開されるであろう。すなわち、①就労の意義や就労に対する将来への動機づけのための**職場体験**、②地域産業や郷土の文化・歴史をテーマにした**施設見学**や地域住民への**インタビュー調査**、③環境問題や防災をテーマとした**観察学習**を通じ実践可能な取り組みの模索、④高齢化社会や障がい者に対する理解を深めるための**ボランティア活動体験**、⑤異文化・国際理解を深めるための地域の外国人・留学生を活用した**料理・文化・言語の習得**などである。

■総合的な学習の時間における批判的思考の実践例

批判的思考の教育を学校全体で実践している例として、広島大学附属福山中・高等学校を挙げる[3]。ここでは、中高生の発達段階に応じた6年間のプログラムが開発され、各教科において批判的思考を採り入れ、総合学習においては教科で学んだ事柄を束ねる位置づけとして主に体験学習を通じた学習がなされ、中3のＮＩＥ[4]のなかで批判的思考を実施している。

また、小・中義務教育段階の実践例としては、千葉県白井市の小・中三校において県教育委員会の推進事業として開発された、「豊かな人間関係づくり」の「ピアサポ

[3] 広島大学附属福山中・高等学校のホームページを参照。
http://camellia.fukuyama.hiroshima-u.ac.jp/index2.html

[4] ＮＩＥ（Newspaper in Education：教育に新聞を）。この新聞を活用した教育活動における批判的思考の取り組みは，左記を参照。
角屋重樹・広島大学附属福山中・高等学校（2002）『教科とリンクする「総合的な学習」のデザインと評価』東洋館出版社 pp. 121-130.

ート」が挙げられる[5]。このプログラムでは、9年間にわたる心理教育（サイコエデュケーション）のピアサポートをテーマとして、このうちの一部をクリティカルシンキングと称して授業で採り入れている[6]。この取り組みは、教師によるセリフ仕立ての各学年の授業案がホームページ上で公開されている[7]。

■総合的な学習の時間を展開する上での留意点

①**発問**（questioning; inquiring）　総合学習に限らず、教師は授業のなかで、児童生徒に向けてクリティカルな発問を行っているかという点である。議論に不慣れな日本では、教師がまず手本となる発問の仕方を示すことが先決である。これは、グループ全体、特定の児童生徒、特定のグループ、あるいは、グループ同士に向けての発問である。この他に、和やかな教室の雰囲気づくりや、教師が児童生徒の補助自我[8]の役を担うなどが含まれる。このように、児童生徒の発言を促すための発問により、教師も一員となり、対話的な授業を展開することは、批判的思考を育成させるために重要と考える。つまり、教師は、児童生徒同士の発話（dialogue）に溶け込み、これをつなぐ促進者であるファシリテーター役[9]に徹することである。

②**調べ学習**　総合学習に限らず一般的教科学習でも取り入れられている調べ学習では、教師による与えられた課題について児童生徒が個人およびグループで、図書館などの校内施設を活用し、また、地域住民に取材を行って情報を収集している。近年の

[5]　千葉県教育委員会「豊かな人間関係づくり推進事業」
http://www.pref.chiba.lg.jp/kyouiku/

[6]　総合学習におけるピアサポートの他の実践例としては、左記を参照。
滝充（2001）『「総合的な学習の時間」に行なう「心の教育」（ピア・サポートではじめる学校づくり、小学校編）』金子書房

[7]　現在は、同市内全小・中学校でピアサポートが展開されているが、総合時間の総枠減に伴い、道徳の時間に割り振られた。

[8]　補助自我とは、メンバー同士が即興的な劇を演じることにより、さまざまな気づきが得られる、という心理療法の心理劇（サイコドラマ）の技法のうちの一つで、助監督の役割を担う。学校場面では、教師が特定の児童生徒の脇に寄り発言をサポートし、あるいは、対立する意見をつぶやくなど、発言者の気持ちに寄り添い、本音を語ったり、逆

学校におけるネット環境の整備に伴い、効率良く多様な情報が得られるようになったため、次第にコンピュータを活用したICT[10]の学習スタイルが調べ学習の主流になり、また、教員のニーズとして、IT教室で行う授業のため運営しやすい点もある。しかしながら、児童生徒が容易に情報収集できるため、時として知識の羅列にすぎず、それらの情報を深く検証することなく、そのまま断片的に模造紙に書き写し写真を貼り付けた発表に終わってしまうケースがある。これでは、倫理面の問題だけでなく、批判的思考の育成の面でも問題である。調べ学習では、NIEやメディアリテラシーとも併用し、児童生徒に多角的な立場からの情報収集をさせ、その収集した情報の相違に対するクリティカルな分析が欠かせない。たとえば、特定の社会問題のテーマに対し、複数の新聞の社説や論調の相違を、図書館などを活用して一定期間追わせることは有効であろう。

③**省察**（reflection）　総合学習では、先の心理教育の実践例もみられた。心の成長が著しい中・高生は、まさに批判的思考を獲得することが重要な時期であり、そのためには、自己を内省的に振り返る省察的な態度が欠かせない。児童生徒の省察を促すために、まず教師が自らを省察し、授業をモニタリングし、児童生徒と接しているかが問われている。児童生徒は教師の言動を省察的な態度により観察学習し、モデリング対象である教師の言動を採り入れ、あるいはクリティカルな視点で反面教師としている。

〔**武田明典**〕

に、対立する葛藤場面を投げかけたりする。詳しくは左記を参照。
台利夫（2003）『ロールプレイング　新訂』日本文化科学社

[9]　この役よりも積極的な発話の例では、「白熱教室」のハーバード大・サンデル教授の一連の書籍・DVDが参考となろう。
マイケル・サンデル／鬼澤忍（訳）（2010）『日本で「正義」の話をしよう：DVDブック：サンデル教授の特別授業』早川書房

[10]　このICT（Information and Communication Thechnology）は、情報通信技術や情報コミュニケーション技術と訳し、コンピュータの情報処理、および、ネットワークシステムの通信技術などの総称を指す。教師による効果的な教授法のひとつ、および、学習者による効率的な情報収集など、ICT教育として、近年、学校や企業においてさかんに導入されている。

2-15

大学初年次教育

――ジェネリックスキルを育む

高校から大学への移行をスムーズにするため、近年、**初年次教育**の導入が広がりつつある。[1] 川嶋[2]によると初年次教育は、「高校（と他大学）からの円滑な移行を図り、学習及び人格的な成長に向けて大学での学問的・社会的な諸経験を〝成功〟させるべく、主に大学新入生を対象に総合的につくられた教育プログラム」と定義されている。このように、初年次教育プログラムは、高校から大学への移行に関して、学習面だけでなく生活面や人格面を含めた総合的な支援を含みうるプログラムであると考えられるが、そこで「批判的思考力」の育成が取り上げられることも多い。[3]

初年次教育科目において、批判的思考が取り上げられることにはいくつか理由が考えられる。その理由の一つとして、まず、批判的思考自体が、高等教育における重要な教育目標の一つとみなされているため[4]、その導入科目である初年次教育科目でも取り扱われるということがある。特に近年は、学士課程教育全体を通した**ジェネリックスキル**の育成が教育目標として掲げられることも多く、そこには批判的思考に対応する項目も含まれている。[5] この観点から考えるならば、批判的思考の育成は専門教育を

[1] 文部科学省の調査報告(2013)によれば、二〇一一年における初年次教育導入率は、4年生大学の約88パーセントである。
　文部科学省（2013）大学における教育内容等の改革状況について。

[2] 川嶋太津夫（2006）「初年次教育の意味と意義」濱名篤・川嶋太津夫（編著）『初年次教育：歴史・理論・実践と世界の動向』丸善 pp. 1–12.

[3] 実際、初年次教育プログラムの中で扱われている内容を分類した検討においても、「批判的思考」の言葉が取り上げられている。
　河合塾（編）（2010）『初年次教育でなぜ学生が成長するのか：全国大学調査からみえてきたこと』東信堂

[4] Kurfiss, J.G.（1988）Critical thinking: Theory, research, practice, and possibilities. *ASHE-ERIC Higher Education Report, 2.* Washington, D.C.: Association for the Study of Higher Education.

含む学士課程教育全体で進めていくべきものであるが、実際には専門基礎教育の一部として、読解やライティングなどの教育を通して結果的に「批判的に考えられるようになる」といった授業が多いように思われる[6]。そのため、後に続く大学での学習のなかで、学生自らがその目標を明確化し、意識づけする意味でも、初年次教育において批判的思考を扱うことは重要となる。

批判的思考を初年次教育で学ぶことは、大学での**スチューデントスキル**[7]にもつながると考えられる。初年次教育科目の目標の一つとして、生活面での適応の支援も含まれるが、そこではカルト教団や悪質商法などにだまされないということも重要な側面となる。この際、批判的思考力を身につけることは一つの鍵となりうる[8]。

さらに、批判的に考えることは、大学での学習・研究を進めていくための基礎となりうる。専門性の高い知識の理解のために批判的に考えるプロセスは不可欠であり、さらに、研究を行うなどの**知識創造型**の活動においてはその重要性が高くなる。特に近年、大学教育の方法として、問題解決型の学習が取り入れられていることを考えると、基礎的な知識を獲得する際にも、批判的に考えるプロセスの重要性は高まっているといえる。

このような背景から初年次教育実践のなかで批判的思考が扱われているが、それらは批判的思考という観点から、授業テーマとして批判的思考を前面に打ち出したものであるか、授業のテーマは別にあるが批判的思考の育成も授業の一部として扱われる

[5] 例として、文部科学省が掲げる学士力や経済産業省が掲げる社会人基礎力が挙げられる。批判的思考力に対応する項目として、学士力では「論理的思考力」、社会人基礎力では「考え抜く力（シンキング）」が相当する。

[6] 山田礼子ほか（2002）私立大学における一年次教育の実際：「学部長調査」（平成一三年）の結果から『日本教育社会学会大会発表要旨集録』54, 206-211.

[7] 川島は初年次教育で扱われているスチューデントスキルとして、大学生に求められる一般常識や態度、学生生活における時間管理や学習習慣、健康の維持、リスク回避（カルト教団、薬物）などを挙げている。
川島啓二（2008）初年次教育の展開とGP事業『大学と生活』24-30.

[8] 菊池聡（2011）「疑似科学をめぐる懐疑的・批判的思考法」楠見孝・子安増生・道田泰司（編）『批判的思考力を育む：学士力と社会人基礎力の基盤形成』有斐閣 pp. 154-161.

ものであるかによって大別できると考えられる。前者のようなプログラム[9]においては、①選択科目であるなど初年次教育対象者の一部を対象とした授業となっている、②批判的思考を専門とする教員が独自にプログラムを作成している、③批判的思考についてその活用までを含む多様な観点から学ぶプログラムになっているという特徴が挙げられる。一方、後者のようなプログラム[10]においては、①必修科目であるなど初年次教育対象者の全体を対象とした授業も存在する、②批判的思考を必ずしも専門としない教員が担当することがあり、授業者がプログラムを作成していない場合がある[11]、③批判的思考について多様な観点から学ぶというよりは、それらを啓蒙する内容や限られた内容を扱うことが多いという特徴が挙げられる。

ところで、大学に入学した初年次の学生の多くは、批判的思考に関して初めてその用語や考え方、重要性について触れることになると思われる。そのため、学生が入学時に、批判的思考を身につけることについてどのように考えているか把握することは重要であろう。磯和ら[12]は、入学時の学生を対象とした調査を行っているが、批判的思考ができるようになりたいという**志向性**において、人によってさまざまな意見をもっていることを理解するといった社会的な側面（社会的クリシン）についてはそうなりたいと回答される傾向があるのに対し、論理や証拠を重視するなどの論理的な側面については、そうなりたいと回答される傾向が高くないことを示している。これにかかわって、廣岡ら[13]は、批判的思考を行う者に対して大学生がもつ親しみやすさが高くな

ならびに、花城梨枝子（2011）「消費者教育のための批判的思考力の開発」楠見孝・子安増生・道田泰司（編）『批判的思考力を育む：学士力と社会人基礎力の基盤形成』有斐閣 pp. 162-168.

[9]　この例として、楠見らは、1年生・前期に行われる入門セミナーにおいて、13回の授業全体を通じ、論理学・心理学・科学リテラシーの観点から批判的思考に関する題材を扱ったテキストを用いて討論を進めるプログラムを構成している。

楠見孝ほか（2012）批判的思考力を育成する大学初年次教育の実践と評価『認知科学』*19*, 69-82.

[10]　この例として、中山らは、全学共通の初年次教育プログラムにおいて、Project-based learningを中心とした実践を行っている。ここでは、学習の振り返り項目として批判的思考に関する項目が含められるとともに、15回の授業の2回分に批判的思考を扱った授業回が設けられている。

中山留美子ほか（2010）大学教育目標の達成を目指す全学的初年次教

いことを見出しており、このような側面が批判的思考の接近性を低めている可能性を指摘している。ただし、廣岡らの研究では、批判的思考に対する志向性の高い人は、批判的思考を行う人を親しみやすいと認知していることも見出されている。これらの結果から、多くの人が初めて批判的思考に触れることになる初年次教育においては、批判的思考に対する抵抗感を小さくするだけでなく、批判的思考の良い点（多面的に考えるなど）に気づかせるなど、批判的思考ができるようになりたいという志向性を向上させることが重要であると考えられる。

では、初年次教育科目の受講によって、批判的思考にかかわる側面はどのように変化するのであろうか。楠見ら[9]における実践においては、批判的思考態度、批判的思考能力、批判的学習スキル、メディアリテラシーにおいて得点の上昇がみられている。さらに中山ら[10]のプログラムに関して中島ら[14]は、「考える力」を身につけたいという意欲について、初年次教育科目を受講していなかった学生より受講していた学生が、半期のプログラム受講後の得点が高いことを見出している。このように、初年次教育において批判的思考を扱うことにより、批判的思考の力が育まれるだけでなく、その後の大学生活における批判的思考の成長につながるような志向性にかかわる側面の育成も促されると示唆される。今後は、初年次教育科目において批判的思考にかかわるどのようなプログラムを行うことが、批判的思考ならびに大学移行にかかわる他の側面にどのような影響をもたらすか、さらなる検討が求められる。

〔**中西良文・南　学**〕

育の導入『京都大学高等教育研究』16, 37-48.

[11] なお、このようなプログラムにおいて活用が可能なパッケージ化された教材も現在作成されている。
楠見孝・子安増生（監修）（2010）『クリティカルシンキング：情報を吟味・理解する力を鍛える』ベネッセコーポレーション

[12] 磯和壮太朗ほか（2009）大学生における社会的クリティカルシンキングの発達（1）『第15回大学教育研究フォーラム 発表論文集』72-73.

[13] 廣岡秀一ほか（2000）クリティカルシンキングに対する志向性の測定に関する探索的研究『三重大学教育学部研究紀要（教育科学）』51, 161-173.

[14] 中島誠ほか（2010）学士力に対応した全学的初年次教育の展開④：修学達成度評価における受講生・非受講生の比較『第16回大学教育研究フォーラム発表論文集』52-53.

2-16

大学教養教育

——市民リテラシーを育む

教養教育[1]という呼称が広く使われるようになったのは、一九九〇年代に入ってからである。藤本によると、その背景として、一九九一年に実施された大学設置基準の大綱化が挙げられる。その結果、幅広い知識を身につけるための「一般教育」と、専門的な知識を身につけるための「専門教育」がこれまで大学教育の二つの柱とされてきたのに対し、この大綱化において、一般教育と専門教育に関する科目の規定が緩和されたという。本項は、大学教育における教養教育を定義するものではないため、さらなる議論は行わないが、今日の大学教育における教養教育は、少なくともカリキュラム上の一般教養科目と異なることが推察できる。

それでは、大学教養教育によって育成が図られる批判的思考の態度、スキルとはどのようなものだろうか。この点について議論を深めるためには、まず、今日の大学教育によって育成される教養について検討する必要があるだろう。たとえば、二〇〇八年に、文部科学省によって提唱された**学士力**（スチューデントスキル）においては、**汎用的技能**（ジェネリックスキル）の重要性が指摘されている。あるいは、経済産業

[1] 藤本夕衣（2012）「教養教育」京都大学高等教育研究開発推進センター（編）『生成する大学教育学』ナカニシヤ出版 pp. 58-64.

省が提唱する**社会人基礎力**における、「アクション」「シンキング」「チームワーク」は、現代日本に生きる者にとって、教養に相当する資質であると考える。

このような汎用的技能や社会人基礎力と、批判的思考の態度やスキルはどのように関係するのだろうか。批判的思考態度とは、平山・楠見[2]では、「客観性」「論理的思考への自覚」「探究心」「証拠の有無」とされる。このような態度に基づく、問題状況における目標設定は、田中・楠見[3]では、批判的思考の個人内変動に資する機能を有するとされる。田中・楠見[3]では、省略三段論法課題における、実験参加者の暗黙の前提と信念の合致度と、実験参加者の反応との関連について検討している。その結果、信念に合致する課題文に対しては、目的にかかわらず同意する割合が高いという結果を得ている。これは、批判的思考の活性化に対する信念の影響を示す知見であるといえるだろう。また、沖林ら[4]においても、情報信頼性が高い場合、批判的思考に基づく判断が高いという結果を得ている。このように、批判的思考に基づいて判断が行われる過程において、その個人内変動の果たす役割については、今後さらなる検討が求められる。

一方、大学の教養教育で育成が求められる批判的思考のスキルとはどのようなものだろうか。楠見[5]はそのスキルについて、**市民リテラシー**であると述べている。これは、高次の思考スキルと経済、政治、健康などの対象領域のリテラシーからなるとされる[6]。さらに、市民性（citizenship）教育の中核には、市民が自律的な責任感をもっ

[2] 平山るみ・楠見孝（2004）批判的思考態度が結論導出プロセスに及ぼす影響：証拠評価と結論生成課題を用いての検討『教育心理学研究』*50*, 186-198.
　項目1－8「批判的思考の態度」も参照。

[3] 田中優子・楠見孝（2011）「批判的思考の抑制：なぜ発揮されないか」楠見孝・子安増生・道田泰司（編）『批判的思考力を育む：学士力と社会人基礎力の基盤形成』有斐閣 pp. 87-109.

[4] 沖林洋平・藤木大介・犬塚美輪（2013）事前情報がリスク語ＩＡＴに対して及ぼす影響。人工知能学会 第69回 言語・音声理解と対話処理研究会（SIG-SLUD）pp.////

[5] 楠見孝（2011）「批判的思考とは」楠見孝・子安増生・道田泰司（編）『批判的思考力を育む：学士力と社会人基礎力の基盤形成』有斐閣 pp. 2-5.

[6] 項目3－1「批判的思考とリテラシー」を参照。

て社会にかかわり、問題解決、投票行動、倫理的・道徳的判断を行うことができるように、市民リテラシーの教育を行うことが必要であるとされる。

大学における教養教育において、「汎用的技能」「社会人基礎力」の育成が求められるジレンマは、教養に市民リテラシーとしての批判的思考態度やスキルを内包するかどうかに関する世代間の意識のずれにあるとも考えられる。この問題は、批判的思考は、大学などの教育機関にて教育者によって教わるものなのか、市民が市民性を獲得する過程において無意図的に獲得するものなのか、という批判的思考の教育観に関係するものであるかもしれない。少なくとも、今日の日本の大学教育課程においては、市民リテラシーなどの高次リテラシーとしての批判的思考は、教授必要と位置づけられる場合が多い。

これに関しては、たとえば林・山田[7]は、批判的思考をメタ認知や心の理論とバランスよく獲得することによって、教養教育を身につけた大学生（ここでは、大学2、3年生）が、**リサーチリテラシー**（研究リテラシー）[8]を活用するレディネスを身につけることを提案している。ここでの批判的思考とは、道田ら[9]に基づいて、何事も無批判に信じ込んでしまうのではなく、問題点を批評し、判断すること、とされている。このような批判的思考とメタ認知、心の理論の三つをバランス良く身につけることが、大学教育課程の最終目標の一つである卒業研究を遂行するためのリサーチリテラシーを身につける必要条件ともなる。林・山田[6]はこのような批判的思考の育成法の一つと

[7] 林創・山田剛史（2011）『大学生のためのリサーチリテラシー入門：研究者のための8つの力』ミネルヴァ書房

[8] 項目3－2「学問リテラシーと研究リテラシー」を参照。

[9] 道田泰司・宮元博章・秋月りす（1999）『クリティカル進化（シンカー）論：「OL進化論」で学ぶ思考の技法』北大路書房

して、結論を支える**隠れた前提**に対して自覚的に気づくことができるスキルを身につけることの重要性を指摘している。たとえば、隠れた前提を見抜く場合、書き手の意図や当該語句の叙述的定義に自覚的であることに対するトレーニングが重要であるとされる。

これに関して、伊勢田ら[10]では、批判的思考の育成について、知識、スキル、態度の3側面からの複合的視点の重要性に基づいた高等教育のテキストがある。ここでは、喫煙の是非を問うものや血液型性格判断に対する態度のような比較的古典的なものから、脳神経科学の実用化や地震の予知など近年注目を集めるようになったものまで、さまざまなトピックを精選して批判的思考の知識、スキル、態度の育成に関する実用的なトレーニングが紹介されている。さらには、主として対立する議論に関する形式論理による問題の把握から意思決定に至る過程について、ベン図やマトリックスなどの具体的手法を紹介しながら批判的思考の習得を経験することができる。

このような批判的思考の育成を円滑に行うためには、トレーナーの研修の充実と育成手法の洗練が必要である。それは大学教養教育で批判的思考を育成するうえで、有効な手段になりうる。

〔**沖林洋平**〕

[10] 伊勢田哲治・戸田山和久・調麻佐志・村上祐子（編）（2013）『科学技術をよく考える：クリティカルシンキング練習帳』名古屋大学出版会

2-17 大学専門教育

——専門教育で求められる思考

日本の大学は、幅広い知識を身につけるための一般教育（教養教育）と、専門的な知識を身につけるための**専門教育**とを大学教育の二つの柱としてきた。しかし、一九九一年に実施された**大学設置基準の大綱化**により、一般教育と専門教育に関する科目の規定が緩和され、多くの大学に存在していた教養部が廃止・改組され、専門教育を重視する傾向が生まれた[1]。しかし、社会のグローバル化が進み、広い視野が求められる時代にもなり、近年は教養教育を見直す動きが強まっている。これにより、専門教育の位置づけも明確になりつつある。たとえば、国立大学における**ミッションの再定義**[2]は、とりわけ専門性が高い医学、工学、教員養成の三つの分野から始まった。教員養成系学部では、教員を養成するうえでの専門教育が見直され、カリキュラムもそれに特化しつつある。ただし、こうした流れは学ぶべき内容が明確になる一方で、学生が自発的に多様に考える機会を奪うことにもなりかねない。そこで、専門教育において思考力の育成がますます求められるのである。

それでは、専門教育で求められる思考は何であろうか。道田[3]は、六つの専門分野

[1] 藤本夕衣（2012）「教養教育」京都大学高等教育研究開発推進センター（編）『生成する大学教育学』ナカニシヤ出版 pp. 58-64.

[2] 「ミッションの再定義」とは、各国立大学と文部科学省が意見交換を行い、研究水準、教育成果、産学連携等の客観的データに基づき、各大学の強み・特色・社会的役割（ミッション）を整理したものである（左記・文部科学省のホームページより）。
http://www.mext.go.jp/a_menu/koutou/houjin/1341970.htm

[3] 道田泰司（2009）異なる専門分野を通して育成される思考力『日本心理学会第73回大会論文集』920.

（人文科学：国文学と応用言語学、社会科学：法律学と歴史学、自然科学：建設工学と生産環境学）の大学教員六人と、各教員のゼミに所属する卒業年次の学生六人に、その分野を学ぶことで育成される思考力についてインタビュー調査を行っている。その結果、「客観的な根拠をもとに、飛躍や矛盾なく論理的に整合的な議論が進められているか」という**論理性**がどの分野にも共通し、この論理性は教員や他のゼミ生などとのディスカッションを通して高められていた。また各分野の方法論（語の解釈、比較、条件統制など）を通して、他の可能性排除などの論理性も学ばれており、それを身につけることで学生は「研究者のように考える」ことが可能になるようであると報告している。これを踏まえ、専門教育で求められる思考とは、各専門分野の方法論などの専門知識をしっかりと身につけ、他人からの批判に耐えうる議論を構築できる力であることが、道田[4]において示唆されている。

一口に専門教育といっても、そこには卒業研究（卒業論文）をゴールとし、その研究にいたるまで講義・演習・実習などさまざまな種類とレベルの科目が用意される。道田[5]は、批判的思考力の育成という観点から、専門教育の導入期（学部2年生頃）には「他人からの批判に耐えうる議論を構築できる力」の基礎として**疑問をもつこと**の必要性を示唆している。その教育実践として、教職課程履修者を主な対象とした「教育心理学」の授業において、グループを構成し、学生が質問するだけなく、他者の質問を見聞する場面を豊富に設けることで、「質問せざるをえない状況」を複数作り出

[4] 道田泰司（2011a）「良き学習者を目指す批判的思考教育：研究者のように考えるために」楠見孝・子安増生・道田泰司（編）『批判的思考力を育む：学士力と社会人基礎力の基盤形成』有斐閣 pp. 187–192.

[5] 道田泰司（2011b）「質問力向上を目指した授業」楠見孝・子安増生・道田泰司（編）『批判的思考力を育む：学士力と社会人基礎力の基盤形成』有斐閣 pp. 207–212.

[6] 花城梨枝子（2011）「消費者教育のための批判的思考力の開発」楠見孝・子安増生・道田泰司（編）『批判的思考力を育む：学士力と社会人基礎力の基盤形成』有斐閣 pp. 162–168.

[7] 山田剛史・林創（2011）『大学生のためのリサーチリテラシー入門：研究のための8つの力』ミネルヴァ書房
項目3－2「学問リテラシーと研究リテラシー」を参照。

している。その結果、この授業で身につけた**質問力**が、その後の大学生活や日常生活で「疑問をもって考える」ための契機の一つとなりうることが示唆されている。

花城[6]は、教育学部家政教育専修3年生を対象にした、消費者教育における批判的思考力の育成の教育実践を報告している。具体的には、消費生活を論題（「クレジットカードはすばらしい」）としたディベートと、「あやしげな」通販チラシ（「XXでこんなに痩せました」）をクリティカルな質問で分析することを授業で実施した。この授業は、将来家庭科の教員になる学生を対象とした教材研究・教材作成のための授業である。それゆえ、ディベートでは高校家庭科向けの論題を設定し、通販チラシ分析では高校生が実際に読む雑誌から教材となる広告を選んで分析するため、教員養成として専門性の高い授業であるが、その過程で学生自身も、主張のあいまいさ、偏り、非論理性などを見極める批判的思考スキルを身につけることができるという。

さらに、学部の専門が本格化する2〜3年生の時期には、卒業研究に向けて専門分野の方法論を把握し、学術論文を読みこなす力を身につけていくことが求められる。しかし、これは一般の学生にとってはハードルが高い。そこで、こうした力を育成するには、さまざまな工夫やしかけが必要となる。第一に、批判的思考やメタ認知を土台とした研究の基礎力となる**リサーチリテラシー**[7][8]を教える機会が重要と考えられる。実際にその指導によって、学部3年生がさまざまな見方を生成し、批判的思考態度が向上することも報告されている[9]。第二は、各専門科目の学術論文を参考に、意図的に

[8] 谷岡は、社会調査の文脈でリサーチリテラシーのことを「事実や数字を正しく読むための能力」と呼んでいるが、ここでは、もう少し広く「調査をはじめ、研究を遂行するために必要な基礎的能力」ととらえる。
谷岡一郎（2000）『「社会調査」のウソ：リサーチ・リテラシーのすすめ』文春新書

[9] 林創・山田剛史（2012）リサーチリテラシーの育成による批判的思考態度の向上：『書く力』と『データ分析力』を中心に『京都大学高等教育研究』18, 41-51.

[10] Meltzoff, J.（1998）*Critical thinking about research : Psychology and related fields.* Washington, DC : APA.［J・メルツォフ／中澤潤（監訳）（2005）『クリティカルシンキング　研究論文篇』北大路書房］

欠陥を設けた架空の論文を用意し、その欠陥を見つけるトレーニングをさせるというものである。心理学の分野ではこれを目的としたテキストも存在し[10][11]、例題を通じて、測定の信頼性と妥当性、統制群の設定、適切な検定方法、考察の妥当性などを学び、専門科目に必要なセンスや発想法、科学的な思考法を育成可能である。もちろん、専門を学び始めたばかりの学生にとっては、初年次教育で批判的思考を学んだとしても、それを専門の学術論文の読解で展開することはすぐには難しい。しかし、回答のモデルを例示したガイダンスを配布することで、批判的な指摘も増えることが報告されている[12]。さらにレベルが高いものとして、「学生が論文を審査する査読者になる」というゼミ形式の授業の有効性も紹介されている[13][14]。

ベネッセ教育研究開発センターが、全国の大学学部長を対象に実施した調査[15]によると、学生の「批判的思考力」が「身についている＋まあ身についている」という回答は46パーセントであった。「文章読解力」（73パーセント）、「（日本語の）ライティングスキル」（70・3パーセント）などと比較しても低く、学部長からの視点という点を差し引いても、学生の批判的思考力は決して高くはないといえよう。しかし、ここで紹介した教育実践など、工夫に富んださまざまな教育方法が発展していくことで、大学の専門教育において求められる「各専門分野の方法論などの専門知識をしっかりと身につけ、他人からの批判に耐えうる議論を構築できる力」を高めていくことができるであろう。

〔**林　創**〕

[11] 大野木裕明・中澤潤（編著）(2002)『心理学マニュアル　研究法レッスン』北大路書房

[12] 沖林洋平（2004）ガイダンスとグループディスカッションが学術論文の批判的な読みに及ぼす影響『教育心理学研究』52, 241-254.

[13] 市川伸一（2001）「研究の展開：研究計画から発表・論文執筆まで」南風原朝和・市川伸一・下山晴彦（編）『心理学研究法入門：調査・実験から実践まで』東京大学出版会 pp. 219-240.

[14] 市川は、研究者の縮図的活動を「Researcher-Like Activity（RLA）」と呼んでおり、その中核部分を学習者が行ってみるものとして、「論文を審査する査読者になる」といった例を挙げている。

[15] 樋口健・三代祐子（2010）日本の大学における汎用的なスキル・能力育成の現状と課題『日本テスト学会第8回大会発表論文抄録集』14-15.

2-18 看護教育

——ケアの質を自ら高める

看護教育における批判的思考の導入の背景は、米国と日本では契機および実践で異なる。二〇一〇年、全米看護協会（ＡＮＡ）は批判的思考と**看護過程**は同義語としてとらえ、実践の標準を看護過程と同じ批判的思考モデルで立証されるコンピテンシーで説明した[1]。看護過程とは六つの標準からなり、ケアする対象のアセスメント、看護診断、アウトカムの明確化、計画、介入、評価を意味する。

後述のとおり、批判的思考が早期に看護教育に導入された背景として、三つの契機が挙げられる。①医療・看護現場における不確かさに対する可視化への取り組み。②看護過程と批判的思考の類似・相補関係性の気づき。③看護の独自性の明確化である。

■批判的思考と看護の可視化

フォックス[2]は、社会学の観点から医学教育における医療の不確かさへの思考の訓練の必要性を指摘した。呼応するように医学教育は**ＰＯＳ**（問題志向型記録システム）を導入し、看護教育では看護過程という様式のケアの可視化を試みた。ここでは、マ

[1] American Nurses Association (2010) *Scope and standards of practice*, 2nd Ed. pp. 3-10.

[2] Fox, R.C. (1957) Training for Uncertainty. In Merton, R. K., Reader, G. G. & Kendall, P. L. (Eds.) *The Student-Physician : Introductory studies in the sociology of medical education*. Massachusetts : Harvard University Press. pp. 207-241.

ニュアル化できない不確かな状況や予測できないことへの対応・行動を含めた医療・看護の可視化は、そのプロセスの思考を記述する工夫が必要である。

オーランド[3]の提唱する看護過程記録は「看護師が自分の反応（自分の知覚―思考―感情の流れ）を意識的に表出し、自分が患者の言動をどのように知覚し、考えたり感じたりしているかを患者に伝えること」である。それにより双方の言動に対する反応が表出され、「知覚・思考ならびに感情は、観察可能な行為を通じて」患者のその場のニードが可視化される。しかし、患者と看護師・人と人との相互作用の過程を可視化しようと試みた看護過程は、その後、看護問題や予測困難な課題の解決技法へと変わっていった。一九八〇年代になり、ヘルスケア環境の急激な変化に対応する看護能力が求められ、看護過程は臨床判断や意思決定のスキルや方法論として変化しながら、一九九〇年代には批判的思考が看護過程と同義語とし適用されるようになった。

■批判的思考と看護過程の類似性

批判的思考は一九四〇年代にカリフォルニアを中心にスタートし、一九八〇年代になるとカリフォルニア州立大学において批判的思考の習得は卒業要件となった。米国での批判的思考を教育に導入するにあたり、エニス[4]やシーゲル[5]は、教員、教育システム、定義の解釈の違いなどの問題について懸念を示している。文献から推察すると、批判的思考の定義や「考える」ことをめぐって教育学・哲学・心理学領域においてさ

[3] 池田明子（2008）「I・J・オーランド（Orlando）：看護過程記録（プロセスレコード）による訓練の有効性」筒井真優美（編）『看護理論：看護理論20の理解と実践への応用』南江堂 p. 139.

[4] Ennis, R.H.（1985）Critical thinking and the curriculum. *National Forum : Phi Kappa Phi journal*, 65, 28-31.

[5] Siegel, H.（1985）Educating reason : Critical thinking, informal logic, and the philosophy of education. *Informal Logic*, 7, 69-81.

まざまな真摯な論議が繰り返されている。米国の看護教育においても同様のプロセスを辿るが[6]、それでも単なる「考える」とは異なり、批判的思考は「目的と制御」をもつ良質の考え方であることと看護過程との類似性ゆえ、継続して活用されてきた。

批判的思考と看護過程の類似点は、双方のプロセスと構成要素にある。看護過程で必要な認知的活動を、批判的思考の構成要素とプロセスが説明している。たとえば、批判的思考の定義[7]「根拠的そして内省的な思考であり、信念や行動の決定をする」をみると、**根拠的思考**は看護に必要な根拠・エビデンスに基づく問題解決能力、**内省的思考**はケア介入前後の内省力、**信念と行動のための意思決定**は看護介入・実践の判断へとつながり、看護実践プロセスそのものといえる。また、構成要素とプロセス[8]を具体的にみると、**情報の明確化**、**情報の分析**（推論の基盤の検討、推論）、**行動決定**は看護過程の流れと似て、看護活動における推論と問題解決のプロセスである。さらに、「実行する過程とそれをモニターする過程」「他者との相互作用を用いて能力・態度を促進する実践」なども同様で、看護実践力を発揮するうえで相補関係にある。

全米看護連盟（NLN）は、一九九一年に、批判的思考を看護教育に取り入れることを義務づけている。しかし、批判的思考の定義の多様性ゆえからか、NLNの批判的思考についての定義はなされず、それぞれのプログラムに定義と評価は委ねられた。その結果、看護教育の現場では「ケアの質の保証と向上」を求め、混乱を解消するためにコンセンサスを得た批判的思考の定義が必要になった。

[6] Tanner, C.A. (2000) Critical thinking: Beyond nursing process. *Journal of Nursing Education, 39,* 338.

[7] Norris, S.P. & Ennis, R.H. (1989) *Evaluating critical thinking.* pp. 3-20. Pacific Grove: Critical thinking press & software.

[8] 楠見孝 (2011)「批判的思考とは」楠見孝・子安増生・道田泰司（編）『批判的思考力を育む：学士力と社会人基礎力の基盤形成』有斐閣 pp. 2-24.

■批判的思考の領域固有性と看護の独自性

米国看護教育において、批判的思考の看護の独自性（領域固有性）に焦点を当てたのはシェファー、ルーベンフェルド、アルファロである。一九九〇年、米国哲学協会（APA）のデルファイ法を用いて抽出した批判的思考の定義が示され[9]、多くの看護研究や実践に活用された。しかし、医療の進化に伴いより高度な専門性が求められ、期待して導入した批判的思考の評価がなされた。

一九九五年にルーベンフェルドは批判的思考の領域固有性と看護の独自性に注目し、APAと同様の手続きでデルファイ法を用い、看護における批判的思考の10の特徴と7つのスキルを抽出した[10]。米国の看護誌『*Nursing Education*』[11]は批判的思考の特集を組み、シェファーとルーベンフェルドのデルファイ法による研究を取り上げた。

一方、アルファロは批判的思考を看護過程と看護診断との関係でとらえ、「臨床判断を超えて[12]」個の変容に注目。使い分けが混乱していた批判的思考と臨床的根拠および臨床判断を識別した。また、**4ーサークル批判的思考モデル**[13]を提示し、批判的思考能力は、批判的思考特性（態度／行動）、理論的・経験的知識（知的スキル／コンピテンシー）、技術的スキル／コンピテンシー、相互作用スキル／コンピテンシーの四つが重なる領域で育成されるととらえた。さらに、批判的思考は複雑なプロセスであり、状況や何を達成するかによって変化し、それゆえ、「批判的思考には唯一の正しい定義はない」と指摘した。

[9] 項目1―1「近代知としての批判的思考」を参照。

[10] 10の特徴とは、「自信、状況認識、創造性、柔軟性、探究心、知的誠実さ、直感、偏見のない開かれた心、忍耐力、内省」で、7つのスキルとは「分析、基準の適用、識別、情報の探索、論理的推論、予測、知識の変換」である。とりわけ、創造性と直感の特性と知識の変換スキルを、他分野との差異として指摘している。

Rubenfeld, M.G. & Scheffer, B.K. (2010) *Critical thinking tactics for nurses : achieving the IOM competencies*. Boston : Jones and Bartlett.

[11] Scheffer, B.K., Rubenfeld, M.G., et al. (2000) A consensus statement on critical thinking in nursing. *Journal of Education, 39*, 352-359.

■批判的思考の日本の看護教育への導入と課題

米国の看護雑誌『看護教育』の批判的思考の特集から二年後、二〇〇二年に日本の看護雑誌『看護教育』は批判的思考の特集を組んだ。同じ頃、野地ら[14]による看護教育における批判的思考が紹介され、ルーベンフェルドが来日し講演を行っている。しかし、批判的思考は日本の看護教育にあまり浸透していないのが現状で、その要因はさまざまである。米国の批判的思考の自主発生的な文化的土壌、哲学・教育・心理・看護などの学際的多様性のなかで洗練された学術的背景、そして社会・医療から要求される看護への高度専門的要求の緊急性などが日米間の差異として示唆され、今後考慮すべきであろう。

批判的思考の看護教育への導入に際する課題は、効果的な啓蒙である[15]。初年次教育から学年進行に伴う専門科目全体を俯瞰したカリキュラム開発も急務である。そして個および専門職人として自己成長へつながる「知的公平性[16]」などを身につけるために、また、自らのケアの質を高めるべく「自分という素材に刻む[17]」痛みへの自助努力へのチャレンジにも何らかの支援が望まれる。

■批判的思考の育成を見据えたカリキュラムの例

看護教育がめざすものは大学の教育目標に沿って異なるが、実践学としての実践知の育成という点で共通している。批判的思考を実践知の育成の鍵概念として位置づけ

[12] Alfaro-LeFevre, R. (2013) *Critical thinking, clinical reasoning, and clinical judgment: A practical approach.* St.Louis, MO: Elsevier.

[13] Alafora-LeFevre, R. (2014) Critical thinking indicators (CTIs): 2014 Evidence-Based version. (www.AlfaroTeachSmart.com)

[14] 野地有子・牧本清子（編著）(2001)『楽しく学ぶクリティカルシンキング：根拠に基づく看護実践のために』廣川書店

[15] たとえば、批判的思考は自分の考えの傾向を知り、新しい思考の習慣を身につけるためのものであり、それが良質のケアリングにつながり人々への健康支援に直接的に影響するということを説明できる。

[16] Paul, R. & Elder, L. (2001) *Critical thinking: Tools for taking charge of your learning and your life.* Upper Saddle River, N.J.: Prentice Hall. [R・ポール、L・エ

て取り組むカリキュラムの例[18]を挙げる。

まず、卒業時到達目標の一つに看護実践力を挙げ、既習知識を統合する演習や実習を通して臨床判断・クリティカルシンキング（知識・推論・技術・感性）を目標達成プロセスの中心におくカリキュラムである。導入のねらいは、①学生の支援（学士力の育成と個の成長）、②常に変化する人と環境に、柔軟かつ適切に対応するための学習推進力育成の支援、③教員の教育の質の向上である。学年の進行に伴い、テーマと批判的思考の名称科目を配置した[19]。

基本導入は初年次教育に位置づけ、夏季休暇前に課題教材[20]を配布する。秋学期に、「看護理論：人と環境の相互作用」の科目のなかで理論と関連して批判的思考の基本を講義（2コマ）し、続けて看護理論家の「人」や「環境」に対する考え方や前提をグループワークでまとめ、理論の成り立ちを理解する。「データに基づく思考」の学びは、保健統計学で学期末に講義（3コマ）。それぞれの評価を行い、学生の特徴の理解と効果的な指導に反映する試みをしている。学年進行に伴う取り組みと批判的思考の測定による評価は継続課題であるが、他科目のレポートに「クリティカルシンキングで学んだこと」などの記述がみられ、講義や意識づけを通して批判的思考を「心の習慣」として涵養しつつあることが推察される。

〔**津波古澄子**〕

ルダー／村田美子・巽由佳子（訳）『クリティカルシンキング：「思考」と「行動」を高める基礎講座』東洋経済新報社 pp. 21-48.］

［17］ Carrel, A. (1935) *Man the unknown*. New York: Harper & Brothers.［A・カレル／渡部昇一（訳）(2007)『人間この未知なるもの　新装版』三笠書房 pp. 289-290.］

［18］ 上智大学総合人間科学部看護学科カリキュラム構築モデル (2011)

［19］ たとえば、他大学の科目名称「フィジカル　アセスメント」を「クリティカル・シンキング：ヘルス アセスメント」、看護過程を「クリティカル・シンキングⅡB：看護過程演習」と科目名称も批判的思考を意識づける。

［20］ 楠見孝・子安増生（監修）(2010)『クリティカルシンキング：情報を吟味・理解する力を鍛える』ベネッセコーポレーション

2-19

諸外国の批判的思考教育

――オーストラリア／シンガポール／タイ

これまでアメリカを中心とした欧米諸国で積極的に行われてきた批判的思考教育への取り組みは、近年、他の国々でもみられるようになってきている。ここでは、アジア太平洋地域からオーストラリア、シンガポール、タイの三カ国を事例とし、各国の教育政策に焦点を当てながら紹介する。

■オーストラリア

オーストラリアは、ジェネリックスキル[1]の教育や高等教育のアウトカムに力を入れている国の一つである。オーストラリアは、日本と同様に、経済開発協力機構（OECD）が実施する高等教育における学習成果を評価するAHELO[2]のフィジビリティスタディ[3]に参加している。参加理由として、従来の研究成果に基づく大学ランキングを補う有益な情報をAHELOが提供することを挙げており、同国のアウトカム評価を重視する姿勢が現れている。

オーストラリアの教育・雇用・職場関係省は、一九九八年に、高等教育に関する報

[1] 項目3-2「学問リテラシーと研究リテラシー」を参照。

[2] Assessment of Higher Education Learning Outcomes

[3] 実現可能性を検討する予備調査。

告書を出し[4]、大学生が卒業時に獲得すべき**ジェネリックアトリビュート**の枠組みをまとめた。これらの特性は、「批判的、概念的、反省的に考える能力」「多面的な問題解決スキル」「効果的なコミュニケーションスキル」などの7項目から構成されている。この報告書以降、オーストラリアのすべての大学は、ラーニングアウトカムとして自身の大学の卒業生に身につけてほしい特性を**卒業特性**（Graduate Attribute）として設定するよう求められている。主要29大学の卒業特性をまとめたリスト[5]をみてみると、批判的思考や問題解決スキルは、半数以上の大学が卒業特性のなかに含めており、オーストラリアの高等教育のアウトカムとして、これらが重視されていることがみてとれる。

　このような政府や高等教育機関の動向に関連して、批判的思考を含むジェネリックスキルの評価も行われている。たとえば、ホブソンズ[6]が受験者向けに毎年刊行している大学情報ガイドブックにはジェネリックスキルの項目が設けられており、各大学のジェネリックスキル教育のレベルを5段階で評価している。五つ星や四つ星を獲得した大学には、モナッシュ大学のような伝統大学だけでなく、ラトローブ大学やニューキャッスル大学などの研究重点大学も含まれている。

　ジェネリックスキルを測定するテストとしては、オーストラリアの非営利団体ＡＣＥＲ[7]が実施する**GSA**[8]が挙げられる。二〇〇〇年に開発されたＧＳＡは、大きく「批判的思考」「問題解決」「対人理解」「文書コミュニケーション」の4領域から構成さ

[4] Department of Employment, Education, Training and Youth Affairs (1998) Learning for life: Review of higher education financing and policy. *Commonwealth of Australia.*

[5] Precision Consultancy. (2007) *Graduate employability skills: Prepared for the business, industry and higher education collaboration council.* Canberra, A.C.T.: Dept. of Education, Science and Training.

[6] Hobsons. www.hobsons.com/apac

[7] Australian Council for Educational Research

[8] Graduate Skills Assessment

れる。使用方法としては、新入生を対象に実施し、批判的思考や問題解決を教育するうえで特別な支援が必要な学生がいないか診断的に用いることや、学生が就職活動をする際にポートフォリオにGSAの結果を用いることなどが想定されている。

日本においても、近年は、大学のアウトカム評価やジェネリックスキル教育が着目されるようになっている。教育や評価方法を導入する際には、成功例や課題も含めてオーストラリアの取り組みについてさらに検討することで有益な示唆が得られるだろう。

■シンガポール

シンガポールは、国土面積は東京都23区程度で人口は約五三〇万人から構成される都市国家である。[9] 国土が限られているため食料などの対外依存度は高く、輸出依存度も高いため国際経済情勢の影響を受けやすい。国を存続させるには国際経済のなかでの競争力がなければならない。そのためには市民の知的資本を活用することが欠かせない。教育は国が社会経済的に発展する主要な手段ととらえられており、特に一九九〇年代から教育改革が急速に行われている。近年打ち出された新しい教育方針では、旧来の知識伝達型学習から方向転換し、批判的思考を含む思考教育が重視されている。

たとえば、一九九〇年代後半には、受動的な暗記学習からの脱却をめざして、当時

[9] United Nations. (2014) Population and Vital Statistics Report.

のゴー・チョクトン首相のもと、初等教育から高等教育までのすべての教育レベルでカリキュラムの見直しが行われた。ゴー元首相が打ち出した**考える学校、学ぶ国家**（Thinking Schools, Learning Nation）という提案では、思考スキルを備えた能動的学習者を育てることや、学校内において批判的思考や創造的思考の文化を育むことが強調されている[10]。また、二〇一〇年には、シンガポール教育省は**21世紀コンピテンシー**を掲げ、21世紀に生徒たちが獲得すべきコンピテンシーの枠組みを示した。批判的思考は、このなかで、「情報とコミュニケーションスキル」「市民リテラシー・グローバルアウェアネス、異文化スキル」とともに、グローバル化された世界において必要なスキルの一つとして組み込まれている。

批判的思考教育への流れを作ったゴー元首相は、当時行ったスピーチにおいて、次のように述べている[11]。「過去にうまくいったことが将来もうまくいくかどうかはわからない。（中略）わが国の若者たちが将来直面する新しい問題が何かもわからないし、まして問題の答えや解決策を与えることはできない。しかし、若者たちが直面する新たな問題が何であれ、彼らが自ら考え、自ら解決策を見出すことができるようにしなければならない」。シンガポールの批判的思考教育政策は、都市国家として国際社会で発展していくという切実な国家戦略と密接に関係していると考えられる。

[10] Tan, J. & Gopinathan, S. (2000) Education reform in Singapore: Towards greater creativity and innovation? *NIRA Review*, 5-10.

[11] Sim, J. & Print, M. (2005) Citizenship education and social studies in Singapore: A national agenda. *International Journal of Citizenship and Teacher Education*, *1*, 58-73.

■タイ

タイの現行の教育制度は、「一九七七年　国家教育計画」の流れを汲んでいる。[12]仏教に根ざした誠実さや親切さなどの伝統的な道徳的価値観やタイ人としてのアイデンティティを重視しつつも、近年は、急速に変化する社会に対応することを鑑みて、従来の知識偏重主義から、社会のなかで批判的に考え、問題解決を行う能力が重視されるようになってきている。[13]たとえば、国内のすべての教育を対象とする一九九九年に公布された国家教育法では、その第四章「国家教育ガイドライン」[14]において、「学習者が批判的に考えたり、読書習慣を身につけるようにすること」や「知識、批判的思考、能力、徳、社会的責任がバランスよく発達」するよう教育カリキュラムを構成することなどが示されている。

一方で、タイの研究者や教育者の間では、生徒や学生が批判的思考能力を十分身につけていないことが重要な問題とされてきた。このような背景には、ほとんどの授業が知識伝達型で行われていることや、「教授学習とは教師が権威として存在する教室で行われるもの」という伝統的な考え方があることが指摘されている。[13]ブラナパタナ[13]は、タイ人の学生は「教師は優れていて学生は劣っている」と感じる傾向があるため、自分が教師の意見と異なる意見をもっていたとしても、それを表出する自信をもつことができなかったり、あるいは、教師の意見のほうが自分の意見より良いはずだと考え、教師の意見に追従する可能性があると指摘している。ブラナパタナは、自身

[12] Pitiyanuwat, S. & Sujiva, S. (2005) *Civic education in Thailand : Policies and practices in schools.* Chulalongkorn University Press.

[13] Buranapatana, M. (2006) Enhancing critical thinking of undergraduate Thai students through dialogic inquiry. (Doctoral thesis, The University of Canberra, Australia)

[14] Office of the National Education Commission. (2003) National Education Act B.E. 2542 (1999) and Amendments (Second National Education Act B.E. 2545 (2002)). Bangkok, Thailand : Pimdeekarnpim.

の批判的思考授業実践研究において、当初は教師として学生のディスカッションに参加する一メンバーという役割を担っていたが、これらの問題を考慮して、後に観察者というスタンスに役割を変更している。これによって、教室の雰囲気はリラックスしたものになり、学生はより安心して自分の意見を出すようになったと述べている。

本来は、批判的に考えることと目上の人を敬い礼儀正しく振る舞うことは必ずしも矛盾するものではない。しかし、異なる意見を言うことが「失礼」だとみなされる（と予測される）ような環境においては、礼儀正しさのような道徳的規範を重んじる学生ほど批判的な意見を出しにくく感じるのかもしれない[15]。タイのように、仏教的道徳を重視する文化においては、単に批判的思考スキルを教えるだけではなく、学生が安心して批判的思考に取り組むことができるような環境設定を教師側が工夫していくことも必要である。

〔**田中優子**〕

[15] 項目1―9「文化と批判的思考」を参照。

第３部

社会に生きる批判的思考

3-1

批判的思考とリテラシー

――リテラシーの四つの区分

リテラシーの元の意味は、母語の読み書き（識字）やコミュニケーション能力である。リテラシーの概念は、時代とともに拡張し、批判的思考の役割が大きくなっている。ここでは、リテラシーが、何を目的として、どのようなテクノロジーを用いて、どんな領域を扱い、誰のための能力としてとらえるかによって、大きく四つに区分する[1]。これらの区分は相互排他的ではなく、複数の区分に当てはまるリテラシーもあり、相互に関連している[2]。

■リテラシーの目的に基づく区分

リテラシーの目的に基づく区分には、機能的リテラシー、高次リテラシー、マルチリテラシー、批判的リテラシー、などがある。

機能的リテラシーは、母語の読み書き（識字）能力、文字メディアによるコミュニケーション能力を土台として、計算などの職業訓練に必要な能力を含む概念である。機能的リテラシーは、生活、学習、職業などにおいて、目標に応じて活動ができる水

[1] 松下佳代（2006）大学生と学力・リテラシー『大学と教育』43, 24-38.

[2] 楠見孝（2011）「批判的思考とは」楠見孝・子安増生・道田泰司（編）『批判的思考力を育む：学士力と社会人基礎力の基盤形成』有斐閣 pp. 2-24.

準の基礎能力である。したがって、批判的思考の要素はあまり入っていない。

それに対して、**高次リテラシー**は、機能的リテラシーを土台にした高度の専門的知識と批判的思考に基づく読解能力・コミュニケーション能力である。ここでは批判的思考は中核的役割を担っている。**マルチリテラシー**は、機能的リテラシーを土台に、後述する各領域の内容的知識を習得することによって、メディア、経済、ヘルス（健康）、科学、リーガルリテラシーなどの多領域のリテラシーを含むことに焦点を当てた高次のリテラシーである。

一方、**批判的リテラシー**は、一九八〇年代に批判理論から生まれたリテラシー概念であり、社会・制度を批判的に読み取る機能を重視したリテラシー概念である。[3]

■**利用するテクノロジーに基づくリテラシーの区分**

利用するテクノロジーによる区分は、メディア（シネ、テレビ）リテラシー、コンピュータリテラシー、ネットリテラシー、ICTリテラシーなどである。[4] これらは、情報の媒体（メディア）にかかわるテクノロジーの進歩によって、それを利用するために必要になってきた新しいリテラシーであり、**テクノロジーリテラシー**である。これらのリテラシーには、テクノロジーによってツールを利用する操作的リテラシー（能力）だけでなく、情報を分析・評価し、行動する批判的思考が重要である。テクノロジーの進歩は、情報の送り手－受け手の役割を変化させた。テレビ番組は、受け

[3] 竹川慎哉（2010）『批判的リテラシーの教育：オーストラリア・アメリカにおける現実と課題』明石書店

[4] 項目3－6「メディアリテラシー」を参照。

手が、送り手の構成した順序に従って最初から直線的に読解・視聴する送り手主導の受動的な情報媒体である。**メディアリテラシー**[4]は、こうした情報を正しく理解するためのものであった。それに対して、インターネットは、受け手が情報を検索し、読み進め方（ナビゲート）の順序を能動的に決定する受け手主導の媒体である。ここでは受け手が**ネットリテラシー**によって、情報を利活用するために評価する批判的思考の重要性が増している。

■領域によるリテラシーの区分

対象領域によってリテラシーを区分するものには、読解、科学・技術[5]、数学・統計[6]、ヘルス（健康）[7]、心理学[8]、リスク[9]、経済[10]、リーガル[11]、セキュリティ[12]などのリテラシーなどがある（第3部の各項を参照）。たとえば、**科学・技術リテラシー**は、領域のリテラシーとしては最も多く研究されているものである。科学・技術リテラシーにおける科学的方法や過程の理解は、科学的方法論を基盤とするヘルス、心理学、神経科学、リスクなどのリテラシーにも共通する。

なお、リテラシーは、個別の対象領域を統合した**ジェネリック（汎用的）な能力やスキル**を表す概念としても使われている。OECDによる生徒の学習到達度調査の**PISA**（Programme for International Student Assessment）では、市民の多面的能力のなかの認知的側面（知識とスキル）を学力と呼ばず、リテラシーと呼んでいる。

[5] 項目3－3「科学・技術リテラシー」を参照。
[6] 項目3－5「数学・統計リテラシー」を参照。
[7] 項目3－12「ヘルスリテラシー」を参照。
[8] 項目1－4「心理学と批判的思考」を参照。
[9] 項目3－7「リスクリテラシー」を参照。
[10] 項目3－9「消費者市民の経済リテラシー」を参照。
[11] 項目3－10「リーガルリテラシー」を参照。
[12] 項目3－11「セキュリティリテラシー」を参照。

ＰＩＳＡとは、リテラシーを情報にアクセスし管理・統合・評価する能力、すなわち、実生活における知識活用のためのコミュニケーション能力である。そこでは、リテラシーを対象領域によって、従来の国語に対応する**読解リテラシー**（書かれたものの理解、利用、熟考）、**数学リテラシー**（生活における数学的な根拠に基づく判断、数学の活用）、**科学リテラシー**（科学的知識を活用した自然界の理解、意思決定、証拠に基づいて結論を導く能力）に分けている。[13]

図1　批判的思考に支えられたリテラシーの構造（楠見，2011を修正）[2]

■主体によるリテラシーの区分

誰のためのリテラシーかという視点では、学生のための**学問リテラシー**、研究者のための**研究（リサーチ）リテラシー**[14]、消費者[10]や市民のためのリテラシーがある。ここでは**市民リテラシー**に焦点を当てる。

市民に必要な能力としての市民リテ

[13] 国立教育政策研究所（編）(2012)『生きるための知識と技能　ＯＥＣＤ生徒の学習到達度調査（ＰＩＳＡ）5』明石書店

[14] 項目3－2「学問リテラシーと研究リテラシー」を参照。

ラシーは、図1が示すように、批判的思考のスキルと態度を土台として、市民生活に必要なメディア・ネットなどのテクノロジーに関するリテラシーや、科学・数学、経済、法律、健康などの領域のリテラシーからなる。市民の生活に応じて、リテラシーの領域構成は異なる。市民リテラシーは、高次の思考スキルと経済、政治、健康などの領域の内容的知識に基づく読解能力・コミュニケーション能力である。これらを基盤にして、市民は生活に必要な情報を読み取り、適切な行動をとる。市民リテラシーの教育は、**シティズンシップ**[15]（市民性）教育の中核にあり、市民がリテラシーを身につけて、自律的な責任感をもって社会にかかわり、問題解決、投票行動、倫理的・道徳的判断を行うことができるようになることをめざす。

近年、21世紀に生きる市民が情報コミュニケーション技術の進歩に対応したリテラシーとして提唱されたものが、**21世紀型スキル**である[16]。ここで挙げられているのは大別すると以下の4カテゴリーのスキルである。

(a) 思考の方法（創造性と革新性、批判的思考・問題解決・意思決定、学び方の学習・メタ認知）
(b) 仕事の方法（コミュニケーションと協調（チームワーク））
(c) 仕事のためのツール（情報リテラシー（情報源、証拠、バイアス）、情報コミュニケーション技術（ICT）リテラシー）

[15] 項目2−12「社会科教育／市民性教育／平和教育」を参照。

[16] Griffin, P., McGaw, B. & Care, E. (Eds.) (2012) *Assessment and teaching of 21st century skills*. Dordrecht: Springer.［P・グリフィン、B・マクゴー、E・ケア（編）／三宅なほみ（監訳）(2014)『21世紀型スキル：学びと評価の新たなかたち』北大路書房］
項目2−1「批判的思考教育運動の系譜」を参照。

(d) 市民生活（市民性〔地域および地球規模〕、人生とキャリア発達、個人的責任および社会的責任〔異文化理解と適応能力を含む〕）

ここで、21世紀の社会というコンテクストのなかで重視されているのは、(a)思考の方法としての批判的思考や問題解決スキルである。そして、これらの思考方法を基盤として、仕事の場において、(b)コミュニケーションと(c)ＩＣＴリテラシーが、市民生活においては(d)市民性が求められている。さらに、内容的な知識（コア科目）として、語学、芸術、数学、経済学、科学、地理、歴史、政治などに基づいて、批判的に思考し、効果的にコミュニケーションすることを重視している。

なお、知識基盤社会において、成人に求められるリテラシーとして、ＯＥＣＤの成人力調査ＰＩＡＡＣ（Programme for the International Assessment of Adult Competencies）では、文章や図表の読解力（literacy）、数的思考力（numeracy）、そしてＩＴを活用した問題解決能力（problem solving in technology-rich environments）を測定している[17]。これは、21世紀型スキルと対応し、先に述べた機能的リテラシーの現代版と位置づけることができる。

〔楠見　孝〕

[17] 経済協力開発機構（編）／矢倉美登里ほか（訳）（2014）『ＯＥＣＤ成人スキル白書：第1回国際成人力調査（ＰＩＡＡＣ）報告書』明石書店

3−2 学問リテラシーと研究リテラシー
——ジェネリックスキルと研究倫理

学生が、大学で学問を学ぶためには、**学問リテラシー**（academic literacy）を身につける必要がある。学問リテラシーは、読む、聞く、話す、書くなどの学習スキルから構成されており、これらは批判的思考が大きな役割を果たしている。さらに、学生が、勉学を深め、学術論文を読み書きして、実験や調査を進める研究活動をするためには**研究リテラシー**（research literacy）が必要である。研究リテラシーは学問領域の高度な知識と研究遂行のためのスキルからなり、学部教育後半から大学院教育そして研究者としての実践を通して獲得する[1]（項目3−1の図1の三角形の頂点）。

■学問リテラシーとジェネリックスキル

学問リテラシーは、小・中・高校教育を通して形成される思考力・判断力・表現力などの個別の教科を超えた**ジェネリック（汎用）スキル**を土台にした、大学において学問を学ぶためのスキルである。特にアメリカでは、一九八〇年頃からの大学の大衆化に伴う入学者の学力低下と教育改革の流れのなかで、学問リテラシーの中核として

［1］楠見孝（2010）「批判的思考と高次リテラシー」楠見孝（編）『思考と言語（現代の認知心理学3）』北大路書房 pp. 134-160.

［2］項目2−1「批判的思考教育運動の系譜」を参照。

［3］Tamblin, L. & Ward, P. (2006) *The smart study guide : Psychological techniques for student success*. Malden, Mass.: Blackwell Pub.［L・タンブリン、P・ウォード／植野真臣ほか（訳）（2009）『大学生のための学習マニュアル』培風館］

の批判的思考力の育成が重視されるようになってきた[2]。たとえば、大学導入教育において、ライティング、プレゼンテーションなどの学習スキル科目や、哲学、論理学などの入門科目などのなかで取り上げられるようになった。そして、学習スキルとしては、情報収集、読解、討論、発表、レポートや論文の書き方などの指導が行われるようになった[3]。これらの学習活動では、批判的思考のスキル（主張の論理構造を明確化する、暗黙の前提を明らかにする、問いを出す、情報を集めてその信頼性を評価する、規準に照らして適切な結論を導く、自分が正しく理解、思考しているかモニターするメタ認知など）や態度を発揮することが、能動的な学習者として優れた成果をあげるために重要な役割を果たしている。こうした学問リテラシーは、近年の日本では、大学卒業までに学生が最低限身につけなければならない能力である**学士力（スチューデントスキル）**の構成要素として位置づけられるようになった[4]。

学士力のなかのジェネリックスキルとしては、(a)**論理的思考力**[5]、(b)**コミュニケーション能力**、(c)**数量的スキル**[6]、(d)**情報リテラシー**[7]、(e)**問題解決能力**[8]が含まれている。こうしたジェネリックスキルは、学部・学科を問わず大学卒業者が学習成果（learning outcomes）として求められるスキルである。これらを測定する標準化テストとしては、ＯＥＣＤのＡＨＥＬＯのジェネリックスキル、米国におけるＣＬＡ＋（The Collegiate Learning Assessment）、プロフィシェンシー・プロファイル（Proficiency Profile）などがある[9]。そして、ジェネリックスキルは、大学卒業後、さまざまな市民

なお、レポート・論文作成においては引用を明示するルールや剽窃の禁止などが含まれる。また、近年は、インターネットにおいて、信頼できる情報源を見つけ、適切な引用を行うネットリテラシーが重要である（項目3－6「メディアリテラシー」を参照）。

[4]　学士力には、知識・理解、汎用的技能、態度・志向性、統合的な学習経験と創造的思考の五つが掲げられている。
中央教育審議会（2008）学士課程教育の構築に向けて（答申）文部科学省
http://www.mext.go.jp/b_menu/shingi/chukyo/chukyo0/toushin/1217067.htm

[5]　項目2－3「論理的思考」を参照。

[6]　項目3－5「数学・統計リテラシー」を参照。

[7]　項目3－6「メディアリテラシー」を参照。

生活、職業、学問領域において適用できる技能、転移可能な技能である。これらは、近年提唱されてきた能力概念である**コアスキル**[2]、ＯＥＣＤのＤｅＳｅＣｏプロジェクトの**キイ・コンピテンシー**[10]、**21世紀型スキル**など、提唱者の目的による差異があるが対応する内容をもっている[11]。

■研究リテラシーと研究倫理

研究リテラシーは、研究者が身につけるべき高次のリテラシーであり、学問リテラシー、専門分野の知識と方法論（科学リテラシーなど）を土台とした研究遂行能力である。批判的思考の能力と態度は、研究者の行う問題発見、先行研究のサーベイ、仮説の形成、研究計画の立案と実施、データの分析と解釈、発表や論文執筆、討論などのコミュニケーションを適切に行うために働いている。こうした研究リテラシーの初歩は、中学・高校の**探究型学習**や大学の**ＰＢＬ／ＦＢＬ（問題解決／問題発見型）学習**から始まる[12]。そして本格的な学習は、大学３、４年次のゼミや研究室に配属が決まり、卒業研究さらに大学院で研究を行うなかで、研究者がプロジェクトリーダーとして活躍するためには、研究目標を立てて、プロジェクトを組織・運営し、メンバーをマネジメントする能力も重要である。また、批判的思考の態度である、真実を求める探究心、誠実性、証拠を重視する態度は、研究倫理として、研究者としての責任や義務にかかわる。

[8] 項目1－10「問題解決と意思決定」を参照。

[9] 楠見孝（2014）「批判的思考力」と大学教育『ＩＤＥ現代の高等教育』*560*, 23-27. http://repository.kulib.kyoto-u.ac.jp/dspace/handle/2433/186986

[10] ＤｅＳｅＣｏ（Definition and Selection of Competencies）はＯＥＣＤによるキイ・コンピテンスを定義選択するプロジェクト。
Rychen, D.S. & Salganik, L.H. (2003) *Key competencies for a successful life and a well-functioning society*. Cambridge, MA: Hogrefe & Huber.［D・S・ライチェン、L・H・サルガニク（編著）／立田慶裕（監訳）（2006）『キー・コンピテンシー：国際標準の学力をめざして』明石書店］

[11] 松下佳代（2006）大学生と学力・リテラシー『大学と教育』*43*, 24-38.

個人にかかわる倫理的問題としては、研究対象者の心身の安全、人権、プライバシーへの十分な配慮が挙げられる。研究対象者に目的や方法について十分な説明を行い、同意を得ることが必要である（**インフォームドコンセント**）。また、動物に対してもその福祉に配慮することが必要である。[13]

学問にかかわる倫理的問題としては、他人の言葉やアイデアを自分のものとして主張する剽窃（plagiarism）、データの捏造、改竄などの不正をしてはならないということがある。そのほか、利益や価値観に左右されず学術的な中立性を守ること、論文の発表に関しては二重投稿の禁止、論文査読においては公平公正であることや守秘義務などがある。これらは、研究者のコミュニティのなかで、成果を発信し、他の研究者の成果を批判的に検討し、真理を探究するために重要な事柄である。

社会に関する倫理的問題としては、専門家として市民に向けて適切なコミュニケーションを行い、正しい知識を伝え、過剰な一般化や誤った知識を伝えてはいけないということがある。また、社会的問題の解決においては、専門家ならびに市民として批判的思考に基づいて、社会の幸福の実現のために、適切な判断をして行動することが必要である。これらは良き研究者として活動するために必須の事柄である。

こうした研究リテラシーと倫理の学習は、講義だけでなく、研究室のゼミや実践の場で、経験に没入すること（イマージョンアプローチ）を通して学ぶ暗黙知の部分もある。

〔**楠見　孝**〕

[12] 項目2−17「大学専門教育」を参照。

[13] 公益社団法人日本心理学会倫理規程 http://www.psych.or.jp/publication/rinri_kitei.html

3-3 科学・技術リテラシー
――民主主義と国際競争力の基盤となる能力

リテラシー（literacy）は、識字能力、つまり日常生活を送るうえで必要とされる読み書き能力（話し言葉と区別される、書き言葉の運用能力）を意味し、学校教育を通じて子どもたちが身につける教育内容の鍵をなす。ただ、単に書き言葉を学習しただけでは、私たちは言葉を適切に使用して、日常生活を効果的に送ることはできない。書き言葉に関する知識に加えて、自然や社会についての基本的な知識、他の人々の心を理解する能力、さらに議論を組み立てる能力などをもつ必要がある。したがって、リテラシーは、書き言葉の知識を中核として、それに自然や人、社会に関する基本的知識、その知識の基礎的な運用能力を加えた能力のことだといえる。リテラシーについて議論する際、科学・技術に関するリテラシーを特別に扱うことがしばしばあり、それを**科学・技術リテラシー**と呼ぶのである。[1]

■科学・技術リテラシーの定義

経済協力開発機構（OECD）は、二〇〇〇年以降3年おきに、15歳の児童を対象

[1] 科学・技術リテラシーの英語表記は"science literacy"、もしくは"scientific literacy"である。本書では、このリテラシーの対象範囲が、基礎科学のみならず、応用科学に及ぶことを強調する意味で、「科学・技術リテラシー」という訳語を用いる。

とする国際的な学習達成度調査（**PISA調査**）を行っている。その調査項目に、**科学リテラシー**が含まれている。PISAでは、科学リテラシーを、個人がもつ科学的能力・科学的知識・科学に対する態度の総体として、以下のように定義する。「疑問を認識し、新しい知識を獲得し、科学的な事象を説明し、科学が関連する諸問題について証拠に基づいた結論を導き出すための科学的知識とその活用。科学の特徴的な諸側面を人間の知識と探究の一形態として理解すること。科学とテクノロジーが我々の物質的、知的、文化的環境をいかに形作っているかを認識すること。思慮深い一市民として、科学的な考えをもち、科学が関連する諸問題に、自ら進んで関わること[2]」。PISAで出題される問題をみると、二〇〇六年に実施された調査では、二酸化炭素の排出量と地球の平均気温の経年変化を表したグラフを読ませて、地球温暖化を説明させたり、遺伝子組み換え作物を主題として、対照実験のやり方や目的について答えさせたりしている。このように、PISAの調査では、私たちの生活に密接にかかわるさまざまな科学的問題を理解し、科学的根拠に基づいて評価・判断する能力を発揮することが求められるのである。

次に、ミシガン大学のミラーによる科学・技術リテラシーの定義をみることにしよう。彼は、一九七九年以降、アメリカ人の科学・技術リテラシーの質問紙を用いた調査を行っている。ミラーによれば、科学・技術リテラシーとは、科学技術や経済、対外関係に関する政府の政策を理解し、政策決定に効果的に参加するために、民主主義

[2] 国立教育政策研究所（編）(2012)『生きるための知識と技能OECD生徒の学習到達度調査（PISA）5』明石書店

社会に生きる一般の人々がもつべき（最低限の）知識や能力のことである。[3] ミラーは、科学・技術リテラシーが以下の三つの要素からなると考える。①現実に関する私たちのモデルをテストする科学的プロセス・方法の理解、②科学・技術に関する基礎的な語彙や概念の理解、③科学技術が個人と社会に及ぼすインパクトの理解。このミラーとＰＩＳＡの定義に共通する見解は、科学・技術リテラシーは単に科学上の研究成果に関する知識ではなく、科学的方法論や科学が個人や社会に対してもつ意味の理解を含み、一般の人々が科学的知識を使って効果的に生活し、科学が関連する政策決定に参加することを可能にする能力であるということだ。

[3] Miller, J.D. (2012) The Sources and impact of civic scientific literacy. M.W. Bauer, R.Shukla & N. Allum (Eds.) *The culture of science : How the public relates to science across the globe*. New York : Taylor & Francis, 217-241.

■科学・技術リテラシーの考え方の歴史的変遷

現在の科学・技術リテラシーに関する議論の出発点に位置するのはアメリカの哲学者、デューイである（批判的思考の理論化を初めて行ったのもデューイである）。デューイが活躍した20世紀初頭、科学は交通・通信、医療・農業・経済分野など多分野で応用され、社会の利便性が飛躍的に向上した。他方、科学技術が兵器開発のために利用されることで、人類にとって大きな脅威となることも明らかになった。このように科学技術は一般の人々の生活に、良くも悪くも大きな影響をもつ。しかし、科学研究で使われる言葉は、包括的な事象を厳密な仕方で説明しようとするために、日常的なコミュニケーションには向いていない。つまり、科学者の発言や科学論文は狭い専門家集団のなかで理解されるにとどまり、一般の人々にとってなじみぶかいものではなく、よそよそしい。デューイによれば、この社会と科学との間のギャップを埋めるために必要とされるのが学校における系統的な**科学教育**である。一般の人々が科学に関する知識をもてば、科学が社会に及ぼす影響を理解できるようになるからである。

デューイは、特定の科学分野の専門家を育てるためのエリート教育には否定的であり、一般の人々向けの科学教育の重要性を説いた。その一般向けの科学教育の目標となるのが**科学的態度**の涵養である。科学的態度とは「開かれた心をもち、知的な統合性があり、観察し、自分の意見や信念をテストすることに興味をもつ態度」[4]のことである。科学的方法論に基づいて、すべての一般の人々が、独自に世界を探索し、テストする態度と習慣を身につけることが科学の学習の目的である。さらに、デューイは批判的思考を**判断の保留**（suspended judgment）[5]と定義するが、この定義において、批判的思考は、直面した問題を解決しようとする際、単なる思いつきに飛びつくことなく、最終的な結論を出す前にさまざまな案を考え、その妥当性を慎重に検討する態度や習慣を意味する。この批判的思考は科学的態度の重要な構成要素である。

デューイが科学教育を重視したのは、それにより涵養される科学的態度が、民主主義社会を動かす原動力になると考えたからである。デューイによれば、科学的事実だけではなく、倫理的に正しい行為や社会のあり方も、人々が実験的に行う探究により明らかになる。そのためには各人が自分なりの生の構想を自由に試すことができなけ

[4] Dewey, J.（1934）The supreme intellectual obligation. *Science, 79*, 240-243.

[5] Dewey, J.（1910）*How We Think*. Boston : D.C. Heath & Company.

ればならないが、この目的に適した社会制度が**民主主義**であり、民主主義社会を支える市民（the public）にとって必要なのは、科学的実践にみられる「社会的探究の自由と、その探究の結果を人々に広める自由である」[6]。このように、科学的態度は民主主義社会に生きる市民が身につけるべき態度なのである。先ほどミラーによる科学・技術リテラシーの定義を取り上げたが、その三つの構成要素の一つ、「現実に関する私たちのモデルをテストする科学的プロセス・方法の理解」は、デューイの科学的態度についての考えに由来する。

「科学・技術リテラシー」の原語である science literacy が初めて用いられたのは、これとはまったく別の文脈においてである。この語の最初の用例は一九五八年に発表された、教育学者のハードの論文に見出されるが、当時は冷戦下で、この論文が発表される前年の一九五七年にソビエト連邦がアメリカに先駆けて人類史上初の人工衛星であるスプートニク1号の打ち上げに成功していた。宇宙開発競争における敗北はアメリカ国民と政府に大きな衝撃を与え、生徒や学生の科学教育を改善し、科学に関する学力を上げる施策が必要であると考えるに至った。この文脈で登場したのが科学・技術リテラシーという概念である。ハードは最先端の科学を授業で取り上げることが重要だと考え、また、能力のある生徒に適した高度な内容を教えるカリキュラムを作ることが必要だと主張した[7]。この時期、科学教育の改善に、多数の科学者が助力し、多額の資金が使われた。また、一九八〇年代になると、アメリカ国民の科学・技術リ

[6] Dewey, J. (1954) *The public and its problems*. Denver : Alan Swallow.［J・デューイ／植木豊（訳）(2010)『公衆とその諸問題』ハーベスト社］

[7] Hurd, P. DeH. (1958) Science literacy : Its meaning for American schools. *Educational Leadership*, *16*, 13-16, 52.

テラシーの向上が教育政策上の目標になり、定期的にその学力調査が行われるようになった。その理由は、一九八〇年代に日本をはじめとする東アジア諸国の経済力が上昇したことにより、相対的にアメリカの経済競争力が低下したからである[8]。このように、現在では、一般国民の科学・技術リテラシーは国家の軍事的・経済的国際競争力の基礎の一つであるとみなされているのである[9]。

まとめ

以上の歴史的経緯から明らかなように、科学・技術リテラシーは、少なくとも二つの役割を果たすことが期待されている。まず、国民が高い科学・技術リテラシーをもつことは、国力の重要な基盤である。というのも、多くの国民が高い科学・技術リテラシーをもつようになれば、科学・技術の専門になる人材の裾野が広がり、また、科学・技術に対する一般国民の理解が高まるからである。他方、科学・技術リテラシーは民主主義社会に生きる自律した市民の基礎的能力の一つである。現代社会は科学・技術の影響を大きく受けているので、ある程度の科学・技術リテラシーをもつことは、私たちが効果的に日常生活を送るうえで有益であり、また、デューイが強調するように、科学的方法・態度、またその構成要素としての批判的思考は、民主主義社会のなかで私たちが自由を享受し、実現するために有用な基礎的能力だからである。

〔原　塑〕

[8] Laugksch. R.C. (2000) Scientific Literacy: A conceptual Overview. *Science Education*, 84. 71-94.

[9] 日本でも、科学・技術リテラシーは国際競争力に関わる能力として理解されている。たとえば、平成二五年版科学技術白書には、「科学技術系人材の裾野の拡大や、科学技術と社会の関わりを理解するなど国民の科学技術リテラシーの向上のためには、初等中等教育段階からの取組が重要である」と言われている。その上で、日本の小学生・中学生では、科学に関する学力の国際的な水準が高いものの、学年が上がるにつれて科学技術への興味・関心が低下する傾向があることが問題視されるのである。

3-4 科学コミュニケーション
——一方向型から対話型へ

科学コミュニケーションは、最も広い意味では、社会の内部で行われる、何らかの表現媒体を使った科学に関する情報交換や人的交流のことである。つまり、新聞や雑誌、テレビやラジオなどのマスメディアによる科学報道や、博物館・科学館における実験器具、工業製品の展示、科学実験の実演、学校や大学における理科・科学の教育活動、科学を扱った映画の上映、ポピュラーサイエンス書籍の出版、研究機関や病院、企業などが行う科学広報すべてが科学コミュニケーション活動である。また最近では日本でも、**サイエンスカフェ**[1]や**コンセンサス会議**[2]も行われるようになってきた。この広い意味での科学コミュニケーションに分類される活動は、科学にかかわる点で共通性をもつものの、活動を行っている主体や目的が大きく異なっている。これらは大きく**一方向的科学コミュニケーション**と**対話型科学コミュニケーション**に分類される。

[1] 大学や研究施設から離れた、一般の人々の生活圏の中にあるカフェで、科学の専門家と非専門家が科学技術をテーマに気楽に語り合う形式のイベントのこと。専門家による話題提供は短時間で済ませ、その後の対話のために、できるだけ長い時間をとることが多い。詳しくは、左記を参照。
中村征樹（2008）サイエンスカフェ：現状と課題『科学技術社会論研究』5, 31-42.

[2] 一般から公募などにより選出された人々（10～30人程度）から市民パネルを作り、その市民パネルが主体となって、専門家からのアドバイスを適宜受けながら、大きな社会的影響があると見込まれる科学技術（たとえば、遺伝子組み換え作物やナノテクノロジーなど）の是非について討論し、参加者の合意の下で、提言をまとめる。提言は、一般の人々がテーマとなっている科学技術を、どのような観点から理解、評価するのか、科学技術の何を問題視するのかを可視化する意味がある。よ

■一方向的科学コミュニケーション

科学コミュニケーションの様式としては、学校での理科教育や研究機関や大学、病院が行う広報、ジャーナリズムが行う科学報道が一つのまとまりをなす。これらの活動において、科学情報の発信者（教師、広報担当者、ジャーナリスト）は、科学情報の受信者である一般の人々と比較して、科学研究が行われる現場にアクセスしやすく、そのために、保持している科学知識量や、理解している科学情報の質の点で優位にある。したがって、発信者が発する科学情報が受信者に理解され、受容されることが、このようなコミュニケーションの第一の目的であると言ってよい。

科学情報の受信者である一般の人々は、科学に対して独自の態度をとり、固有の考えをもっていることが知られている。したがって、情報の発信者は、受信者が科学情報を受容する文脈を見通しながら効率的な情報伝達を行う必要がある。つまり、受け取った情報に対して情報の受信者がどのような反応を示すのかを確認し、情報伝達の方法を改善していかなければならない。この意味では、教育や広報、報道においても、科学情報の発信者と受信者との間で、相互作用は成立する。とはいえ、科学情報の受信者が立場を変えて、自分たちがもつ科学についての意見を積極的に発信し、それをコミュニケーションの参加者が受容することは、想定されていない。その意味で、教育や広報、報道において、科学情報の伝達は発信者から受信者に対して一方向的に行われる。

り詳しい情報については、左記を参照。

若松征男（2010）『科学技術政策に市民の声をどう届けるか：コンセンサス会議、シナリオ・ワークショップ、ディープ・ダイアローグ』東京電機大学出版局

ただ、科学情報の発信者は、それぞれの意図に応じて科学情報を編集し、パッケージ化している。そのため、社会に流通する科学情報には、過剰に加工されていたり、歪曲されていたりするものが含まれることになる。科学情報の受信者が流通している科学情報の構造を分析したり、情報発信者の信頼性を評価したりする批判的思考力を発揮し、妥当な科学情報を選択することができなければ、一方向の科学コミュニケーションは成功しない。そこで、理科教育では、科学情報に関する批判的思考力を涵養するためのプログラムを実施していくことが重要である。

■対話型科学コミュニケーション

近年、科学情報を社会で共有するためには、科学の専門家や、専門知に対してアクセスしやすい立場にいる人々が、非専門家に向かって一方向的に科学情報を伝達するだけでは十分ではないと考えられるようになった。そこで、科学の非専門家にも科学に対する見解を積極的に表明してもらい、専門家を含めたコミュニケーションの参加者の間で、その意見を共有することを目的とする対話型科学コミュニケーションが行われている。対話型科学コミュニケーションの典型例は、先に取り上げた、サイエンスカフェやコンセンサス会議である。対話型科学コミュニケーションにおいて、専門家との対話を通じて、科学情報を深く理解し、獲得した科学的知識をもとに、自分たちの意見を形成することが非専門家には求められる。したがって、非専門家には、専門家が提出する科学情報や意見、解釈を分析し、評価する批判的思考が不可欠である。

対話型科学コミュニケーションが重要であるという認識は、一九八〇年代半ばから一九九〇年代初めにかけてイギリスで生じた一連の出来事を契機に広まった。一九八五年にイギリスのロイヤル・ソサイエティは、報告書『科学の公衆理解』（The Public Understanding of Science）を発行した。しばしば「ボドマー・リポート」と呼ばれるこの報告書は、現代社会に生きる国民や国家にとって、科学の専門家以外の人々の科学理解の増進が重要であると主張する内容をもつ。この報告書にしたがって、イギリスでは教育、研究、報道の場面で、人々の科学理解を増進するための試みがなされた。この方針が転換するきっかけを与えたのが、一九九〇年代初頭に起こったＢＳＥ（牛海綿状脳症）による社会不安である。ＢＳＥに罹患した食用牛の数は、イギリスでは一九八〇年代半ばから上昇していたが、イギリス政府は、ＢＳＥ感染のリスクはきわめて少ないという見方を、科学的根拠があるものとして社会に広めた。そのため、ＢＳＥ罹患者が登場したときに、政府と科学者に対する信頼は大きく損なわれたのである。このような科学に対する信頼の危機に対処するために、対話型科学コミュニケーションが必要であるとされた。[3]

［3］　水沢光（2008）「英国における科学コミュニケーションの歴史」藤垣裕子・廣野喜幸（編）『科学コミュニケーション論』東京大学出版会 pp. 3–20.

■**欠如モデル**[4]

イギリス政府が科学コミュニケーションの方針を変更したことには、科学技術社会論で当時盛んに行われていた**欠如モデル**に対する批判が影響している。欠如モデルとは、本来信頼に値するはずの科学技術に対して、一般の人々が不信感をもつのは科学技術に対する理解が欠如しているからであり、科学技術に対する一般の人々の理解が増せば、科学技術に対する信頼が高まるはずだという見方である[5]。欠如モデルが妥当な見方であるなら、一般の人々の科学技術に対する信頼を高めるためには、一方向的な科学コミュニケーションを通じて、一般の人々の科学的知識を上昇させる施策をとり、それが効果を発揮すれば十分であるはずだ。しかし、科学技術に対する一般の人々の理解が上昇したからといって、科学技術に対する信頼感が高まるわけではないことを示唆する知見が蓄積されてきた[6]。このことで、欠如モデルに対する批判が高まり、それとともに、一方向的な科学コミュニケーションだけでは不十分だという見方が広まった。それと同時に、対話型科学コミュニケーションの重要性が認識されるようになったのである。

ただし、欠如モデルが誤っているからといって、一方向的な科学コミュニケーションが間違っていると言えるわけではないことに注意する必要がある。欠如モデルが過ちである場合でも、一般の人々が科学技術を信頼する前提として、十分な科学的知識をもつ必要がある可能性が否定されるわけではない。また、科学が信頼されている文

[4] 項目1－3「科学論と批判的思考」を参照。

[5] 伊勢田哲治（2013）「欠如モデル」中村征樹（編）『ポスト3・11の科学と政治』ナカニシヤ出版 pp. 47–50.

[6] Bucchi, M. (2008) Of deficits, deviations and dialogues : Theories of public communication of science. M. Bucchi & B. Trench (Eds.) *Handbook of public communication of science and technology*. New York : Routledge, 57–76.

脈で、一方向的な科学コミュニケーションによってもたらされる科学的知識が有用であることが否定されるわけではない。

ただ、科学技術に対する信頼が揺らいでいる状況では、対話型の科学コミュニケーションを行うことには大きな利点がある。それは、専門家と非専門家のそれぞれが事態を認識するフレームが異なっている場合に、対話型科学コミュニケーションを通じて、その差異を明確化できる可能性があることである[7]。科学技術に対する信頼の揺らぎが、専門家と非専門家との間のフレームの違いに起因する場合、非専門家が採用するフレームから専門家が科学技術を眺め、自分たちのフレームを改訂することは、信頼を回復するための一歩になるだろう。また、対話型科学コミュニケーションには、科学コミュニケーションそのものに関する専門家と非専門家のフレームの違いを顕在化させる経路が内蔵されている。このように、科学技術のあり方や、科学コミュニケーションの妥当性を反省的に検討する契機を専門家に与える点で、対話型科学コミュニケーションが果たすべき役割は大きい。

〔原　塑〕

[7]　小林傳司（2007）『トランス・サイエンスの時代：科学技術と社会をつなぐ』ＮＴＴ出版

3-5 数学・統計リテラシー
——数学を正しく読み解き、判断する

■数学的リテラシー

数学的リテラシーという用語が国際的に本格的な議論の対象になったのは、比較的最近のことであり、その動向に大きな影響を与えたのが、ＰＩＳＡ[1]の枠組みに数学的リテラシーの概念が用いられたことであると、清水[2]は述べている。ＰＩＳＡでは、数学的リテラシーを「様々な文脈のなかで定式化し、数学を適用し、解釈する個人の能力であり、数学的に推論し、数学的な概念・手順・事実・ツールを使って事象を記述し、説明し、予測する力を含む。これは、個人が世界において数学が果たす役割を認識し、建設的で積極的、思慮深い市民に必要な確固たる基礎に基づく判断と決定を下す助けとなるものである」と定義している[3]。

ＰＩＳＡにおける数学的リテラシーに関連する用語として、**ニューメラシー**（numeracy）や**量的リテラシー**（quantitative literacy）などがある[2]。イギリスの「コッククロフトレポート」では、ニューメラシーは以下のように定義されている。第一は、数に慣れ親しんでいることと、日常生活での実際的な数学的要求に対応して数学

[1] ＯＥＣＤによる生徒の学習到達度調査。Programme for International Student Assessment：ＰＩＳＡ、ピザと読む。

[2] 清水美憲（2007）「数学的リテラシー論が提起する数学教育の新しい展望：国際的視野から見た新時代の数学教育」小寺隆幸・清水美憲（編著）『世界をひらく数学的リテラシー』明石書店

[3] 国立教育政策研究所（2013）ＯＥＣＤ生徒の学習到達度調査、Programme for International Student Assessment：二〇一二年調査国際結果の要約 http://www.nier.go.jp/kokusai/pisa/pdf/pisa2012_result_outline.pdf

的技能を使用する能力である。第二は、数学用語によって提示された情報をある程度評価し理解できる能力で、そのような数学用語には、たとえばグラフや図、表、パーセンテージの増減などがある。アメリカの数学者・数学教育学者は、数や量についての基礎的素養を強調する言葉として、量的リテラシーを用いている。量的リテラシーは、ニュメラシーとほぼ同義であるが、数量にかかわる情報とそのグラフや図、表などによる表現があふれる現代社会において、国民が正しく情報を理解し、判断できるようになるために必要な基礎的な能力を指すものと考えられる。[4]

清水[2]は、これらの概念は、単純な計算技能の習得を意味するものではなく、その中核として、数学の言葉や形式で示される情報を正しく読み解き、適切な判断を下すこと、それらを的確に伝達することなどの能力が含まれると述べている。PISAによって数学的リテラシーという用語が注目される以前から、ニュメラシーや量的リテラシーといった同様の概念は存在していたのである。

[4] ニュメラシー、量的リテラシー、統計的リテラシーの用語の定義については、清水（2007）より引用した。

■統計的リテラシー

統計教育国際連合（International Association for Statistical Education：ＩＡＳＥ）による**統計的リテラシー**の定義は、「我々の日常生活にあふれている統計的結果を理解し、批判的に評価する能力であり、統計的思考が公的および私的な、そして職業上および個人的な意思決定をするのに貢献することの意義が分かることをも含む」というものである。清水[2]は、ＰＩＳＡの数学的リテラシーに先行して提起されてきた関連概念[5]は、いずれも日常生活の場面や社会のさまざまな文脈で数学の知識・技能が使えるかどうかという意味を超えて、個人が数学的な知識・技能を活用して情報を的確に理解して判断を下し、自分の置かれた状況を批判的・反省的にとらえる力を共有している点が重要であると述べている。統計教育国際連合による統計的リテラシーの定義は、一九九三年に書かれたものである。一方で、最近もこの統計的リテラシー（あるいは統計リテラシー）という言葉に注目が集まっている[6]。

■数学リテラシー・統計リテラシーの教育

近年、数学的リテラシー（あるいは数学リテラシー）や統計リテラシーの教育に関心が集まっている。藤村[7]は、教育心理学の観点から、数学的リテラシーを高めるための教育実践を行っている。具体的には、**協同的探究学習**という学習方法を提案し、小・中学校の算数・数学の授業でこれを導入し、その教育効果の検証を行っている。渡辺・椿[8]は、初等・中等・高等教育における統計教育についてまとめられた文献である。平成二〇年および平成二一年告示の新学習指導要領から、統計に関する内容が大幅に改善・拡充された（表1）。

渡辺・椿[8]では、新学習指導要領導入によりわが国の統計教育がどのように変わっていくか、また、統計リテラシーを高めるための具体的な授業の方法などについて述べ

[5] ニュメラシー、量的リテラシー、統計的リテラシーのこと。

[6] たとえば左記のような文献がある。

藤澤陽介（2014）『すべては統計にまかせなさい：リスク社会の羅針盤！』ＰＨＰ研究所

樋口知之（2013）Interview お粗末な「数字で語る」経営 経営者に統計リテラシーは必須 『週刊ダイヤモンド』*101*, 50-51.

川出真清（2014）『数字か？直感か？迷ったら統計学を使え！』廣済堂新書

西内啓（2013）『統計学が最強の学問である』ダイヤモンド社

竹内薫（2014）『統計の9割はウソ：世界にはびこる「数字トリック」を見破る技術』徳間書店

Best, J. (2004) *More damned lies and statistics: How numbers confuse public issues.* Berkeley: University of California Press. [J・ベスト／林大（訳）(2007)『統計という名のウソ：数字の正体、データのたくらみ』白揚社]

られている。松元[10]は、中学校数学科の授業作りの参考になることをめざして、「資料の活用」の授業実践を豊富に紹介している。海外の例を紹介すると、StatLit.org[11]では、統計リテラシーの教育に関する多様な情報が公開されている。

■数学リテラシー・統計リテラシーの具体例

本項の最後に、数学リテラシー・統計リテラシーに関する問題を例として紹介する。読者各位は、それぞれの問題について、立ち止まってじっくりと（批判的に）考

表1　1999年と2008年の学習指導要領の比較
（確率分野・統計分野に関して）

指導内容／学習指導要領	1999	2008
絵や図を用いた数量の表現		小1
簡単な表やグラフ	小3	小2
棒グラフ	小3	小3
折れ線グラフ	小4	小4
円グラフ	小5	小5
帯グラフ	小5	小5
資料の平均	小6	小6
度数分布	高校	小6
起こりうる場合の数	中2	小6
度数分布表とヒストグラム	高校	中1
代表値	高校	中1
範囲		中1
相対度数		中1
近似値	高校	中1
確率	中2	中2
標本調査	高校	中3

注：松元(2008)の資料9を改変したものである。[9]

佐藤朋彦（2013）『数字を追うな　統計を読め：データを読み解く力をつける』日本経済新聞出版社
統計局　なるほど統計学園高等部　http://www.stat.go.jp/koukou/intro/literacy.htm
[7] 藤村宣之（2012）『数学的・科学的リテラシーの心理学：子どもの学力はどう高まるか』有斐閣
[8] 渡辺美智子・椿広計（編著）(2012)『問題解決学としての統計学：すべての人に統計リテラシーを』日科技連出版社
[9] 松元新一郎（2008）「資料の活用」の趣旨を生かした指導のあり方と今後の課題『日本数学教育学会誌』90, 46-55.
[10] 松元新一郎（編著）(2013)『中学校数学科統計指導を極める』明治図書
[11] StatLit.org　http://www.statlit.org

えてみてほしい。

【問題1】PISA調査における、日本の「数学的リテラシー」得点の順位の変遷

PISAの数学的リテラシーの得点について、日本の順位は、1位（二〇〇〇年）↓6位（二〇〇三年）↓10位（二〇〇六年）↓9位（二〇〇九年）↓7位（二〇一二年）と、推移している（平均点の比較）。この結果から、日本の「数学的リテラシー」は低下しているといえるだろうか。

【問題2】3枚カード問題

3枚のカードが袋のなかに入っている。1枚は両面とも赤色のカード（赤—赤）、もう1枚は両面とも黒色のカード（黒—黒）、そして残りの1枚は表が赤色、裏が黒色のカード（赤—黒）である。袋のなかでカードをよくかき混ぜて1枚取り出し、机の上に置く。すると、カードの色は赤色であった。では、このカードの裏は何色だろうか（裏が赤色である確率、黒色である確率はどちらが大きいだろうか）。

こうした問題について、時間をかけて批判的に考えてみることは、数学リテラシー・統計リテラシーを身につけるのに役立つ。ここで紹介したような問題に興味をもたれた読者は、さらに、高橋[12]、山田・林[13]などを読み進めるとよいだろう。〔**山田剛史**〕

[12] 高橋洋一（2011）『統計・確率思考で世の中のカラクリが分かる』光文社新書

[13] 山田剛史・林創（2011）『大学生のためのリサーチリテラシー入門：研究のための8つの力』ミネルヴァ書房

＊　＊　＊　＊　＊

【問題1　解説】ＰＩＳＡの初回（二〇〇〇年）の成績が1位だったので、それに比べると二〇〇三年以降の順位は見劣りする。しかし、ここで注意すべき点がある。それは参加国が増えているということである。ＰＩＳＡ調査参加の国と地域数は、31→40→57→65→65と実施回を経るごとに増えている。池上[14]はこの事実を指して、「今回の調査（筆者注：二〇〇九年の調査）で日本より上位に来た上海、香港、シンガポールは、〇〇年には参加していません。つまり、〇〇年の日本の順位は、高校野球にたとえれば、強豪校が参加しないなかでの上位だったのです」と述べている。二〇〇九年の上位6位は、上海、シンガポール、香港、韓国、台湾、フィンランドであったが、このうち、シンガポール、フィンランドはともに人口が約五〇〇万人の小さな国である。瀬沼[15]によると、人口が五〇〇〇万人を超える大国において、日本ほど成績の良い国は韓国以外にない。さらに、上海は国ではなく中国の一都市である。飛び抜けて受験競争が激しい一つの都市と、国全体が参加している他国とを順位で比較しても意味がない[14]。

　また、推測統計学的な観点からも考えることができる。ＰＩＳＡは標本調査であり、その得点は標本誤差[16]を含む。たとえば、二〇〇三年の日本の順位は6位と報告されているが、標本誤差を考慮すると、3位の可能性も、10位の可能性もあるということになる。ＰＩＳＡが

[14] 池上彰（2013）『池上彰のニュースの学校：情報を２００％活かす』朝日新書

[15] 瀬沼花子（2011）主な国際調査、国内調査について『指導と評価』二〇一一年二月号 pp. 8-11.

[16] 標本誤差とは、標本抽出に伴う誤差のことである。母集団の一部を標本として抽出する標本調査の場合、標本誤差について考慮しておくことが重要である。

標本調査であることに関連して、調査対象となった生徒のモチベーションも気になるところである。やる気のない生徒が調査に参加してしまった場合、実際よりも低くテスト得点が推定される可能性がある。[17]

【問題2　解説】机の上で見えているカードの色が赤色なので、黒―黒のカードは除外できる。すると、袋から取り出したカードは赤―赤あるいは赤―黒のいずれかである。よって、裏の色は赤色である確率は2分の1、黒色である確率も2分の1、つまり五分五分である。このように考えてよいだろうか。

　この考え方は多くの人の直感と合致するだろうし、一見正しそうに思える。しかし、実際には正しくない。この問題は、直感によって判断される確率と実際の確率がずれる例としてよく紹介される。同種の問題に、三つのドアから自動車の隠されたドアを当てる「モンティ・ホール問題」がある。

　3枚カード問題にはいろいろな解法があるが[18]、ここではその一つを紹介する。3枚のカードに表裏の面があるので、面の数は全部で六つある。そこで、そのことを強調するため、面の数を①から⑥まで色の後につけて左記のように書いてみる。

赤①―赤②　　黒③―黒④　　赤⑤―黒⑥

[17]　ＰＩＳＡ調査では、生徒がＰＩＳＡ調査のテストにどの程度真剣に解答したかを自己評価させている。その指標である「努力値」の平均値が、二〇〇三年、二〇〇六年ともに、比較した15カ国中で日本は最も低かった。

　国立教育政策研究所（編）(2007)『生きるための知識と技能3：ＯＥＣＤ生徒の学習到達度調査（ＰＩＳＡ）二〇〇六年調査結果報告書』ぎょうせい

[18]　ローゼンタール(2010)は、この問題の解法を三つ紹介している。

　Rosenthal, J.S. (2006) *Struck by lightning: The curious world of probabilities.* Washington, DC: Joseph Henry Press. [Ｊ・Ｓ・ローゼンタール／中村義作（監修）柴田裕之（訳）(2010)『運は数学にまかせなさい：確率・統計に学ぶ処世術』早川書房]

袋から1枚取り出して机の上に置いたら表面は赤色だったということは、出た可能性があるのは、赤①、赤②、赤⑤のいずれかである。それぞれの裏面は、赤②、赤①、黒⑥であるので、裏が赤色となる確率は三通りのうちの二通りで3分の2、裏が黒色となる確率は3分の1となる。つまり、表と同じ赤色になる可能性のほうが高くなるのである。

3-6 メディアリテラシー

――受信者／発信者として自覚すべきこと

メディアリテラシー（media literacy）とは、広義にはメディアからの情報を処理・発信する能力を指すが、より具体的には、そうした情報を評価・識別する能力や情報を批判的に読み取る能力を指す。情報メディアを主体的に読み解いて必要な情報を引き出し、その真偽を見抜き、活用する能力、あるいはそうした能力の獲得をめざす取り組みである。ここで言うメディアには、公的機関やマスメディア（新聞、テレビ、ラジオなど）の他にも、インターネット、映画、音楽、書籍や雑誌などの出版物、広告など多様なものが含まれ、口コミなども含まれることがある。メディアリテラシーを身につけるための取り組みは**メディア教育**と呼ばれることもある。

メディアが多様化しながら大きく発達したのに合わせて、われわれの社会生活にとっての情報の必要性・重要性は増している。それに伴って、情報のもたらす影響も以前より遥かに大きくなっている。マスメディア（特にテレビ）が発信する情報への依存傾向が高い一方で、インターネットの普及により、ごく幼少の頃から大量かつ雑駁な情報に触れる機会も多くなっている。そのため、早い段階からメディア教育を積極的に実施し、個人が適切なメディアリテラシーを身につけられる環境整備の必要性が指摘されるようになった。

個人に求められるメディアリテラシーには二つの側面がある。まず、メディアを通して情報を受け取る**受信者としてのメディアリテラシー**がある。これの中核となるのは、メディアが伝えるものは事実とは異なる可能性があること、そして、単にメディアが事実に意味を乗せているのではなく、受信者による解釈も多様でありうることを知ることである。発信された情報には、程度の差こそあれ、何かしらの偏り・嘘や誇張、間違った情報などが含まれている可能性がある。メディア情報を誰が発信しているのか、またその目的、内容、背景などを的確に読み取る必要がある。これが前述した「情報を評価・識別する能力」である。これを身につけることで、情報を正しく利用できるようになる。たとえば、一方に偏った情報をそのまま鵜呑みにしていたのでは、その物事に関する正しい知識を身につけることが難しくなる。情報への依存度が非常に大きい現代社会では、偏ったり間違ったりした情報をそのまま信じてしまうことが、さまざまな局面で不利益につながる可能性も十分にある。受信者には、発信された情報を受け取る際に、その情報が信頼できるかどうかを検討するだけではなく、どのような偏りがあるか、あるいはさらに一歩踏み込んで、発信元の意図・目的を考え、背景を読み取り、情報の取捨選択を行う、批判的思考能力が求められる。

もう一つの側面は**発信者としてのメディアリテラシー**である。インターネット利用が一般化する以前のメディアリテラシーは、主としてマスメディアが発する情報に対して「素人である一般市民は受信者としてどうあるべきか」という視点でとらえられていた。しかし、インターネット環境の充実とともに、携帯電話やスマートフォンなどの情報端末の普及も進み、いまや誰もが情報を発信できる時代になった。インターネットを介することで、個人がごく親しい対人ネットワークを介した口コミよりも広い、あるいは本人の想定外の範囲にまで伝播しうるような発信者となったり、そうした個人が発信元の情報に接したりすることが頻繁になった。こうした変化により、新たなメディアリテラシーとして「責任ある情報の発信者としてのあり方」を身につけることも必要になってきている。

発信者としてのメディアリテラシーは、インターネットを適切に利用する能力、すなわち**ネットリテラシー**と密接に結びついている。ネットリテラシーの核をなすのは、**匿名性**（anonimity）に関する適切な理解である。インターネットがもつ顕著な特徴は、匿名状況でもコミュニケーションが容易に成立することであるとされてきた。匿名性は、①視覚的匿名性[1]、②アイデンティティの乖離[2]、③識別性の欠如[3]、という階層構造をもつ[4]。これまでは、この三つをひとくくりにした匿名性という文脈で、ネットでのコミュニケーションは現実社会の対面によるそれとは大きく異なるものとして扱われ、良しにつけ悪しきにつけその特徴が論じられてきた。おそらく今でもネットを「そういうもの」だとしてとらえている人は多いだろう。

[1] コミュニケーションの際に互いの相手が視野に入らないこと。

[2] ネットにおけるコミュニケーション主体のアイデンティティが、実名に代表される現実社会でのアイデンティティと切り離されること。

[3] コミュニケーションの際に、受信者と送信者の双方あるいはいずれか一方が誰であるのかを識別できないこと。

[4] 森尾博昭（2009）「CMCと対人過程」三浦麻子・森尾博昭・川浦康至（編著）『インターネット心理学のフロンティア：個人・集団・社会』誠信書房 pp. 88-115.

しかし、状況は大きく変化している。現在のネットコミュニケーションは、視覚的匿名性は緩やかに保持されている一方で、識別性についてはむしろ高まっているし、個人情報を秘匿して発信したとしても、どこの誰なのかは容易に特定されてしまう可能性が高い。しかもその範囲は「知り合いにばれる」という程度の生やさしいものではなく、個人や所属集団レベルのコミュニケーションの範囲を超えたところにまで拡がる。インターネットで発信者となる際にまず身につけるべきリテラシーは、匿名性が「あるように見えて実はない」という間隙に潜むリスクを自覚することである。[5]

匿名（であるかのような）状況は、人を**脱抑制**[6]（disinhibition）状態にさせる。時としてそれは本音となったり虚言となったりするが、通常の対面場面では存在している社会的抑制が緩んだ状態である。しかし、そうした状態での情報発信であっても、発信者と発信された情報は容易に紐づけられ、マスメディアが負って（負わされて）きた発信者としての責任を、個人も等しく負わなければならない。しかも、インターネット上の情報は常にアーカイブ（記録・保存）されているため、発信者が完全に削除することは不可能である。

社会の高度な情報化とメディアの多様化に伴い、個人に求められるメディアリテラシーも多様化している。日々膨大な情報に接触し、また自らも発信可能な環境が整っている中で、受信者として批判的思考をもって情報に接することに加えて、発信者として発信できる／すべき情報とは何かを熟慮することが強く求められる。〔**三浦麻子**〕

[5] 三浦麻子（2013）「ネットのリスク」吉川肇子・杉浦淳吉・西田公昭（編）『大学生のリスク・マネジメント』ナカニシヤ出版 pp. 53-70.

[6] 心の「たが」が外れ、状況に対する反応としての衝動や感情を抑えることができなくなった状態。

3-7 リスクリテラシー

――的確なリスク認知のために

リスクとは、生命の安全や健康、環境や財産に望ましくない事象を起こす確率と損失の大きさの積で定義される[1]。**リスクリテラシー**とは、(a)リスクにかかわる情報を信頼できる情報源から獲得し、多面的に理解する能力、(b)リスクの低減にかかわる政策や対処行動を理解する能力、(c)リスクにかかわる意思決定や行動をする能力である[2]。

リスクリテラシーは、図1で示すように、①リスク情報を読み取るための統計（数学）リテラシー、②科学リテラシーの一部である科学的方法論・科学的情報の見方、それとかかわる③新聞、テレビなどのメディアから伝えられる情報を正しく理解し、適切な行動をとるためのメディアリテラシーによって支えられている。

リスクリテラシーは、市民が身につけるべき**市民リテラシー**の一つであり、経済リテラシー、ヘルスリテラシーなどに比べると、昨今のリスク社会の到来によって、必要とされるようになった現代的なリテラシーである。なお、リスクリテラシーは、領域リテラシーに対応する形でそれぞれ存在している（経済リテラシーには金融リスクリテラシー、ヘルスリテラシーにはヘルスリスクリテラシーなど）。リスクリテラシ

[1] 木下冨雄（2006）「不確実性・不安そしてリスク」日本リスク研究学会（編）『増補改訂版　リスク学事典』阪急コミュニケーションズ

[2] 楠見孝（2012）科学リテラシーとリスクリテラシー『日本リスク研究学会誌』23, 29-36.

ーとは、それらを領域横断してまとめた表現である。

■リスク認知を支えるリスクリテラシーと批判的思考

市民のリスク認知のプロセスは大きく次の四つに分かれる[3]。

①リスクの同定　リスクの存在に気づくことを含む、最初のステップである。特に知識や関心がない場合には、リスクに鈍感になり、その存在に気づかなかったり、**楽観主義バイアス**（たとえば、個人的リスクを過小に見積もり、自分は大丈夫と考える）が生じる場合がある。逆に知識がある場合には、敏感になり、リスクを予知、回避できる。

②リスクイメージの形成　リスク同定後のステップは、リスクに関するイメージを形成することである。リスクが制御不能で多くの人が被害を受けて破局に導かれるときは、**恐怖イメージ**が形成される（例：原発事故）。また、リスクが新奇で発生原因や将来の影響がわからないときは、**未知性イメージ**が形成される（例：新型感染症）。以上の①と②のステップでは、マスメディアによる報道頻度や内容と、それを読み解く市民のリスクリテラシーが影響する。

③リスクの推定　リスクの確率や大きさの推定を、専門家は、高

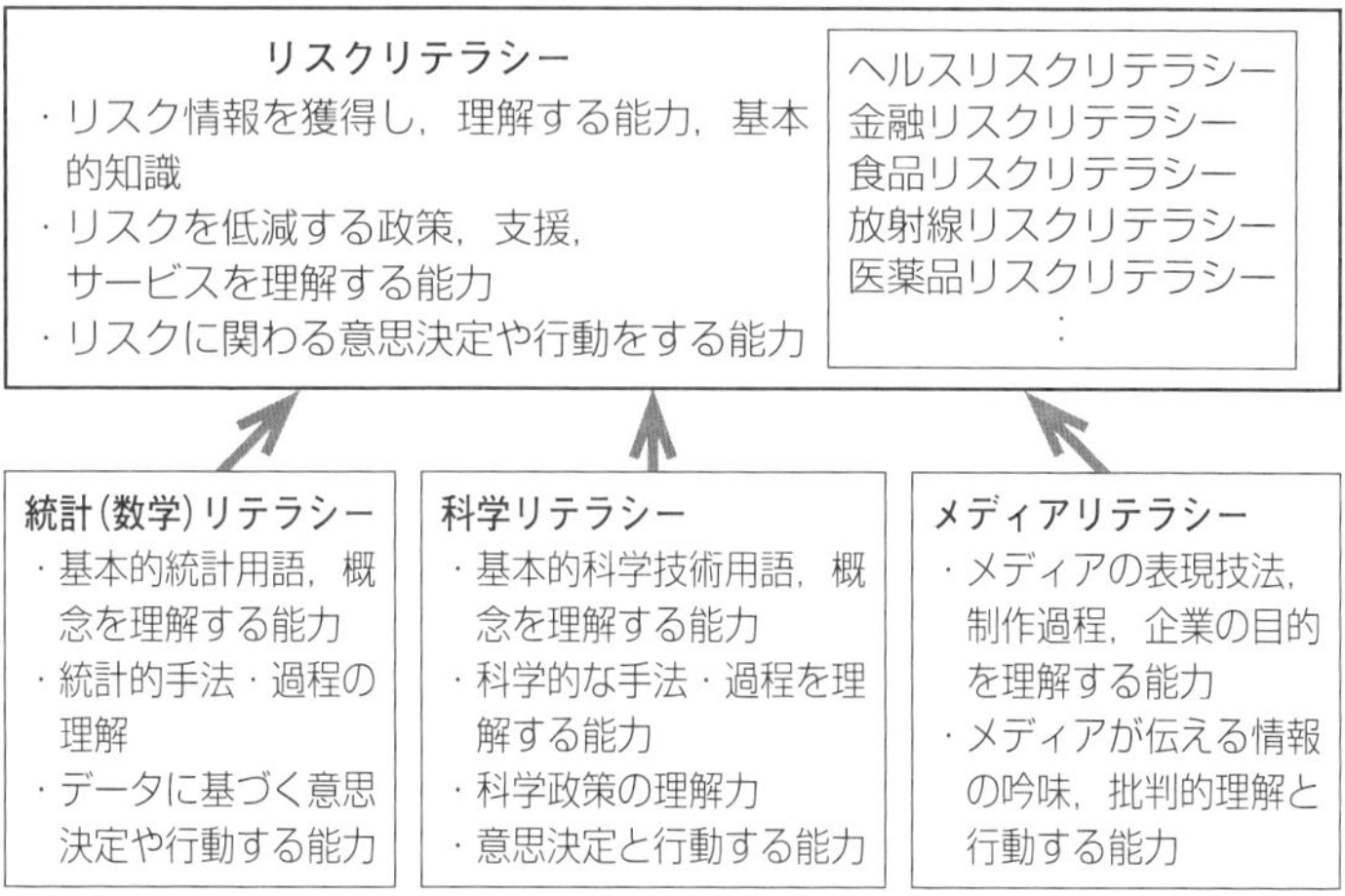

リスクリテラシー
・リスク情報を獲得し，理解する能力，基本的知識
・リスクを低減する政策，支援，サービスを理解する能力
・リスクに関わる意思決定や行動をする能力
ヘルスリスクリテラシー
金融リスクリテラシー
食品リスクリテラシー
放射線リスクリテラシー
医薬品リスクリテラシー
：
統計（数学）リテラシー
・基本的統計用語，概念を理解する能力
・統計的手法・過程の理解
・データに基づく意思決定や行動する能力
科学リテラシー
・基本的科学技術用語，概念を理解する能力
・科学的な手法・過程を理解する能力
・科学政策の理解力
・意思決定と行動する能力
メディアリテラシー
・メディアの表現技法，制作過程，企業の目的を理解する能力
・メディアが伝える情報の吟味，批判的理解と行動する能力

図1　リスクリテラシーを支えるメディア，科学，統計リテラシー（楠見，2012）

いレベルのリスクリテラシー（統計データや理論など）に基づいて行う。一方、市民は、簡便な発見法的方略である**ヒューリスティック**[4]を用いて直観的にリスクを判断することがある。たとえば、リスク事例がどのくらい思い出しやすいかという**利用可能性ヒューリスティック**（例：航空機事故の直後は航空機リスクを高く判断）、リスク事例がどのくらい典型性が高いかという**代表性ヒューリスティック**（例：航空機事故が、機体構造上の原因ならば典型性は高く、機長の錯乱が原因ならば典型性は低い）で確率を判断する。こうした直観的判断は、認知的、時間的なコストは小さいが、確率以外の要因の影響を受けるため系統的な**認知バイアス**が生じる。したがって、市民は、こうした認知バイアスがあることを自覚したうえで、統計的データを根拠としてリスクを推定することが必要である。

④リスク評価　リスクを推定した後の評価において、市民は、**リスクの受容可能性**に基づいて判断することが多い。ここで、リスクが便益をもたらすならば受容されやすい（例：自動車）。また、自発的行動によるリスクは受容されやすい（例：喫煙行動）。反対に、②の不安や恐怖イメージをもつリスクは拒否に結びつく。特に、健康や生命に関するリスクには敏感（例：原発、航空機事故、ＢＳＥ）で、きわめて低確率であっても受容されず、**ゼロリスク要求**が生じる。一方、専門家や行政機関の場合は、リスクは確率に基づいて判断がされる。きわめて低確率ならば、リスクは小さいと評価される。また、ある低確率のリスクから、さらにリスク削減する際に膨大なコ

［3］楠見孝（2006）「市民のリスク認知」日本リスク研究学会（編）『増補改訂版　リスク学事典』阪急コミュニケーションズ

［4］楠見孝（2013）「ヒューリスティック」日本認知心理学会（編）『認知心理学ハンドブック』有斐閣　項目1－11「ヒューリスティックとバイアス」を参照。

ストがかかるときは、費用対効果の点から評価を行い、⑤における対策を検討する。

⑤リスクコントロール　リスク生起確率と結果の程度を低減する対処行動には、予防・防災行動や行政の規制・対策を要求することなどがある。ここでは、専門家や行政による市民に向けた**リスクコミュニケーション**[5]、学校における**安全教育**、**防災教育**などによって、正確なリスク情報だけでなく、安全を高める行動やリスク対処スキルについて適切な知識を提供し、リスクリテラシーを高めることが重要である。

[5] 項目3－8「リスクコミュニケーション」を参照。

■リスクリテラシーを支える統計リテラシーと批判的思考

リスク情報を正確に理解し行動するためのリスクリテラシーには、**統計リテラシー**が必要である。リスクリテラシーにおいて重要な統計リテラシーの要素は、(a)確率や比などの統計用語や概念の理解を踏まえて、サンプリング、対照群、確率計算などの手法を理解し、(b)データに基づいてリスクの推定・評価、意思決定する際に、データの誤差や不確定性、交絡などを踏まえて判断することである。特に、リスクは不確実な事象として、きわめて低い確率として表現され、市民には直観的にはわかりにくいことがある。たとえば、病気になる確率0・001パーセントは、「10万人中1人」といった具体的数字や頻度に置き換えるとわかりやすい。また、3名の死者が薬の副作用で出た場合には、服用者が100人なのか、5000万人なのかという分母が明示されていなければリスクをとらえることはできない。そのほかにも、因果関係を調べるには、図2のように2×2の分割表を作ることによって、喫煙者の肺がんのリスクは非喫煙者の5倍（リスク比）であるととらえることができる。[6]

■リスクリテラシーを支える科学リテラシーと批判的思考

リスクにかかわる**科学リテラシー**は、科学的知識と批判的思考に基づいて、自然界と科学技術がかかわるリスクを理解し、リスク対処行動をとることを支えている。ここで、科学リテラシーは、大きく三つに分かれる。[7] (a)（マスメディアにおいて取り上げられるリスクを理解するための）基本的な科学概念や用語の理解（例：地震、放射能など）、(b)リスクの科学的探究法の理解（例：疫学調査など）、(c)科学・技術が個人や社会に及ぼすリスクやベネフィットの理解である。さらに市民そして専門家にとっては、科学にかかわる社会的な問題解決のためには、**叡智**としての科学リテラシーが必要である。[8] そこでは、(d)個人・社会・文化およびその背後にあるリスクと科学に関する価値観の差異の理解に基づく相対主義的な考え方が重要である。特に、論争的な問題に関する賛否は、個人の価値観や考え方によって判断が異なること、判断に認知バイアスが生じることを理解することが大切である。さらに、(e)個人や科学的知識の限界による不確定性があることを理解し、リスクを取り巻く複雑な要因をとらえ、利害対立やジレンマを踏まえた意思決定を行うことである。

市民にとって、リスクのかかわる問題に叡智をもって対処するには、次に述べるメ

	肺がんあり	肺がんなし
喫煙する 100人	20人 （絶対リスク20%）	80人
喫煙しない 100人	4人 （絶対リスク4%）	96人

図2　喫煙と肺がんの関係を示す2×2分割表（中山, 2012を改変）

[6] 項目3−5「数学・統計リテラシー」と、左記を参照。
中山健夫（2012）『京大医学部の最先端授業！「合理的思考の教科書」』すばる舎

ディアリテラシーと批判的思考によって、リスク情報を読み解くことが必要である。

■リスクリテラシーを支えるメディアリテラシーと批判的思考

リスク情報を読み解く**メディアリテラシー**には、(a)メディアの表現技法、制作過程(編集による取捨選択や誇張など)と、マスコミ企業の特質(利潤を目的とし、パワーをもつ組織である、スポンサーとの利益相反がありうるなど)を理解することと、(b)メディアが伝えるリスク情報を批判的に吟味、理解し行動することである。メディアリテラシーは、市民がリスクなどの新しい知識を獲得する際に重要な役割を果たしている。したがって、人が、メディアから伝えられるリスク情報を理解し、適切な行動をとるためには、メディアリテラシーとリスクにかかわる領域のリテラシー(経済リテラシー、ヘルスリテラシーなど)、批判的思考のスキルと態度を身につける必要がある。また、リスク情報はマスメディアだけでなく、インターネットを介して利活用することが増えているので、**ネットリテラシー**が重要になってきている[9]。

市民がマスメディアやインターネットから、信頼できるリスク情報を自分で集め、家族、職場、地域、インターネットなどのコミュニティにおいて、その情報を人に正確に伝え、考えや価値観の違う人の意見に耳を傾けること、そして、個人および社会のリスクに対処して幸せな人生と社会を築くことが、市民のリスクリテラシー育成の目標である。

〔**楠見　孝**〕

中山健夫(2014)『健康・医療の情報を読み解く：健康情報学への招待　第2版』丸善出版

山崎新(2012)『環境疫学情報のリスク・リテラシー』京都大学学術出版会

[7] 項目3－3「科学・技術リテラシー」と、左記を参照。

Miller, J.D. (1983) Scientific literacy: A conceptual and empirical review. *Daedalus*, *112*, 29-48.

楠見孝(2014)「科学コミュニケーションにおける批判的思考」鈴木真理子ほか(編)『科学リテラシーを育む科学コミュニケーション』北大路書房

[8] 項目1－15「叡智」と、左記を参照。

Baltes, P.B. & Smith, J. (2008) The fascination of wisdom: Its nature, ontogeny, and function. *Perspectives on Psychological Science*, 3, 56-64.

[9] 項目3－6「メディアリテラシー」を参照。

3-8

リスクコミュニケーション

——適切にリスクを伝達・共有する

■科学技術の発展とリスク社会

交通システムの発達、インターネットの普及、革新的な医療技術の開発など、近代の科学技術の目覚ましい発展により、私たちの社会生活にはさまざまな形で計り知れないほど多くの恩恵がもたらされた。しかしそれと同時に、その利便性の裏にあるリスク[1]という概念に注目が向けられるようになってきた。私たちは、社会生活のなかにあるさまざまなリスクとどのようにつき合っていくかという難しい問題に直面している。そのために必要な社会技術の一つが**リスクコミュニケーション**である。

リスクにかかわる情報のやり取りは、すべてリスクコミュニケーションと言うことができる。たとえば、医薬品の添付文書には併用禁忌や副作用についての説明が書かれているし、電化製品や遊具の取扱説明書には誤った取り扱いをすると死亡または重傷を負う可能性があるといった警告や注意事項が書かれている。このような専門的な立場の人から一般の人々に向けられたリスク情報の提供もリスクコミュニケーションの一つの形態ではある。しかし、単にリスク情報を受動的に読むだけでは厳密にはリ

[1] リスクとは、学術的には、被害の重大さとその生起確率の積で定義される。つまりある被害の起こりやすさのことである。ただし一般の人々は、被害の起こりやすさではなく、恐ろしいものや未知のものに対してリスクが高いと感じることが知られている。

Slovic, P. (1987) Perception of risk. *Science*, *236*, 280-285.

スクコミュニケーションとはいえない。リスクコミュニケーションは、「個人とグループ、そして組織の間で、情報や意見を交換する相互作用的過程である。リスクの特質についての多種多様なメッセージと、厳密にリスクについてでなくても、関連することや意見、またはリスクメッセージに対する反応やリスク管理のための法的、制度的対処への反応についての他のメッセージを必然的に伴うもの[2]」と定義される。リスクコミュニケーションが専門家や一般の人々を含めた利害関係者間の双方向的なコミュニケーションであること、そして、リスクに関する情報だけではなく、一般の人々がもつリスクやその管理の仕方についての意見や反応に関するコミュニケーションを必然的に含むことがその特徴として強調されている[2]。リスクコミュニケーションにおいて市民がリスクに対する関心や意見を表明するためには、社会に存在するさまざまなリスクに対して批判的思考を行うことが必要となる。

[2] National Research Council (1989) *Improving risk communication*. Washington, DC: National Academy Press.

■リスクコミュニケーションの送り手の義務

リスクコミュニケーションは双方向的に行われるものであるが、特にその送り手に対しては四つの義務があることが指摘されている[3]。第一は、**実用的義務**である。危険に直面している人々は、その危害から逃れられるような情報を与えられなければならない。第二は、**道徳的義務**である。市民は、選択権を施行することができるような情報を得る権利をもっている。第三は、**心理的義務**である。人々は情報を求めている。

[3] Stallen, P. J. & Coppock, R. (1987) About risk communication and risky communication. *Risk Analysis*, 7, 413-414.

人々が恐怖心を克服したり、欲求を満たしたり、運命をコントロールするために必要な知識を否定することは不合理なことである。第四は、**制度的義務**である。市民は、民主主義制度の根幹として、政府が産業リスクやその他のリスクを効果的かつ効率的なやり方で規制することを期待している。リスクコミュニケーションの送り手は、これら四つの義務を果たさなければならない。しかし、東日本大震災における福島第一原子力発電所の事故後の政府の対応をみる限り、放射線に関するリスクコミュニケーションがこれら四つの義務を適切に果たしていたとは言いがたい。政府からの発表は遅れ、国民がパニックになるかもしれないという理由で情報の公表が避けられたりした。これでは、実用的義務も道徳的義務も果たされていたとは言えない。その過程では、心理的義務はないがしろにされ、制度的義務も十分ではなかった。このため、政府や専門家に対する不信感は強まり信頼は崩壊した。人々の放射線に対する不安は高まり、事態改善のための有効な対策が実行されないまま時間だけが過ぎていった。

■リスクコミュニケーションで市民に求められるもの

このように放射線のリスクコミュニケーションにおいては多くの問題が露呈することになった。問題は送り手である政府の側だけにあるのではない。リスクコミュニケーションの送り手が四つの義務を適切に果たすためには、受け手である市民がリスクコミュニケーションの役割である関心や意見の表明を適切にすることが不可欠となる。それは、リスク管理責任者に対して、一方的に過剰な**ゼロリスク**[4]の達成を求めたり、不正確な情報に基づいた極度の感情的な反応をしたりすることではない。もちろん、放射線のリスクにさらされた人々のゼロリスク要求は強く、その不安は非常に高いことはよく知られている。そのような欲求に応え不安を取り除く努力はできるかぎり行われなければならない。しかし、リスクコミュニケーションの目的は、市民の不安を解消することだけではない。リスク管理機関と市民との間で信頼関係を構築し、現実的な施策としてリスクを削減し被害軽減をするためにはどうすればよいのかを共考し、多くの人々にとって住み良い社会の構築をめざすことである。多様な価値観をもつ利害関係者がいるなかで、このような事態を解決することは難しい。だからこそ、リスクコミュニケーションにおいて批判的思考は不可欠な要素であり、賢い市民が増えることが求められているのである。

[4] たとえば、自動車事故による死亡リスクを考えると、自動車を社会からなくさない限り、リスクを削減することはできてもリスクをゼロにすることはできない。しかし私たち日本人は、一人の死者も出さないという強いゼロリスク要求を持っていることが明らかにされている。
中谷内一也（2002）ゼロリスク要求についての領域分類：認知的特性の探索的研究『社会心理学研究』*17*, 63-72.

■リスクコミュニケーションの事態

リスクコミュニケーションが扱う問題は二つに区別することができる。[2] 一つは、**社会的論争の事態**（public debate）である。これは、原子力発電の賛否や、公共の場所での喫煙の問題など、さまざまな立場の人々が存在し、多様な価値観に基づく考え方があるなかで、関係する問題や決定に関する利害関係者全体の理解が深まり、適切な満足感が獲得されたうえで、信頼関係を構築しながら社会的な合意形成をどのように行っていくかという問題である。もう一つは、**個人的選択の事態**（personal choice）である。これは、喫煙をするか、生活習慣病にならないための努力をするか、災害に備えて適切な防災対策をするかなど、個人がリスクについて判断し、意思決定や行動をするうえで、適切な情報が十分に与えられているかどうかという問題である。この二つの事態は必ずしも明確に区別できるわけではない。たとえば、放射線の健康影響について安全基準をどのように定めるのかというのは社会的論争の事態であるが、放射線量が基準値以下の地域に住み続けるのか、それとも不安だから避難をするのかといった判断をすることは個人的選択の事態である。いずれの事態においても、リスクに関する十分な情報が提供されることは重要であり、そのためには人々がリスクの問題に強い関心をもち、批判的思考をしながらその問題を解決しようとする積極的な姿勢を示すことが求められる。

■リスクコミュニケーションの難しさ

近年わが国においてもさまざまな分野でリスクコミュニケーションという言葉が使われるようになってきた。特に、福島第一原子力発電所の事故を受け、放射線の健康影響に関するリスクコミュニケーションが活発に行われてきた。しかし、事故直後から今日にいたるまでの日本の状況を振り返ると、リスクコミュニケーションを成功させることは、リスクの送り手や受け手の問題だけでなく、リスクというものの本質にかかわる非常に難しい問題であることがわかる。

リスクは、「危険」と訳されることが多い。しかし、本来リスクには確率的要素が含まれており、不確実性やあいまいさを伴うことが大きな特徴の一つである。そして、このあいまいさという特徴を適切に伝え、人々が理解することは非常に難しい。たとえば、低線量の放射線の健康影響リスクについて考えてみよう。被ばくによってがんになる確率がどのくらいかという科学的なデータが提示され、その確率が非常に低かったとする。しかし、多くの人が気にするのは結局のところ「自分（あるいは自分の子ども）ががんになるのかならないのか」というゼロか1かの問題なのであり、その確率的な評価を知りたいわけではない。科学的なデータは、あくまで確率的にしか物事をいうことはできない。また、低線量の放射線の健康影響については確率的なデータを提示することさえ困難であると言われている。このため、自分の未来についての確定的な答えがほしいという人々の関心や疑問に、専門家は正確に答えることはできない。

科学的な予測は、確率的あるいは不確実にしかわからない場合が多い。しかし、私たちの社会生活における具体的な判断や意思決定は、確率的ではなく確定的に行われる。このため、リスクの不確実性やあいまいさといった特徴を適切に理解し、それを私たちの社会生活に役立てることは難しい。その困難さを克服するためには批判的思考を伴ったリスクコミュニケーションが必要なのである。

〔**元吉忠寛**〕

3-9

消費者市民の経済リテラシー

——消費行動に伴う社会形成を考える

批判的思考をもった市民は、より良い社会の形成に、どのように貢献するのであろうか。市民の一票が集まり、政治家が選ばれる。同様に金銭を使う行為は、どの企業を選ぶかを決める一票であり、**経済投票権**[1]と呼ばれる。モノの購入、投資、納税という金銭の力を用いて、経済社会を変えていこうとする存在を**消費者市民**と呼ぶ。市民社会の形成を経済という側面からみるとき、「誰」が「どのように」かかわっていくのかが鍵となる。その「誰」に対応する概念として、ここでは「自覚的な経済投票権で経済社会を変革できる消費者市民」としたい。また、「どのように」への対応として「私的個人的消費生活と社会的協同的消費生活における二つの種類の意思決定」によってとしたい。この二つの意思決定プロセスの活性化に、批判的思考は必須となる。

魚住[2]は、「『グローバル経済』社会を『消費者』として『職業人』として『市民』として生きる」ために子どもたちに**経済リテラシー**が必要であると述べる。消費者市民としての経済リテラシーは、単に経済を読み解く能力だけではなく、①働いて収入を得る、②商品を購入し消費する、③貯蓄をする、④借金をする、⑤企業へ投資をす

[1] 花城梨枝子（2009）消費者シティズンシップ教育試案：よりよい社会のための責任ある経済投票権の行使『国民生活研究』*49*

[2] 魚住忠久（2005）「新しい経済教育を創る意味と課題：序にかえて」魚住忠久・山根栄次・宮原悟・栗原久（編著）『グローバル時代の経済リテラシー：新しい経済教育を創る』ミネルヴァ書房ii

[3]る、⑥リスクへの対応として私的保険をかける、[4]⑦税金を納める、⑧社会保険を支払う、⑨年金・介護保険・社会保障を受給する、などの経済活動で責任ある行動を決定できる能力であろう。このうち①~⑥は、労働で獲得した収入を振り分けていく、**私的個人的意思決定**による金銭配分である。さらに、私たちがつくる市民社会は、すべての人に共通する何らかのリスクを、個人的自己努力による自助だけではなく、助け合いの共助や再分配の公助として解決している。公助は、子育て、教育、介護、高齢期に利用できる社会保険や社会保障であり、それは社会的・協同的な消費として、税金や公的保険制度で対応している。⑦~⑨の納税、年金、介護保険の利用、生活保護は、その支払いだけでなく、受け取りも、何らかの公的システムを迂回して家庭に入る。個人の直接的な自由意思に依らないという点で、さらに社会システムとして働くという点で、これら⑦~⑨を**社会的共同的意思決定**による金銭配分としたい。

■私的個人的意思決定における経済リテラシー

私的個人的意思決定のプロセスは、①解決すべき真の問題は何かを明らかにする、②選択肢を挙げる、③情報を集める、④選択肢のメリットとデメリットを明らかにする、⑤自分の使える資源（金銭、時間、体力、助け合える人間関係など）を明らかにする、⑥情報と資源を組み合わせて、各選択肢の結果を予測する、⑦すべての人がそのように行動したらどうなるのか、自分の生き方や価値観に合わせて責任ある選択肢

[3] 日本証券業協会と東京証券取引所の共同実施による「株式学習ゲーム」（http://www.ssg.ne.jp/）では、仮想所持金（1000万円）をもとに、その日の実際の株価に基づいて株式の模擬売買シミュレーションができ、株取引に必要な知識やスキルを学ぶことができる。

[4] 貯蓄広報中央委員会や生命保険文化センターでは、各種保険商品購入の注意やリスク管理、さらに生活設計診断やローンのシミュレーション、家計の資産管理簿や子ども向けおこづかい帳のダウンロードも可能である。
http://www.shiruporuto.jp/finance/
http://www.jili.or.jp/knows_learns/basic/index.html

は何か、何をすべきかの実践的推論を働かせる、⑧選んで決定する、の順となる。[5]

批判的思考は、なぜ、どうして、何のために、その根拠は、何らかの先入観や偏見にとらわれていないかなど、さまざまな角度から自問自答することによって、情報や自分自身の思考を明確化していくプロセスである。意思決定プロセスで批判的思考が必要となる最初の場面は、解決すべき問題の特定である。何のための意思決定か、真の問題は何なのかを明確化し、それを正しく評価することから始まる。⑥、⑦のステップでは、実現可能な真の問題解決に役立つ選択肢を、根拠をもって絞っていくことになる。最終的な決定は、集めた情報や自分がもっている資源、生き方の指針である価値観を、相互にシステマティックに呼応させる。ここで働く批判的思考は、あたかも、複数の鏡（情報、資源、価値観）を向かい合わせてそこから出る光を交互に反射（reflection）させながら、ああならこう、こうなら次は、ではその次はと、内省しながら一つの方向に収斂させていく熟慮する態度であり、それによって理に適った、説得力をもつ解を発見していく認知的領域のスキルでもある。

私的個人的意思決定は、生活のなかで自己完結する決定ではあるが、それは市民生活を取り巻く企業、地域、外国、自然環境、国の社会保障のあり方にも影響を与えている。たとえば、国産ネギの代わりに外国産の安いネギを買う意思決定は、日本の農業に影響する。また、どれだけ儲かるかで株を買うのではなく、世界平和、地域、環境、福祉への貢献、障がい者や社会的弱者の登用を行っている企業銘柄を選ぶことは、

［5］「車の購入」を例にとると、多くの消費者は、すぐに②③④のステップで、車種や値段、性能に関する情報を収集して比較して選ぶことになる。しかし満足度の高い意思決定に重要なことは最初の①解決すべき真の問題は何かの明確化である。真の問題が、友人への自慢なら車でなくてもよい。遅刻をしないためなら、目覚まし時計でもよい。また⑦で自分らしく生きることを考えると、自転車や歩くことも選択肢となる。最初から車の購入を前提とするのではなく、真の問題を明らかにすることや自分の価値観を問うことで、後悔の少ない解決策の模索が可能となる。

より良い社会形成につながる投資となる。ここで重要なことは、もしすべての人が同じようなことをしたら自然環境、社会、経済はどうなるのか、次世代へどう影響するかと、自分を取り巻く現実の社会への波及、なすべき責任を考え、選択した後の結果を推理、洞察する実践的推論である。消費者市民は、個人的な利益を超えた価値観や規範で、自分はどうすべきかを意思決定し責任ある行動が実践できる市民である。

■社会的共同的意思決定における経済リテラシー

社会的共同的意思決定は、自己完結ではなく、他者との討論や合意形成、連帯による意思決定となる。そのプロセスは、①解決すべき課題を設定する、②情報を収集して取捨選択する、③意見を発表し、討論し、④解決するための方策を交渉、調整する。⑤結論に協力して連帯する、となる。[6] ③、④、⑤では、自分とは違う意見に対して寛容であること、討論して納得がいくなら、これまでの信念を変えるのにためらわないこと、自分の意見もあくまでの一つの視点であり、違う意見であっても、どうすればパートナーシップを築けるかの合意を探ること、合意の後には、喜んで協力する態度などは、オープンマインドな批判的思考である。「他者と共存・共栄していけるコミュニケーション能力や自他を公平に捉える思考力、他者を多面的に理解する」[7] 批判的思考は、意見の違いを争いではなく協力で解決していく、より良い社会形成にかかわる能力である。

〔**花城梨枝子**〕

[6] 社会的協同的意思決定における題材設定や高校生への学習は、消費者市民プロジェクト学習の提案（前掲、花城論文）や消費者教育テキスト「社会をつなぐあなたの消費」（NPO 消費者センター沖縄、監修：花城）を参照のこと。
http://www.pref.okinawa.jp/site/kodomo/kemminseikatsu_center/1120.html

[7] 道田泰司（2013）批判的思考の展望『教育心理学年報』52, p. 133.

3―10

リーガルリテラシー

――自らの法的権利を自覚する

■リテラシーとリーガルリテラシー

リテラシーは文章を読み、理解し、自分の意見を文字に書き表して表明する能力のことである。学問的知識や法律、新聞やテレビの報道、さまざまな手続きのマニュアルなど自然や社会に関する知識は文字で表現され、流通する。また口頭でのみやり取りされる情報には、しばしば偏りや歪曲がみられる。したがって、リテラシーを欠いた状態で生活する人々は、必要な情報を受信することも、発信することもできないだけではなく、社会のなかで孤立し、搾取されたり、だまされたりしやすくなる。生活のなかで接する情報の偏りや、歪曲を見抜き、自律的な生活を社会のなかで送るためには、人々が批判的思考により情報の妥当性や情報源の信頼性を評価できることが重要である。ところが、批判的思考力を発揮するためには、リテラシーを身につけ、文字で表現された情報を理解したり、情報を自分自身で文字化したりできることが必要である。このように、リテラシーは社会のなかで尊厳が守られた生活を送るために不可欠の能力である。

法は、暴力や搾取により権利が侵害されることから個人を守り、正義に適った仕方で紛争を解決することを目的とする社会規範である。リテラシーに加えて、法や権利の基礎的な理解をもっていれば、権利を侵害されたり、紛争に陥ったりしたときに、一般の人々が、自分が置かれている状況を反省的に振り返り、必要な法的助力をより効果的に調達することができるだろう。この意味で、法や権利の基礎的な理解は、実生活のなかで自分たちの権利を守り、紛争を解決するために批判的思考力を発揮するための前提となる[1]。**リーガルリテラシー**とは、広義には、通常のリテラシーを基礎とする、法一般に関する知識や運用能力のことであるが、この語の通常の用法では、そのなかでも特に法の理解に基づく一般の人々の紛争解決能力を意味する。より詳しくは、リーガルリテラシーとは、法的権利や義務を理解し、法の専門家の助力を得ながら、法を使って問題を解決する能力のことである[2]。

二〇〇九年に導入された**裁判員制度**では、裁判員として刑事裁判に参加することが成人した国民の義務とされており、一般の人々が法や権利に対する基礎的な理解をもつ必要性がより高まっている。ただ、特にリーガルリテラシーをもつことが重要なのは、社会的弱者である。社会的弱者は、自分たちの法的権利が不当な仕方で侵害されているときに、そのことを認識し、法的手段を使って利益を守ることができないことがしばしばある。リーガルリテラシーは、社会的弱者に対して自分たちの法的権利に関する認識をもたらし、法によって自身の利益を守る能力を与えると期待されている

[1] たとえば左記に、法と権利に関する基礎的な知識がまとめられている。
道幸哲也・加藤智章（編著）(2012)『市民社会と法』放送大学教育振興会

[2] The John Howard Society of Canada (1996) Literacy and the Courts: Protecting the Right to Understand. (www.johnhoward.ca/document/litcou/english/page_vii.htm)

のである。

■リーガルリテラシー推進運動

国際的にリーガルリテラシーの推進を先導してきたのは、女性の地位向上をめざす政治活動である。一九九五年に北京で開催された第4回世界女性会議の行動要綱において、リーガルリテラシーの達成が、戦略目標の一つとなった。それを受けて、日本では、翌年の一九九六年に内閣府が策定した「男女共同参画2000年プラン」において、法識字（つまり、リーガルリテラシー）の強化が施策の目標として登場する。現在では、さまざまな地方公共団体が実施する男女共同参画計画のなかで、リーガルリテラシーの向上は、男女共同参画社会の実現のための有力な手段として位置づけられている。

リーガルリテラシーの広報・啓蒙活動を特に強力に推し進めているのはインドである。インドは二〇〇五年から5年間にわたって、全国リーガルリテラシー運動を実施した。[3] インドがリーガルリテラシーの教育に力を入れているのは、憲法など法が定める規範とインド社会の現状との間に存在する乖離を埋めていくためである。インドは世界最大の民主主義国家であり、インド国憲法は平等権を保証し、人々が性別や宗教、カースト、信条、人種、出生地に基づく差別を受けてはならないと規定している他、ジェンダーやカーストに関する積極的格差是正措置を行う規定を含んでいる。[4] し

[3] Kumar, A. (2013) *Legal Literacy : Cornerstone For A True Democracy*. Norderstedt : GRIN Verlag GmbH.

[4] インドにおいて女性の社会的地位やそれに関連する法規定については、左記の序論を参照。
Nussbaum, M.C. (2000) *Women and human development : The capabilities approach*. Cambridge : New York : Cambridge University Press. [M・C・ヌスバウム／池本幸生・田口さつき・坪内ひろみ(訳)(2005)『女性と人間開発：潜在能力アプローチ』岩波書店]

かし、現実には、インドには著しい男女差別、カースト差別がある。たとえば、男女差別に関連する指標をみてみると、人口男女比では女性が著しく少数で（二〇〇一年では、男性１００名に対して、女性93・３名）[5]、識字率でも男女間に大きな格差がある（二〇〇一年では、男性の識字率は64・１パーセント、女性の識字率は45・８パーセント）[6]。このことは栄養・健康面や教育面で女性が不利な立場に置かれていることを示している。また、女性に対する家庭内暴力やレイプの事件も多発している[7]。このような女性など社会的弱者に対する人権侵害に対処するために、インド政府は一九九五年に全国法サービス公社の活動を開始し、法的支援を行っている。リーガルリテラシー教育を実行しているのは、主に全国法サービス公社であり、それにNGO、それから大学が助力する体制をとっている。

女性や特定の階層に対する差別は、偏見、貧困、経済格差など複数の要因が複雑に絡み合って生じる。さらに開発途上国の場合、社会的弱者は教育機会を得ることが難しく、リテラシーをもたないことも多い。そのことが、社会的弱者を従属的立場に追いやっている。ただ、女性や特定の集団に対する差別は、開発途上国に限定されているわけではなく、先進諸国にも広くみられる現象である。社会的弱者のエンパワーメントのためには、リーガルリテラシー教育だけでは不十分であり、その基礎となるリテラシー教育や、経済的自立を促す支援の実施、暴力から守る制度の導入など複合的な取り組みを行うことが重要である。

〔原　塑〕

[5]　ヌスバウムによれば、男女がおかれている衛生・栄養状態が同じであれば、男性１００名に対する女性の比率は１０２・２名になるはずであり、女性の対男性人口比が著しく少ないことは、女児が男児と比べて栄養摂取や健康管理において不平等な扱いを受けていることを示唆する。

[6]　太田まさこ（2010）社会指標で見る女性の状況と現実：インド・ケララ州を事例として『アジア女性研究』19, 1-17.

[7]　S・パメラ（2010）インドにおける女性の権利とジェンダーに基づく暴力『国立女性研究会館研究ジャーナル』14, 145-153.

3-11

セキュリティリテラシー

――個人情報漏えいに対応する

近年、コンピュータやスマートフォン、タブレット型端末に代表されるスマートデバイスの普及が進み、老若問わず、日常のさまざまな場面において、情報機器を使いこなす能力が要求されるようになった。**セキュリティリテラシー**とは、情報機器のセキュリティ対策を行う際に必要な知識や能力を指す。言い換えれば、情報機器利用に際して、どのような脅威が存在するかという知識と、その脅威から身を守るための対策のことである。セキュリティリテラシーは、**情報リテラシー**[1]の一部であり、**リスクリテラシー**[2]において情報セキュリティに限定された下位リテラシーである。

インターネットが急激に普及して以来、個人や企業などの組織が所有するコンピュータに対し、コンピュータウイルス対策、OS（オペレーションシステム）やアプリケーションの脆弱性への対策、侵入検知システムの設置、ネットワークの監視といった物理的対策によりコンピュータを守ることが主なセキュリティ対策であった。しかし、近年のスマートデバイスの加速的な普及により、端末を持ち運ぶことが容易になり、端末内の**個人情報漏えい**の危険性が今まで以上に高まり、従来の物理的対策だけ

[1] 項目3-2「学問リテラシーと研究リテラシー」を参照。

[2] 項目3-7「リスクリテラシー」を参照。

ではなく、個人ユーザーに対する人的なセキュリティ対策も重要となっている。同時に、クラウドサービスの普及により、サービス提供者に対する攻撃や不正アクセスによりユーザーが意図しない個人情報漏えいの危険性も増している。

さらに、スマートデバイスを標的としたウイルスや不正アプリの台頭、フィッシング詐欺と呼ばれる、メールを入口として偽のウェブサイト（フィッシングサイト）に誘導し、インターネットバンキングやオンラインゲームなどのウェブサービスで使用するIDとパスワード、クレジットカードなどの個人情報や秘密情報を盗み取る犯罪の急増といった新たな脅威に対する知識とその対策が必要とされている。

■パソコン利用に関する情報セキュリティの脅威と対策の現状

独立行政法人情報処理推進機構（IPA）が二〇一三年に実施した情報セキュリティの脅威に対する意識調査[3]によると、「ワンクリック請求」、「スパイウェア」、「ボット」、「フィッシング詐欺」、「脆弱性（セキュリティホール）」、「標的型攻撃」、「マルウェア」、「偽セキュリティソフト」の8項目の攻撃や脅威に関する認知度について、**パソコン習熟度**[4]が高いほどそれぞれの脅威に対する認知度が高く、習熟度が低いほど認知度も低いという結果が報告されている。特にパソコン習熟度が低い層の「ワンクリック請求」、「スパイウェア」、「フィッシング詐欺」を除く5項目の認知度は最も高いものでも3割強であった。また、所有するパソコンやネットワークに関するセキュ

[3] 独立行政法人 情報処理推進機構（2013）二〇一三年度 情報セキュリティの脅威に対する意識調査：調査報告書（https://www.ipa.go.jp/security/fy25/reports/ishiki/）

[4] 脚注3の調査の「パソコンの習熟度」10項目のチェック数により、4つのレベルを設定している。
レベル1：10個
レベル2：8〜9個
レベル3：5〜7個
レベル4：0〜4個
なお、項目は「電子メールの送受信やウェブサイトの閲覧ができる」、「パソコンにデータを保存したり開いたりできる」、「ソフトウェアをインストールして使うことができる」、「コントロールパネルを開いて設定を変更できる」、「パソコンをインターネットに接続する設定ができる」、「パソコンののパーツ（ハードディスクやメモリなど）の交換ができる」といった内容である。

リティ対策の実施状況についても攻撃や脅威の認知度の調査結果と同様に、セキュリティ被害やトラブル経験の有無にかかわらず、パソコン習熟度が高い層ほどセキュリティ対策の実施割合が高く、パソコン習熟度の低い層では実施割合が低いという結果が示されている。特に「Windows Update などによるセキュリティパッチの更新」、「Adobe Reader および Adobe Flash Player のバージョンアップ」、「セキュリティソフトやサービスの導入」といった所有するパソコンに対する対策、「不審な電子メールの添付ファイルは開かない」、「怪しいと思われるウェブサイトにはアクセスしない」、「よく知らないウェブサイトではファイル（ソフトウェア）をダウンロードしない」といったインターネットを利用する際の日常的行動についてパソコン習熟度によって実施割合に大きな差がみられる。

■個人情報漏えいインシデントの現状

NPOネットワークセキュリティ協会（JNSA）が発表した二〇一二年および二〇一三年情報セキュリティインシデントに関する調査報告[5][6]によると、個人情報漏えいインシデントの件数は、二〇〇八年から二〇一一年までは1500件前後を推移し、二〇一二年に約2300件と大幅に増加したが、二〇一三年には二〇一一年と同程度まで減少した。漏えい人数については二〇〇八年以降、700万人から900万人の間を推移している。しかし、個人情報漏えいインシデントのトップテンをみると、二

[5] NPO日本ネットワークセキュリティ協会（2013）二〇一二年情報セキュリティインシデントに関する調査報告：個人情報漏えい編【上半期速報版】（http://www.jnsa.org/result/incident/2012.html）

[6] NPO日本ネットワークセキュリティ協会（2014）二〇一三年情報セキュリティインシデントに関する調査報告：個人情報漏えい編（http://www.jnsa.org/seminar/2014/0610/data/A4_incident.pdf）

〇一二年度では、「管理ミスを原因とする金融業、保険業におけるインシデント」が半数近くを占めていたが、二〇一三年度では、「不正アクセスを原因とする情報通信業におけるインシデント」が半数以上を占める結果である。一方で、原因別の漏えい件数についてみると、「誤操作」、「管理ミス」、「紛失・置き忘れ」といった人的ミスに関係する原因が約8割を占める結果である。これらの結果を解釈すると、依然として人的ミスによる個人情報漏えいが多く起こっているが、新たな脅威としてインターネット上のサービスに蓄積された個人情報を詐取されるリスクが高まっており、個人端末からの情報漏えいに加え、インターネットサービスのようなクラウド上からの情報漏えいに対する知識、対策が必要とされている。

■スマートデバイス利用に関する情報セキュリティの脅威と対策の現状

独立行政法人情報処理推進機構（ＩＰＡ）が二〇一三年に実施したスマートデバイスを対象とした情報セキュリティの脅威に対する意識調査[3]によると、スマートデバイスのウイルスを一定程度認知している割合については、全体の3割強で前年度から微減した結果が示されている。また、スマートデバイスの習熟度[7]別にみると、習熟度が高い層ほど認知率も高くなっており、「スマートデバイスのウイルスを全く知らなかった」という回答は、スマートデバイスの習熟度が最も低い層では5割強であるのに対し、習熟度が最も高い層では5パーセント程度であった。さらに、使用別の調査で

[7] スマートデバイスの習熟度を脚注1の調査の「スマートデバイスの習熟度」の調査項目により、以下4つのレベルを設定している。
レベル1：入門・初心者
レベル2：基本操作は習熟
レベル3：習熟している
レベル4：非常に習熟している

は、プライベートとビジネス（学業）の両方で利用している人のほうが、プライベートのみ利用する人よりも1割程度認知率が高いという結果が示されている。スマートデバイスのセキュリティ対策の実施状況については、個人所有のパソコンやネットワークの脅威に関する意識調査と同様に、全般的に習熟度レベルが高い層ほど実施率が高い傾向にあることが示されている。習熟度レベルの高い層では、「OSのアップデート」、「信頼できる場所（公式サイト）からアプリをインストールする」、「インストールしたアプリのアップデート」について半数以上の実施率であったが、一方で、習熟度レベルの低い層では、同一項目について約1割から2割強と低い実施率であり、実施している対策が「特にない」という回答者も4割程度存在している。

なお、個人所有のパソコンおよびスマートデバイスを問わずさまざまな脅威が存在するなかで、一個人ユーザーとして実施可能な具体的な対策はOSやアプリケーションのアップデートといった**脆弱性対策**、セキュリティソフトやサービスを導入、活用するといった**ウイルス対策**、端末に対するパスワードの設定をする、同一端末を使用する際にユーザーごとに異なるアカウントを使用することを徹底する、十分な長さと推測されにくい文字列を利用した強度の高いパスワードを使用する、各サービスに対する異なるアカウント、パスワードを使用するといった**アカウント（パスワード）管理**、個人情報を有する端末、機器の取り扱い（破棄やデータ消去を含む）へ細心の注意を払う、端末やUSBなどの記憶装置の置き忘れ・紛失への細心の注意を払うといった**人的ミスへの対策**、メール送受信時の宛先や添付ファイルの確認を徹底する、ウェブサイトアクセス時のウェブページおよびブラウザの挙動の確認を徹底する、ファイルやソフトウェア、アプリケーションのダウンロード時の提供元や信頼度（評判）や権限の確認を徹底するといった**確認の徹底による危険の回避**のいずれかに該当する場合がほとんどである。

■セキュリティリテラシーにおける批判的思考

前述のパソコンおよびスマートデバイス利用に関する情報セキュリティの脅威と対策の現状、個人情報漏えいインシデントの現状から考えると、使用する情報端末に対する習熟度を高めることは、セキュリティリテラシーの向上に部分的に貢献する可能性がある。しかし、情報端末に対する習熟度が高いからといってセキュリティリテラシーが高いとは一概にはいえない。たとえば、パソコンのメモリやハードディスクを自力で交換できる情報端末に対して高い習熟度をもつユーザーが、フィッシングメールを通じてアカウントやパスワードといった個人情報を盗まれることは現実に起こり得る話である。自分に送られてきたメールが安全かどうかといった判断をするためには、過去の経験を発掘したり、最新情報を集め、発掘した過去の経験や集めた情報をもとに推論、評価し、最終的に安全か危険かの判断を下す批判的思考に類する能力や信頼できる情報源を利用するといった批判的思考態度も必要である。〔**小倉加奈代**〕

3-12 ヘルスリテラシー

――健康・医療情報の真偽を見極める

昨今の健康ブームを背景に、巷には健康関連情報が氾濫している。健康食品をはじめとする健康関連商品の宣伝広告・販売も、新聞、雑誌、書籍、TV、インターネットを通して盛んに行われている。なかには、効果があるかのような宣伝文句を根拠なしにつけて高額で販売されている商品もあり、さまざまな消費者トラブルも報告されている。[1] また、医療機関においても、医師中心主義から患者中心主義の流れのなかで、患者は医療的意思決定に主体的にかかわることが期待されている。このような時代に生きる私たちには、さまざまな健康・医療情報を適切に理解・解釈し、批判的に吟味する能力がいまだかつてないほど求められている。つまり、**ヘルス（健康）リテラシー**[2]をもつことが現代社会を生き抜くうえでは不可欠ということである。

それでは、実際に健康・医療情報を批判的に吟味するとは、どのようなことであろうか。情報の質はどのように評価すればよいのだろうか。本項ではこれらの問いを手掛かりに、ヘルスリテラシーについて「批判的思考」という観点から探っていく。その過程で、近年の批判的思考モデルの拡張について読者に紹介するとともに、ヘルス

[1] このようなトラブルを防止する目的で、国立健康・栄養研究所は健康食品の「安全性・有効性情報」を左記のサイトで提供している。
https://hfnet.nih.go.jp/

[2] 世界保健機関（WHO）はヘルスリテラシーを、「健康を維持・促進する目的で情報にアクセスし、それを理解し利用しようとする個人の動機と能力を決定する認知的・社会的技能」と定義づけている。
http://www.who.int/healthpromotion/conferences/7gchp/track2/en

What（情報の内容）、Who（情報発信者）、Why（情報発信者の目的・意図）、How（情報の根拠や信憑性）、When（情報の新しさ）、Where（情報源の適切性）の5W1Hの戦略的問いを吟味することがヘルスリテラシーを実践するうえで重要である。

リテラシーのあり方について再考してみたい。

■批判的思考とヘルスリテラシー

20世紀末における理論的拡張を経て，現在，批判的思考はその起源の違いにより二つの異なるモデルに分類される。一つは古代ギリシアの哲学者を源流とし西洋啓蒙思想を経て形成された，いわば伝統的な批判的思考のモデルである。もう一つのモデルは，20世紀ドイツのフランクフルト学派から発展した批判理論を起源とするものである[3]。前者が，合理的・科学的思考を「良い思考」とする論理主義に基づく思考を重視するのに対し，後者は，批判的教育学や，構成主義，ポストモダニズム，ポスト構造主義といった現代思想の影響を受け，合理的・科学的思考への偏重に対するアンチテーゼとして提唱されたものである。

一般的にヘルスリテラシーとは，健康に関する適切な意思決定を行うために基本的な健康およびサービスの情報を獲得，処理，そして理解する能力を指す[4]。具体的には，医療現場において医療従事者より提示される情報を正確に理解する力や，氾濫する健康情報の信憑性を判断する力などである。また，学術的には臨床医療や公衆衛生学の領域で研鑽が積まれてきた概念である。その結果，ヘルスリテラシーは，いわゆる西洋医学を基盤とする通常医療の知識を正しい健康・医療情報として前提する点で，科学的・合理的思考に立脚する伝統的批判的思考と高い親和性をもつ概念といえる。

[3] Jones-Devitt, S. & Smith, L. (2007) *Critical thinking in health and social care*. London : Sage.

[4] 米国疾病予防管理センター（CDC）のホームページに記載されているヘルスリテラシーの定義に関する原文は左記の通りである。
［Health literacy is］the capacity to obtain, process, and understand basic health information and services to make appropriate health decisions.（http://www.cdc.gov/healthliteracy/index.html）

■ポスト論理主義時代の批判的思考

先述のとおり、近年、科学的・合理的思考に基づく伝統的批判的思考へのアンチテーゼとしての新しい批判的思考モデルが提案されている。新しい批判的思考のモデルは、モダニズム（近代主義）の思想を背景に発展した伝統的な批判的思考のモデルがもつ前提のナイーブさ、あるいはその「非・批判的特徴」に関して注意を喚起するものとして誕生したものである。このモデルは、これまで、「複雑な批判的思考」[5]、「批判的思考の第二波」[6]、「建設的批判的思考」[7]といった名称のもとに理論化が試みられてきている。ここではこの新たな批判的思考を**ポスト論理主義型批判的思考**[8]、あるいはより簡潔に**ポスト批判的思考**と呼ぶことにする。

啓蒙主義[9]以降の理性を重視するモダニズムでは、人間が直面するさまざまな問題を科学的・合理的思考によって解決可能であると考える。その流れを汲む伝統的な批判的思考のモデルでも、普遍性、客観性、脱文脈性が重視される。ポスト批判的思考では、伝統的モデルのもつこの論理主義的前提を、きわめて非現実的であり、非・批判的なものとして問題視する。たとえば批判的教育学者のキンチェロー[5]は、伝統的批判的思考のモデルを「ヴァーチャルな世界でしか通用しない謎解きゲームのようなもの」と批評し、「批判的思考の実践者は常に個人の認知と環境および社会的・文化的文脈との相互作用の可能性を問題意識としてもつべきである」と主張している。

ポスト批判的思考のモデルにおいては、情報を評価する際に、その基準を提供する

[5] 批判的教育学者による批判的思考の捉え直し。
Kincheloe, J.L. (2004) Into the great wide open: Introducing critical thinking. In J.L. Kincheloe & D. Weil (Eds.) *Critical thinking and learning: An encyclopedia for parents and teachers.* Westport, CT: Greenwood Press. pp. 1-52.

[6] 批判的教育学者による批判的思考の捉え直し。
Walters, K.S. (1994) Introduction: Beyond logicism in critical thinking. In K.S. Walters (Ed.) *Re-thinking reason: New perspectives in critical thinking.* Albany, NY: State University of New York Press.

[7] フェミニズム研究者による批判的思考の捉え直し。
Thayer-Bacon, B.J. (2000) *Transforming critical thinking.* New York: Teachers College Press.

資源としての社会的言説にも着目する。つまりこのモデルでは、言語、知識、権威、そして権力の密接な結びつきを常に意識することが必要であり、既存のシステムのあり方や政府や専門機関といったいわゆる権威者から発信された情報に対しても、その背後にどのようなパワーポリティックスが隠蔽されているかを見抜こうとする姿勢が重視される[3]。

以下では、これまでに述べたポスト批判的思考に基づくヘルスリテラシーのありようについて、補完代替医療を事例として議論を進める。

■ポスト批判的思考のヘルスリテラシー――補完代替医療を事例として

ここでは、**補完代替医療**（Complementary and Alternative Medicine：CAM）[10]をめぐる評価を事例として用いながら、ポスト批判的思考に基づくヘルスリテラシーのあり方を再考する。近年は、科学的根拠に基づく医療（Evidence Based Medicine：EBM）の重要性が叫ばれる一方、必ずしも科学的根拠をもたない補完代替医療の使用者が増加している。補完代替医療は非科学的なものであるため、その使用者は、批判的思考が不足しているか、ヘルスリテラシーが低いと考える人は少なくないだろう。しかし、批判的思考のどちらのモデルを論拠とするかによって、補完代替医療の使用はまったく異なる評価を得る可能性がある[11]。

医療の歴史を紐解くと、補完代替医療は、近代西洋医療批判から生まれたカウンタ

[8] 抱井尚子（2005）ポスト論理主義モデルの批判的思考とその実現形態について：相補代替療法の使用をめぐる医療的意思決定からの考察『青山国際政経論集』66, pp. 71-110.

[9] 17～18世紀のヨーロッパの思想運動で、人間の可能性は、正しい「理性」によって切り開かれるもので、そこにこそ真実の認識と人類の幸福とを得ることができるとする。出典は左記。

ブリタニカ国際大百科事典 小項目事典「啓蒙思想」（http://japan.eb.com/rg/article-03588700）

[10] 西洋医学を基礎とする通常医療には含まれない種々の医学・医療形態のこと。日本補完代替医療学会は、中国医学（漢方、鍼灸、指圧、気功）をはじめ、各種健康食品、ハーブ療法、アロマテラピー、ビタミン療法、食事療法、精神・心理療法、温泉療法、酸素療法などをその具体的な例として挙げている。（http://www.jcam-net.jp/info/what.html）

ー・カルチャー（対抗文化[12]）ととらえることができる。つまりこれは、資本主義化する医療に対する批判であり、近代医療を支えてきた「『科学的真理』にもとづく『医学的真理』が『普遍的真理』」であるとする「『近代／モダン』という大きな物語＝メタ物語による正当化[13]」に対する不信の表れなのである。補完代替医療を生み出したこの批判的視点は、近代西洋医療を根底から支えてきた（伝統的批判的思考モデルにおいてもこれまで絶対視されてきた）「科学主義」を、特定集団による権力維持装置として用いられるイデオロギーとして懐疑的にとらえる。

もちろん他者の影響を受けて、あるいは非・批判的な思考から補完代替医療を使用する者もいるだろう[14]。しかしわれわれが注目すべき点は、科学的な「生存率」のみにこだわる近代西洋医学に疑問をもち、ＱＯＬ[15]の維持・向上に目を向ける補完代替医療を主体的に選択する人が少なからずいることである。たとえば筆者が米国で行った研究では、比較的高い学歴をもつがん患者のなかに、侵襲性が高い通常医療の諸治療ではなく、自然治癒力に訴える補完代替医療をあえて選択する人たちがいることが明らかになった。彼らは、最初は通常医療による治療を受けていたが、科学主義・論理主義に基づく現代医療のあり方に対して批判的な検討を加えることで、よりホーリスティックな考え方をもつ補完代替療法の採用に至っていた[8]。彼らが行った補完代替医療の選択は、合理的・科学的思考に偏重する現代医療への批判の結果であり、ポスト批判的思考に基づくヘルスリテラシーの実践例ということができるのではないだろうか。

[11]　主張と根拠を合理的に結びつける前提のこと。

[12]　もともとは九〇年代の米国において、通常医療のオルタナティブという意味合いで代替医療（alternative medicine）という用語が使用されていたが、後に英国を中心に通常医療を「補完する」という意味合いの補完代替医療という用語が使用されるようになる。なお、近年は、近代西洋医療側からの歩み寄りとして、通常医療の実践において近代医療と補完代替医療の双方を取り入れる、統合医療（integrative medicine）の試みも増えてきている。出典は左記。

辻内琢也（2005）「補完代替医療は近代医療の問題性を克服できるのか：ポストモダンの中のモダン」城山英明・小長谷有紀・佐藤達哉（編）『クリニカル・ガバナンス：共に治療に取り組む人間関係（現代のエスプリ458）』至文堂 pp. 63-71.

Kakai, H. (2013) Community of healing: psychosocial functions of integrative medicine perceived by oncology patients/survivors,

■合目的的合理性の追求

上述の補完代替医療の事例は、「科学的根拠に基づく医療」さえも相対化し批判的に吟味する、新しいヘルスリテラシーのあり方を考えるうえで重要な示唆を与えるものである。そしてこの事例は、批判的思考の本来の役割が、目的に照らし合わせた際の「論拠の適切性の評価」であるという点をわれわれに気づかせるヒントとなるものである。つまりこの事例は、使用する方法（たとえば、通常医療か補完代替医療か）よりも、個人や社会が達成すべき目的（たとえば、より高い生存率かより高いＱＯＬか）が重視されるべきであるという考え方を示している。その際、既存の認識の枠組みと自身のもつ前提の適切性に常に疑いをもつことによって良い思考を求め続けることが枢要であり、これが批判的思考の核心であるということもできるだろう。

このような視点からヘルスリテラシーのあり方を再検討すれば、それは、健康を維持・促進する目的において、**合法則的合理性**（論理学や統計学といった客観的法則に合致しているという意味での合理性[16]）もその下位概念として含めたうえで、**合目的的合理性**（個人に限らず社会や人間のもつ価値や目的と切り離すことのできない、目的に適合しているという意味での合理性[16]）を追求する批判的思考を下敷きにし、健康や医療に関する意思決定を行ううえで必要となる情報を獲得・理解する能力ととらえることができよう。

〔**抱井尚子**〕

healthcare professionals, and CAM providers. *Explore*, *9*, 365–371.

[13] 辻内琢也（2005）前掲書 p. 68.

[14] ただし、このような他者依存的もしくは非・批判的な意思決定のパターンは、通常医療においてもみられるものである（抱井尚子〔2005〕前掲書）。

[15] Quality of Life. 生活の質。

[16] 三宮真智子（2002）情報に対する合理的判断を育てる教育実践研究の必要性：大学で何を教えるべきか『日本教育工学雑誌』26, p. 237.

3-13

神経科学リテラシー

——ポストノーマルサイエンスとして

■ポストノーマルサイエンスとしての神経科学

米国のオバマ大統領は二〇一三年四月二日の一般教書演説において、「BRAIN (Brain Research through Advancing Innovative Neurotechnologies) initiative」という巨大プロジェクトを発表した。このプロジェクトでは、脳神経回路の解析を行うための革新的な技術の創出を通じて、脳活動に関する詳細な地図を作成し、人間の脳機能の全容解明をめざすことが謳われている。オバマ大統領はこのプロジェクトの目的に神経科学の推進によって大きな社会的・経済的利益を創出することを挙げており、たとえばアルツハイマー病やパーキンソン病などの疾患の治療法および予防法の開発を進め、医療や福祉の分野において大規模な産業応用をめざすと述べている。日本においても、二〇一〇年に「応用脳科学コンソーシアム」が発足しており、医療・福祉分野をはじめとするさまざまな産業分野（自動車、情報通信、マーケティングなど）において、神経科学の知識や技術を応用した事業化への取り組みが進められている。

このように、神経科学は、将来的に、基礎科学としての位置づけにとどまらず、社会的問題に対する技術的解決をめざす科学として発展し、社会に対してその影響力を拡大させてゆくことが予想される。こうした点で、神経科学は**ポストノーマルサイエンス**[1]としての特徴をもつことになる。客観性・確実性・価値中立性といった理念をめざす古典的科学とは異なり、ポストノーマルサイエンスは問題解決志向的であり、その問題は早急な意思決定を必要とし、かつ、その意思決定は不確実性を含んだ状況下でなされる。また、解決策は特定の価値にコミットしつつ提示されるが、多くの場合はその価値自体も論争の対象となる。ポストノーマルサイエンスとしての神経科学は社会的・経済的利益をもたらしうるが、逆に多大な倫理的害悪や経済的損失をもたらす可能性もあり、その影響は時に社会全体に及ぶほど広範なものとなる。それゆえ、社会の側では、神経科学やその技術的応用の動向に対して何らかのコントロールを行い、それらが社会の利益に背くことなく発展するように促す必要がある。そこで提唱されているのが、市民参加型のテクノロジーアセスメントによる科学技術の**シビリアンコントロール**[2]である。そうしたガバナンスを構築するために、一般市民は、たとえ神経科学に関する高度な専門知識を備えていないとしても、神経科学の基本的な特徴や手法、関連性の高い基礎知識、および技術的応用によって生じる社会的影響や倫理的問題について、一定の理解を有しておく必要がある[3]。

　こうした問題背景のもと、脳神経倫理学と神経科学の専門家たちが中心となり、神経科学リテラシー教育を推進することを目的として、研究プロジェクト「文理横断的

[1]　ポストノーマルサイエンスとは、対象とする科学的事実が高い不確実性を含み、かつ、それが関わる意思決定において利害関係の強い対立が生じているような科学領域を指す概念である。詳しくは左記を参照。

Ravetz, J. & Funtowicz, S. (1999) Post-normal science-an insight now maturing. *Futures*, *31*, 641–646.

原塑・鈴木貴之・坂上雅道・横山輝雄・信原幸弘（2010）大学における教養教育を通じた脳神経科学リテラシーの向上：ポスト・ノーマル・サイエンスとしての脳神経科学とその科学リテラシー教育『科学技術コミュニケーション』*7*, 105–118.

[2]　小林傳司（2006）『トランス・サイエンスの時代：科学技術と社会をつなぐ』ＮＴＴ出版

教科書を活用した神経科学リテラシーの向上」（研究代表・信原幸弘）が二〇〇六年にスタートした。

■神経科学リテラシーの実証的探究

ミラーの標準的な科学リテラシーの定義[4]に基づけば、**神経科学リテラシー**は「基本的な神経科学の用語および概念の理解」、「神経科学の手法および過程の理解」、「神経科学およびその関連技術が個人と社会に及ぼす影響の理解」から構成されることになる。しかし、これは一般的な定義を神経科学に当てはめたにすぎず、ポストノーマルサイエンスとしての神経科学に対するリテラシーが具体的にどのような構成要素をもつかは改めて経験的に検証される必要がある。そこでこのプロジェクトでは、神経科学リテラシーの構造を明らかにするために、神経科学リテラシーを反映していると予想されるアンケート質問項目を選定し、アンケート結果に対する探索的因子分析を行うことで、神経科学リテラシーの構成要素を検証した[5]。その結果、「素朴知識の否定」、「脳機能知識、脳科学観」、「脳科学研究の許容」、「脳科学研究の実用的応用許容」の4項目が構成要素として抽出された。第一の「素朴知識の否定」は、「人は合理的な動物である」や「われわれの知覚は確実である」といった、神経科学や認知科学によって疑問符がつけられている素朴（素人）知識が誤りであると判断できるかによって評価される。第二の「脳機能知識、脳科学観」は、「発達の特定の時期に適切

[3] 科学技術のシビリアン・コントロールのためには、こうした関連する科学リテラシーを身につけることに加えて、「一般的な問題把握・解決のための技能や態度」としての批判的思考を同時に涵養していくことも重要である。

[4] Miller, J.D.（1998）The measurement of civic scientific literacy. *Public Understanding of Science, 7*, 203-223.

[5] 永岑光恵・楠見孝（2010）脳神経科学リテラシーをどう評価するか：教育評価用の質問紙作成の試み『科学技術コミュニケーション』7, 119-132.

な刺激が与えられないと、ある脳機能が獲得できないことがある」や「脳科学の技術的応用が進めば、従来の人間観が変わるであろう」といった神経科学に関する基本的な知識や見方が習得されているかどうかによって評価される。また第三の「脳科学研究の許容」は、「人間の道徳心を脳科学の研究対象にすべきではない」や「人間のこころを脳科学的な実験によって明らかにすることは好ましくない」といった、神経科学研究の推進の是非を問う問題に対してどのような態度をとるかによって評価される。最後に第四の「脳科学研究の実用的応用許容」は、「能力増強剤を使用して知的能力を増強させることは、社会的に許される」といった、神経科学の応用に対してどのような態度をとるかによって評価される。これらの結果は、神経科学リテラシーがミラーの定義とは異なる構造をもつことを示唆するものである。神経科学リテラシーは、神経科学に関する知識（第1因子および第2因子の脳機能知識）と態度（第2因子の脳科学観および第3因子と第4因子）から構成され、その習得に応じてこれらの要素に対応する測定尺度に変化が生じることが期待される。

こうした神経科学リテラシーの構造分析と並行して、このプロジェクトでは、神経科学研究のなかから、われわれの社会生活や伝統的な人間観に対して大きな影響を与える可能性のある知見を調査し、そうした調査結果に基づいて神経科学リテラシー教育用の教科書を作成するという作業を行った[6]。この教科書では、神経科学についての体系的な基礎知識を紹介することではなく、一般市民の関心に沿ったかたちで神経科

[6] 信原幸弘・原塑・山本愛実（編）（2010）『脳神経科学リテラシー』勁草書房

当該教科書の作成過程に関しては、左記を参照。

原塑・鈴木貴之・坂上雅道・横山輝雄・信原幸弘（2010）大学における教養教育を通じた脳神経科学リテラシーの向上：ポスト・ノーマル・サイエンスとしての脳神経科学とその科学リテラシー教育『科学技術コミュニケーション』7, 105-118.

学の知識を伝え、それが自分たちの社会に対して将来的にどのような影響を与えるかを考えさせることをめざした。教科書の全体は「認知機能の神経科学」を扱う第一部と「神経科学と社会」を扱う第二部に大別された。第一部は知覚、記憶、道徳、自由意志など特定の認知機能を扱う章を含み、それぞれの主題に関する神経科学研究を取り上げたうえで、主にそうした神経科学研究がもつ人間観への影響が議論された。第二部はマインドリーディング、ブレインマシーン・インターフェース、スマートドラッグ[7]、精神疾患など神経科学の技術的応用を扱う章を含み、それぞれの主題に関する神経科学上の知見や技術の紹介を行ったうえで、主にそれらがもつ社会的意義や倫理的問題が議論された。

このプロジェクトでは、さらに、作成した教科書に基づいて複数の大学で授業を行い、授業の事前と事後にアンケート調査を実施して教育効果の測定を行った[8]。アンケートには、神経科学リテラシーの分析によって抽出された4因子にかかわる尺度が調査項目として含まれた。ここで「素朴知識の否定」は神経科学の基礎知識、手法の理解を加えた「知識」項目に改訂された。その他の高次リテラシーとの関係を明らかにするために、メディアリテラシー尺度と科学リテラシー尺度も含まれた。その結果、本授業を受講した実験群では神経科学リテラシー尺度のうち「知識」に関する得点が上昇したが、他の授業を受講した対照群では有意な変化はみられなかった。この結果は、神経科学リテラシーの教育を行うことにより、素朴知識を否定する能力が養われ

[7] マインドリーディングとは、脳機能画像化技術に基づいて、脳の状態から心の状態を読み取ろうとする手法のことである。ブレインマシーン・インターフェイスとは、情報の解読（デコーディング）技術を駆使して、脳から読み取った信号を機械へ入力したり、逆に機械からの情報を脳へ送ったりすることで、脳と機械とをつなげる技術のことである。また、スマートドラッグとは、集中力や記憶力などを向上させることで、通常の水準以上に認知能力を高める（いわゆるエンハンスメント）効果をもつ薬物のことである。

[8] 脚注5に記載の文献を参照。調査は二度にわたって行われたが、ここでは改善したアンケートに基づく2回目の調査結果について概説する。

ることを示している。また、態度にかかわる3因子では、実験群・対照群ともに講義後に「脳科学観」の得点が上昇し、「脳科学研究の実用的応用許容」の得点が減少した。ここでは神経科学リテラシー教育による顕著な影響はみられなかったが、大学教育を受けることで、道徳の涵養などに対して神経科学が有用であるという肯定的な評価を行うようになる一方で、それが技術的に応用される場面に対しては許容しない方向に変化することが示された。他の評価尺度との関係については、批判的思考態度の得点と「知識」の得点との間に有意な正の相関がみられた。また、科学リテラシーの得点と「脳科学研究の実用的応用許容」得点との間に有意な負の相関がみられた。これらの結果は、他の高次リテラシーを有していることや批判的思考態度をもっていることが、神経科学リテラシーの知識や態度に影響を及ぼすということを示している。以上の効果測定では、神経科学リテラシー教育によって「知識」の向上を図ることはできたが、「態度」に対しては顕著な変化は示されなかった。授業は講義形式で行われたが、より授業効果を改善させるためには、演習方式を取り入れたり動画教材を開発したりするなど、さらなる創意工夫が必要であろう。

神経科学は発展途上の学問分野であるが、今後、その応用技術や商業利用を通じて一段と社会への影響を強めていくことが予想される。そうした影響をより望ましいものにしていくためにも、神経科学リテラシーの向上を図ることは必要不可欠であろう。

〔**小口峰樹・坂上雅道**〕

3-14

トランスサイエンス

――科学によって答えることができない問い

トランスサイエンスは、アメリカの原子力工学者、科学行政官であったワインバーグが一九七二年に発表した論文「サイエンスとトランスサイエンス」[1]において初めて使用した概念であり、科学のなかで、「科学に対して問うことはできるが、科学によって答えを得ることができない」問題群からなる領域のことを指す。より詳しくは、トランスサイエンス的問題群とは、「認識論的に言えば、事実に関する問いであって、科学の言葉で述べることができるが、科学によって答えることができない」問いの集合のことである。その具体例として、ワインバーグが挙げているのが、低レベル放射線被ばくの生体への影響、非常にまれな事象の確率、工学、政治家など個人の判断や行動の予測、諸科学の分類や価値序列に関する問いである。

トランスサイエンス的問題群の特徴は、科学的方法によって獲得しうる、ある事象に関するデータに高い**不確実性**があるために、その事象が発生するかどうか、またその頻度や確率がどれくらいなのかを一意に決定できないことである[2]。たとえば、マウスの突然変異率の変化を計測することで、放射線の低線量被ばくの生物学的影響に関

[1] Weinberg. A.M. (1972) Science and Trans-Science. A.M. Weinberg (1992) *Nuclear Reactions: Science and Trans-Science*. New York: American Institute of Physics.pp. 3-19.

[2] 一九八五年の論文（*The Regulator's Dilemma*）では、次のように言われている。「サイエンスの領域は決定論的事象か、もしくは、発生確率そのものを厳密に述べることができる事象をカバーしている。対照的に、トランス・サイエンスは、発生確率そのものが高度に不確実な事象をカバーする」。
Weinberg, A.M. (1992) *Nuclear Reactions: Science and Trans-Science*. New York: American Institute of Physics. p. 23.

する信頼性の高いデータを得ようとすると、きわめて多数（数十億単位）のマウスを使った実験を行う必要があるが、そのような実験を行うことは事実上できない。そのため、低線量放射線被ばくの生体への影響について確定的な答えを得ることはできない。また、原子炉の多くの部品が同時に破損することで起こる過酷事故や、巨大地震が起こる確率を正確に見積もることは、それがきわめて低頻度であるために困難である。これらの問題は、科学の言葉で定式化できる点で科学的な問いではあるが、答えを科学的に確定することができない点で、トランスサイエンス的である。

トランスサイエンスは、不確実性によって特徴づけられる科学領域である。この領域に属する問題に対して科学的に確定的な解答を与えることができなかったとしても、科学にとっては大きな問題はないかもしれない。しかし、トランスサイエンス的問題のなかには、政策的な意思決定に直結するものがある。たとえば、低線量放射線被ばくの生体への影響や原子炉の過酷事故が発生する確率は、原子力発電所の建設を進めるべきかどうかという政治的意思決定にとって不可欠な判断材料である。このような場合、どう決着をつければよいのだろうか。

科学と社会の界面で生じる科学技術リスク問題を解決する際に、科学者がどのような役割を果たすべきかを述べることが、論文「サイエンスとトランスサイエンス」の主な目的である。政治性のあるトランスサイエンス的問題に対して、科学によって確実な答えを得ることができない以上、何らかの社会システムを利用して意思決定を行うしかない。しかし、ワインバーグには、専門家による査読システムによって品質保証がなされる科学と比較すると、政治的意思決定の過程は、無原則的で、秩序を欠いたものに映った。そこで、トランスサイエンス的問題の決着のために、秩序だった討議が行われる裁判手続き、特に**対審構造**に類似した手続きを導入することをワインバーグは提案する。対審構造では、対立する当事者がそれぞれに有利な証拠を提出し、主張を述べ、中立的な第三者である裁判官が、どちらの主張がより説得的かを判断する。これと同様に、トランスサイエンス的問題の解決のためには、ある解決案に対する賛成派から依頼を受けた専門家と、反対派の依頼を受けた専門家がそれぞれの主張を述べ、どちらがより妥当かを非専門家である、一般の人々が判断するとすればよい。科学者は、非専門家である市民の前に立ち、問題となっている事象に対して科学的に主張できることを述べる役割を果たさなければならず、政治力学で歪みがちな議論に秩序を与える責任を負うのである。

科学技術の専門家と非専門家との間で**対話型科学コミュニケーション**[3]を行い、そのうえで、専門家と非専門家を交えて合意形成を行う必要があるという主張は**科学コミュニケーション論**のなかで有力な見方であるが、その論拠として、ワインバーグによるトランスサイエンスの議論が取り上げられることがしばしばある。[4] たしかに、ワインバーグの認識では、トランスサイエンス的問題の解決案を科学的知識だけで見つけ出すことはできないため、非専門家である一般の人々が科学技術に対する意思決定過

[3] 対話型科学コミュニケーションについては、項目3−4「科学コミュニケーション」を参照。

[4] 小林傳司（2007）『トランス・サイエンスの時代：科学技術と社会をつなぐ』ＮＴＴ出版

程に関与することは避けがたい。とはいえ、ワインバーグ自身は、市民参加により、トランスサイエンス的問題がより良く解決されるだろうという楽観的見通しをもってはいなかった。この点で特に重要なのは、ワインバーグは、一般の人々が批判的思考力をもち、それにより科学技術に対して合理的判断を下すことができるとは想定していなかったことである[5]。たとえ、一般の人々が科学技術をテーマとする対話に参加したとしても、科学技術リスク問題に対する解決案の作成に対して、一般市民なりの仕方で貢献するだろうとは期待できないのである。したがって、ワインバーグは、技術革新により、科学技術リスク問題が技術的に解決できる見通しが得られれば、一般市民との対話ではなく、科学的知見の集積と技術革新を優先しようとする。事実、後年になると、原子力技術に関しては、より安全性の高い原子力発電所と廃棄物処分場を建設すること、低線量放射線被ばくに関するより信頼性の高い安全基準を作ることなどが、望ましい対処法だと主張するようになる。

このように、ワインバーグを、合意形成をめざした対話型科学コミュニケーションの提唱者であるとみなすことはできない。とはいえ、ワインバーグは、原子力技術の安全性に関する懸念を原子力技術開発のかなり早期の段階からもち、そのため、原子力専門家が、非専門家である一般の人々と対話する必要性があり、そのような責任を負うことをいち早く見抜いた点で先駆的であった。

〔原　塑〕

[5]　ワインバーグは社会に対して根深い不審をいだいていた。一九八五年の論文（*The Regulator's Dilemma*）の末尾でワインバーグは、低線量放射線被ばくの生体への影響を社会が問題視することを魔女狩りに例えているが、この箇所に限らず、ワインバーグはしばしば社会に対する不信感をあらわにする。

Weinberg, A.M.（1992）*Nuclear Reactions：Science and Trans-Science*. New York：American Institute of Physics. p. 36.

3-15 疑似科学

——その構造と周辺概念

■疑似科学とは何か

批判的思考を、規準に従った論理的・合理的思考ととらえるならば、科学の方法論と、そこから確立された法則や知識は、その「規準」の代表的な例といえるだろう。現代の文明社会に生きる私たちは、科学の客観性や公共性といった特徴を基本的に信頼している。だからこそ、合理的な意思決定が必要な文脈では、多くの場合、判断材料や手順が科学的に妥当なものであることが強く求められるのである。

したがって、こうした場面で、科学的にみえて実は非科学的なものを誤って判断規準に用いてしまうと、個人や組織を問わず、非合理的な意思決定に陥る可能性が生じてしまう。こうした事態は、**疑似科学**（pseudoscience）[1]の問題を通してしばしば社会に顕在化してくる。疑似科学とは、外見的には科学的な主張のようにみえても、科学の方法論が正しく適用されておらず、科学的とは認められない言説や研究のことである。これらは単なる**非科学**ではなく、科学と同じ経験的な方法論を使い、用語なども類似している。ただし、間違った科学的主張が、すなわち疑似科学なのではない（結

[1]「pseudo-」は、真に経験的な言明と他を区別する接頭辞で、ニセの、偽りの、という否定的な意味がある。

果として間違えた**正当科学**はいくらでもある)。疑似科学は、研究手法やデータ解釈などの個別のレベルから、探求の姿勢や知識を確立・共有する手続きに至るまで、いくつかの段階でその時代の科学が備えるべき方法論が十分に適用されないことに加え、その誤りを専門の科学者群から指摘されても、主張を変えずに理論化や体系化がなされる点に特徴がある。正当科学は誤りが方法論的にも制度的にも修正されるしくみを持つのに対し、疑似科学は、批判や修正を受けつけずに誤りを再生産するのである。

　科学としての体裁があるにもかかわらず、一般に疑似科学としてとらえられる分野の代表として、欧米では創造科学やインテリジェントデザイン(ID)論[2]、超心理学、精神分析などがあり、科学との境界をめぐって論争となってきた。また、多くの疑似科学は単なる理論ではなく、身近な生活場面に浸透し、商品やサービスの効能を保障する実用的な役割を持っている。そのため、医療や健康法、能力開発などの分野で問題を引き起こすことがある。この例としてホメオパシーなど一部の補完代替医療がある。日本に特徴的なものとしては、マイナスイオンや血液型性格判断[3]、ゲーム脳などが指摘できる。また、東日本大震災以降には地震の宏観異常予知や、放射能除去を不当に宣伝する食品や微生物などが知られるようになった[4]。

■疑似科学とその周辺概念

疑似科学は、提唱者自身が正当な科学のつもりで取り組んでいるのが一般的である

[2] 創造科学とは、聖書に書かれた天地創造が科学的に正しい事実であるとして、生命や世界の成り立ちを説明する説。進化論の教育に反対し社会問題化した。この創造科学から見かけの宗教色を排除し、宇宙や生命が知性ある何物かに設計されたと主張する説がID論であり、アメリカでは反進化論運動の中心となって公教育への浸透をめざしている。

[3] 特別な観測機器を用いることなく、地震雲や動物の行動など、身近に観察できる対象の異常をもとに地震が予知できるという主張。

[4] 宇宙物理学者の池内了は疑似科学を以下の三つに分類している。第一種：占いのように人間の心理につけこんで根拠のない暗示を与えるもの。第二種：科学を援用乱用しながら実体のないもの。第三種：複雑系で結論を出しにくい問題の原因の所在を曖昧にするもの。
　池内了(2008)『疑似科学入門』岩波書店

が、現実には人をだます意図をもって科学を偽装するケースも多くある。前者は、通常の科学研究のなかでもみられ、研究者の主観や錯誤によって誤った発見に至った科学は、特に**病的科学**（pathological science）と呼ばれる。また、後者は詐欺科学などとも呼ばれるが、悪意の有無にかかわらず、受け取る側が科学だと誤解するような主張を指して、現代の日本では**ニセ科学**と表現されることが多い。

一方、**未科学**（**プロトサイエンス**：proto-science）は、適切な科学的研究でありながら、その成果が未だに十分とはいえず、そのために科学的な主張として不十分なものである。したがって疑似科学とは異なる概念だが、疑似科学はしばしば自らを未科学と主張するために、現実的にはこの境界は不明確なものになっている。

■疑似科学と境界設定問題

疑似科学の問題を適切に考えるためには広範囲な批判的思考スキルが必要になるが、疑似科学を、小さな（little）疑似科学と大きな（big）疑似科学に分けることによって[5]、それぞれに対応した批判的思考を適用することができる。

小さな疑似科学とは、いつの時代にも現れる奇妙な主張であり、

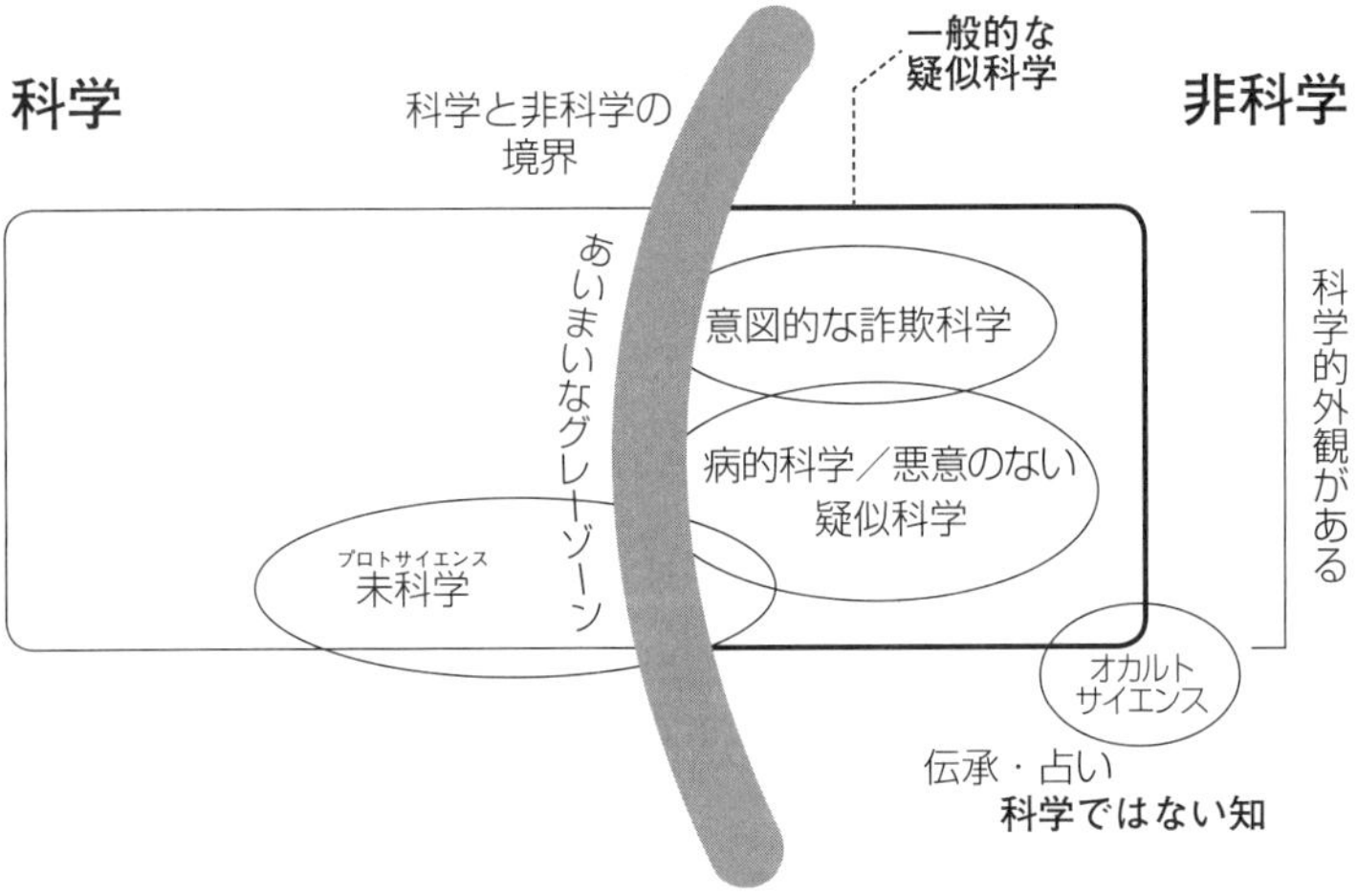

図１　科学と疑似科学をめぐる諸概念（菊池，2012より）

たとえば健康医療商品などの形で日常生活に入り込んでくるが、ある程度の科学知識のある人や専門家にとっては誤っていることが明白で、通常は議論にもならないものである。しかし現代の科学は高度に細分化され、一般市民が科学的主張のすべてを正しく理解することは困難な状況が生じている。したがって、こうした怪しい主張を、既有の個別知識からのみ見抜こうとするのではなく、情報の論理的整合性や情報源の信頼性を含めた広い意味での科学リテラシーを働かせて適切に判断する必要がある。

一方で、**大きな疑似科学**の問題は、そもそも科学とはどのような営みであり、疑似科学・非科学と何が異なるのかという科学の**境界設定（線引き）問題**と結びついたものである。これは科学哲学上の主要な問題の一つとして議論されるものであり、たとえば精神分析や、マルクス主義、創造科学、歴史的占星術などがその対象となってきた。[6] この場合は個別の疑似科学の真偽を明らかにするよりも、科学の認識論に関する体系的理解をもとにして、科学という規準をメタ的に考えて科学の合理性自体を熟慮的にとらえ直すという意味での批判的思考が関係してくる。

この境界設定問題に関する重要な理論は、科学哲学者ポパーが提唱した**反証可能性**の規準である。[7] ポパーによると、科学的仮説は、それが経験的方法で検証できるだけでは不十分で、誤っていたときにその誤りを排除できる可能性（反証可能性）をもたなければならない。よって、いかなる事実によっても反証できない構造をもつ理論や、反証に直面してもアドホック的な解釈によって反証を無効にする態度こそ、疑似

[5] Still, A. & Dryden, W. (2004) The Social Psychology of "Pseudoscience": A Brief History. *Journal for the Theory of Social Behavior*, 34, 265-290.

[6] 境界設定問題の全体像に関しては、左記を参照。
伊勢田哲治（2003）『疑似科学と科学の哲学』名古屋大学出版会

[7] Popper, K. (1959) *The logic of scientific discovery*. London: Hutchinson.［K・ポパー／大内義一・森博（訳）（1971-72）『科学的発見の論理（上・下）』恒星社厚生閣］

[8] 疑似科学の兆候としては、反証不能性の他に、立証責任の転嫁、検証の消極性、最善の方法論の不適用、否定できないことへのアピール、科学共同体の軽視や蔑視、発見と正当化の文脈の混同、説明項の発見と被説明項の発見の混同、そして心理的錯誤に関する配慮のなさなど、多くの特徴が指摘されている。

科学の特徴だとした。このポパーの規準は科学哲学の発展に大きく寄与したが、現代では科学の境界を唯一の規準で明確に決定することはできないと考えられている[8]。

一方、心理学の見地からは、疑似科学を非合理的な**超常信奉**[9]の一種ととらえることができる。そして、認知バイアスの研究知見などを応用して、こうした信奉の獲得や維持過程を明らかにすることで疑似科学の特徴を理解するアプローチ[10]や、批判的思考教育素材として利用する試みも行われている[11]。

■懐疑論と批判的思考

実証的な証拠が不十分な主張をそのまま受け入れることなく、真実性や妥当性を科学的規準から厳しく吟味する姿勢を**懐疑論**（Skepticism）と呼ぶ。本来の懐疑論は、普遍的な真理や知識の存在そのものを疑う哲学上の主義であり、その意味での哲学的懐疑と区別するために、**科学的懐疑論**もしくは合理的懐疑論とも表現される。科学的懐疑論は、20世紀の中盤以降、近代合理主義的な価値観が揺らぎ、欧米では疑似科学やオカルト、ニューサイエンスといった非合理的主張が台頭したことに対抗する形で本格化した。この立場の代表的な著作として、一九五二年にはガードナーによる『奇妙な論理[12]』が刊行されている。七五年にはノーベル賞受賞者18名を含む科学者186名の連名による「占星術への反論」声明が発表され、これをきっかけとして七六年には「超自然現象の科学的研究のための委員会」CSICOP[13]が科学者や哲学者、ジャ

[9]　超常信奉は、大別すると宗教や民俗的伝承などに基づくものと、経験的証拠に基づくものがあり、後者の代表が疑似科学信奉である。

[10]　こうした観点のレビューとしては、左記を参照。
　眞嶋良全（2012）疑似科学問題を通して見る科学的リテラシーと批判的思考の関係『認知科学』*19*, 22-28.

[11]　菊池聡（2012）前掲書

[12]　Gardner, M.（1952）*In the name of science*. New York: G.P. Putnam's Sons.［M・ガードナー／市場泰男（訳）（1989）『奇妙な論理（Ⅰ・Ⅱ）』社会思想社］

[13]　Committee for the Scientific Investigation of Claims Of the Paranormal 機関誌 "*Skeptical Inquirer*" を発行。二〇〇六年にCSI（Committee for Skeptical Inquiry）と改称した。世界各国にも同趣旨の懐疑派団体が創設され、日本でも連携団体としてジャパン・

ーナリストなど多くの参加を得て発足した。この団体は、超能力者の手口を暴くデバンキングを行うなど、社会に密接に関係した活動を積極的に行い、その攻撃的な姿勢は超常現象信奉者から敵視されることも多かった。科学的懐疑論は、疑似科学を対象とした批判的思考の実践ととらえることができるが、そのなかには興味深い姿勢の相違がみられる。一つは科学拡張主義とも称されるもので、たとえ奇妙な主張であっても暫定的な仮説としてとらえ、その証拠の量と質を科学的に検討したうえで真実性を探求する姿勢である。これに対して、保守的な否定論者のなかには、前提としての否定があって、現在の科学を擁護する以外の見方を認めようとしない姿勢もある。どちらも結果的に超常現象の否定という点では共通しているが、批判的思考態度としては対照をなすものである。[14] 実際に、占星術が唱える火星効果[15]についてCSICOPが批判的な検証を行った結果、占星術を支持する統計的データを得たことをめぐって、こうした立場の違いからの論争が起こり、委員会が内部分裂する事件も起こっている。

CSICOPを主導し科学的懐疑論の第一人者として知られた天文学者のセーガンによれば、優れた科学的姿勢に求められるのは、どれほど直観に反する奇妙なものであっても新しいアイデアに対しては心を開く姿勢と、どんなアイデアであってもそのまま受け入れず懐疑的に徹底的に吟味しようとする姿勢のバランスをとることだとしている。[16] これは科学的懐疑論の理想であるとともに、生産的で良質な批判的思考をめざすうえでの、規範的態度としても重要なものだと考えられる。

〔**菊池　聡**〕

スケプティクスが活動している。
http://www.skeptics.jp

[14] 懐疑論者の中には、科学拡張主義と保守主義以外にも、超常的な現象を科学的探求の枠外にあるものとする神秘主義の立場もある。
石川幹人（2003）超心理学の哲学的背景『明治大学教養論集』374, 1-36.

[15] 優れたスポーツ選手は、誕生時に火星が天球上の特定の位置にあることが多いことなど、特定の職業での成功と生誕時の惑星の位置に統計的な関連があるというミシェル・ゴーグランの主張。

[16] Sagan, C. (1995) *The demon-haunted world: Science as a candle in the dark.* New York: Random House.［C・セーガン／青木薫（訳）(1997)『カール・セーガン科学と悪霊を語る』新潮社］

3-16 流言と風評被害

――東日本大震災の事例から

まず、筆者が東日本大震災直後に受け取った一通の「流言」メール（表1）を紹介しよう。発信者は知人ではあるが普段ほとんどやり取りをしたことのない人物で、送信先には膨大な数のアドレスが並んでいた。

オルポートとポストマン[1]は、**流言**を「正確さを証明できる具体的なデータがないのに、普通、口から耳へと伝えられて、次々と人々の間に言いふらされて信じられていく、出来事に関する記述」と定義している。シブタニ[2]は、「あいまいな状況に巻き込まれた人々が、自分たちの知識を寄せ集めることによって、その状況を有意味に解釈しようとするコミュニケーションであり、こうしたコミュニケーションが繰り返し生じたときにこれを流言と呼ぶ」と定義している。両者は流言の特徴を異なる面からとらえており、前者は流言のコミュニケーション過程に着目し、後者はあいまいな状況の解釈に重点を置いている

表1　東日本大震災時の「流言」メール

Date : Sat, 12 Mar 2011 20 : 54 : 57+0900 Subject : お願い 関西電力で働いている知人からのお願いなのですが，本日18時以降関東の電気の備蓄が底をつくらしく，中部電力や関西電力からも送電を行うらしいです。以下，メールの本文です。 **一人が少しの節電をするだけで，関東の方の携帯が充電を出来て情報を得たり，病院にいる方が医療機器を使えるようになり救われます！こんなことくらいしか関西に住む僕たちには，祈る以外の行動として出来ないです！このメールをできるだけ多くの方に送信をお願い致します！** ということです。よろしくお願いします。

が、大災害直後にこのメールが筆者に届いたことが流言の典型例であることがおわかりいただけるだろう。

流言は**デマ**や**うわさ**と近似した概念である。デマは、本来は政治的な対立者を誹謗中傷する目的で悪意ある情報を捏造する現象（デマゴギー）を意味するもので、流言の情報源が自然発生的とされるのに対し、あくまでもデマは何らかの意図（多くは悪意）をもった発信源による作為的なものとされる。うわさは、流言より広い概念で、人々の間を伝わる情報やその伝達プロセス一般を指す。その真偽は不確かであることが多いとされ、ゴシップや都市伝説のように軽いおしゃべりや楽しみとしての性質をもつものも含まれる。流言は、うわさのなかでも特に**社会情報としてのうわさ**である。新聞やテレビなどのマスメディアが発達する以前には、社会変化のほとんどすべてがうわさを通じて伝えられていた。今でも自分のごく身の回りの出来事を知る手段はマスメディアではなくうわさである。つまり、うわさというメディアは、昔から現在まで、そして未来においても、多様なメディアのなかで最も重要なメディアでありつづける。[3] うわさが実際に伝播するためには、直接それを聞いた人が次の人に話をするかどうかが決め手となる。換言すれば、伝えなければそこでうわさはおしまいになる。流言のもつ最大の特徴は、私たち自身がそれらを伝達するメディアとなることである。

では、流言が伝播する程度を規定する要因は何だろうか。オルポートとポストマン[1]

［1］ Allport, G. A. & Postman, L. J. (1947) *The psychology of rumor*. New York : Henry Holt.［G・W・オルポート、L・ポストマン／南博（訳）（1952）『デマの心理学』岩波書店］

［2］ Shibutani, T. (1966) *Improvised news : A sociological study of rumor*. Indianapolis : Bobbs-Merril, Indianapolis.

［3］ 川上善郎（1997）『うわさが走る：情報伝播の社会心理』サイエンス社

は、**うわさの基本公式**として、[Rumor＝i×a] を提案している。Rumor はうわさの流布量であり、これが当事者に対する問題の重要さ（i：importance）とその論題についての証拠のあいまいさ（a：ambiguity）の積に比例するという式である。コーラス[4]は、この式に、うわさの伝達可能性を減衰させる要因として個人の批判的感覚（C：critical sense）を加えた新しい式 [Rumor＝i×a×I/C] を提案している。I は C の平均値であり、C＞I であれば I/C は1未満となる。うわさの流布量は、情報を批判的（クリティカル）に読み取る感覚が優れた個人によって抑制されるという含意である。うわさを次の人に伝えるかどうかを判断する際に、批判的思考が重要な役割を果たすことを示している。

また、川上[3]は、数々の先行研究の知見を整理し、先の基本公式のうち問題の重要さ（i）は実証的知見による支持があまりないことを指摘したうえで、新しいうわさの基本公式 [Rumor＝a×a] を示している。ここでの Rumor はある人が聞いたうわさを他人に伝達する可能性の高さを指しており、これが**不安**（anxiety：不安を感じやすいパーソナリティ、不安を喚起するうわさの内容、不安を引き起こす社会的状況）と状況の**あいまいさ**の積に比例するという式である。不安傾向の強い人のほうがうわさへの接触が多く、接触したうわさを他人に伝えることも多い。内容と社会的状況については東日本大震災以降の日本を想起するとわかりやすい。震災直後の被災地は、余震のリスクや火災などの二次災害、あるいは被災後の生活再建の可否などの不安を

[4] Chorus, A. (1953) The basic law of rumor. *Journal of Abnormal Psychology*, *48*, 313-314.

多くの人々が共有している状況であった。さらに、震災後の日本では、被災地の復興の目処がなかなか立たないことに加えて、原発事故による放射能災害がもたらす影響の現状も将来も未だに明確ではない。未曾有であると同時に知識も経験もない大災害に際して、ある情報の内容の真偽を判断する根拠はないに等しく、信頼度は低い。まさに不安とあいまいさの相乗効果で、うわさが伝播しやすい状況である。

さて、流言の悪しき所産として巷間よく語られるのが**風評被害**である。風評被害とは、ある社会問題が報道されることで、本来は安全なはずのものを人々が危険視し、消費、観光、取引などをやめることで引き起こされる経済的被害のことである。[5] 東日本大震災後、原発事故収束の見込みが立たないなかで、食品の放射能汚染が危惧され、被災地や福島第一原発に近いとみなされる地域で生産された農水産物を避ける消費者が多い。また、たとえば表1に示したような流言を見た人々が相次いで電力消費を控えれば、電力会社は経済的被害を受けることになる。

風評被害は不確かで誤った情報に基づく人々の行動によって生じるものであり、特定の加害者が考えにくく、大勢の人々が関係することから、流言に惑わされた人々が根拠なく行う「買い控え」などによる被害だととらえられがちである。しかし、流言と風評被害は同時発生することが多いが、流言に惑わされ、それを鵜呑みにした消費者たちによる愚かな行為が風評被害を生じさせているとは必ずしも言えない。むしろ消費者は流言を含むさまざまな手掛かりに基づく意思決定によってきわめて冷静に特

[5] 関谷直也（2011）『風評被害：そのメカニズムを考える』光文社新書。

定商品を避けており、それが集積した結果として風評被害が生じている[6]。流言は、その真偽は不確かである一方で「ありそうな話」であることが多い。人々は流言にただ惑わされているわけではなく、それが「真実だろう」と感じられたときにはじめて、それに基づいて「合理的」に判断し、行動している。もちろんこれはきわめて主観的な判断であり、実際の真偽とは異なるかもしれない。しかし、それが真実ではないという証拠を示すことは流言の抑止にとって逆効果になることが多い。川上の公式にあるとおり、人々が流言を「真実だろう」と感じて他者に伝達する可能性の高さは不安とあいまいさの積で決まる。このような状況のなかで流言を否定する情報を出したとしても、かえって「真実を隠そうとしている」という不安が喚起され、新たなうわさが生じることにつながりかねない。

たしかに、流言の伝播、つまり不安を伴うあいまいな内容の情報が世間に流布することは、社会的不安をさらに高めやすい。しかし、流言をむやみに抑止しようとする行為もまた、根本的な解決をもたらさないばかりか、状況を悪化させることがしばしばある。なぜなら、うわさは人々の不安のはけ口としても機能するからである。うわさは、あいまいな状況を一人で抱え込まずに、他者と不安な気持ちを共有するための会話から生まれやすい。さらに、そもそも情報の真偽は、それが流布している最中にはわかり得ないことが多い。状況を解釈しようとするコミュニケーションの抑止は不安をより強め、口に出せない不安を別の形で噴出させるかもしれない。

[6] 中谷内一也（2011）消費者は極めて冷静に特定商品を避けている『宣伝会議』*814*, 24-27.

流言を外的な力で抑止することの効果が期待できないとなれば、それを伝達するメディアであるわれわれ自身が内的な抑止力を養うことが必要になる。その際に重要なのはコーラスの式にある critical sense, 批判的思考である。「ありそうな話」の真偽判断は容易ではないが、虚偽かもしれない可能性や、それを伝達することのリスクに注意を向けることは重要である。また、インターネットを通じて伝播する流言に適切に対処するためには、**ネットリテラシー**[7]も重要になる。ネットを介したコミュニケーションが一般化したことで、流言の伝播範囲は拡大し、その速度は増している。しかし一方で、収束速度も早まっている。表1の流言メールを受け取った人々の反応を示す一例として、二〇一一年四月に筆者が関西地区の大学生119名を対象として実施した調査の結果を示したい。「関西電力からの節電のお願い」メールが送られてきた回答者は74名（62・2パーセント）に達していたが、そのうちそれを他者に転送したのは5名にすぎなかった。「このメールをできるだけ多くの方に送信をお願い致します！」という文言があること、多くの友人から同じ文面のメールが届いたことなどから、この流言が**チェーンメール**（連鎖的に不特定多数に配布するよう求める手紙）[8]になっていることに気がついた人も多くいた。チェーンメールに典型的な特徴を知り、それに属する情報は転送しないというネットリテラシーの浸透が、流言を抑止する力を発揮していたと言えるだろう。

〔**三浦麻子**〕

[7] 項目3－6「メディアリテラシー」を参照。

[8] 詳しくは、左記の文献を参照。
松田美佐（2014）『うわさとは何か：ネットで変容する「最も古いメディア」』中公新書

3-17 情報の信頼性評価

——評価のための三つの視点

従来は新聞や書籍、テレビ、ラジオが主な情報源であったが、インターネットの普及に伴い、ウェブサイトが新たに加わり、利用できる情報源と情報量の種類も増加した。さらに、インターネット上では、必要な情報について検索エンジンを用いた検索結果を利用し、自らの意志で情報を獲得するだけではなく、インターネット広告のように導線に応じて自動的に情報が提供される場面も増加し、一方的に押しつけられる情報に対しても信頼性（信憑性）の評価を行い、情報の取捨選択を行う必要がある。**情報の信頼性評価**は情報活用能力である**情報リテラシー**[1]および**メディアリテラシー**[2]の一部として日常生活において重要なリテラシーの一つであり、批判的思考の四つのプロセスのうちの「推論の土台の検討[3]」にかかわる重要なプロセスである。

情報の信頼性評価は、情報の根拠の確かさを判断することであると言い換えることができる。加藤ら[4]は、情報の信頼性を評価するための視点として、「発信者に基づく情報の信頼性評価」「情報の皮相的特徴に基づく信頼性評価」「情報の意味内容に基づく信頼性評価」「情報の評判に基づく信頼性評価」の四つを提案している。また、大

[1] 項目3-2「学問リテラシーと研究リテラシー」を参照。

[2] 項目3-6「メディアリテラシー」を参照。

[3] 項目1-4「心理学と批判的思考」を参照。

[4] 加藤義清（2006）情報コンテンツの信頼性とその評価技術：信頼性の高い情報の発信を促す発信情報プロセスの実現に向けて。 http://kc.nict.go.jp/icc/infocred.pdf

島ら[5]は、ウェブ情報の信頼性の分析の観点として、「コンテンツの著者の分析」「コンテンツそのものの分析」「コンテンツの社会的支持の分析」の三つを提案している。これらからもわかるように、情報の信頼性評価には、①**情報源**、②**情報そのもの**（皮相的特徴、意味内容）、③**情報の評判**の三つの信頼性を評価する段階が必要である。

■情報源と信頼性の評価

たとえば、私たちは、病気になった際に一個人の意見よりも、専門家である医師の意見のほうが信頼性が高いと判断する。その情報の発信源は誰か、何かということは情報の信頼性を判断するうえで重要である。

情報の発信源の信頼性については、ホヴランドら[6]は、主に**専門性**（情報発信者が十分な知識をもっていると受け手が感じる度合い）と**信頼性**（情報発信者を信じてもよいと受け手が感じる度合い）という二つの要因からなるものであると述べている。専門性という点では、「誰が」情報の発信源かという点に関係するが、信頼性という点では、「誰が」という点に加え、「どのメディアが」情報源かという点にも関係する。「誰が」情報源かという点について、現実世界で確認することは可能なことが多いが、インターネット上では、誰が発信源かという情報を得ることも確認することも困難である場合が多い。現実的には、メールなどのアカウントのドメインから信頼性を判断する、ブログなどのプロフィールから信頼性を判断することが多い。

[5] 大島裕明・山本祐輔・山家雄介・高橋良平・ヤトフトアダム・中村聡史・田中克己（2011）Web情報の信憑性『情報の科学と技』*61*, 2-7.

[6] Hovland, C.I., Janis, I.L. & Kelly, H.H.（1953）*Communication and Persuasion: psychological studies of opinion change*. New Haven: Yale University Press.［C・I・ホヴランド、H・H・ケリー、I・L・ジャニス、H・H・ケリー／辻正三・今井省吾（訳）（1960）『コミュニケーションと説得』誠信書房］

「どのメディア」が情報源かという点について、総務省情報通信政策研究所の「平成二五年情報メディアの利用時間と情報行動に関する調査[7]」の「メディアの信頼度」の調査結果を取り上げる。この調査では「テレビ」「新聞」「雑誌」「インターネット」の四つのメディアに対し「信頼できる情報がどの程度あると思うか」を信頼度合いにより5段階で回答を求め、5段階のうち「全部信頼できる」と「大部分信頼できる」と回答されたものを「信頼度」としている。調査の結果、全年代では、新聞（71パーセント）、テレビ（66パーセント）、インターネット（31パーセント）、雑誌（15パーセント）の順の信頼度であった。新聞については、一〇代以外の年代で最も信頼度の高いメディアであり、特に、五〇代、六〇代では75パーセントを超える信頼度であった。一方、テレビについては、一〇代では最も信頼度の高いメディアであり、他の年代でも信頼度の順位は新聞に次いで2番目であるが、60パーセント台と比較的高い信頼度であった。インターネットの信頼度については、インターネットの利用の有無別にみると、インターネット利用者は33パーセント、非利用者は7パーセントと利用の有無で大きな差はあるものの、それほど高い信頼度ではない。

また、東日本大震災に際する情報行動の調査[8]によると、「地震速報」「避難指示」「交通状況」といった緊急性かつ速報性の高い情報については、テレビ、携帯電話のワンセグ、ラジオ、インターネットのニュースサイト、新聞の信頼度が高いことが報告されている。一方、「原発事故・放射能」「食の安全」といった長期的かつ専門的な

[7]　総務省情報通信政策研究所「平成二五年情報メディアの利用時間と情報行動に関する調査」(http://www.soumu.go.jp/iicp/chousakenkyu/data/research/survey/telecom/2014/h25mediariyou_1sokuhou.pdf)

[8]　総務省情報通信政策研究所「東日本大震災を契機とした情報行動の変化に関する調査結果」（平成二四年五月二九日）(http://www.soumu.go.jp/menu_news/s-news/01iicp01_02000009.html)

テーマについては、新聞、インターネットのニュースサイトが「地震速報」などの緊急性かつ速報性の高い情報と近い信頼度を保っているが、テレビ、ワンセグ、ラジオについては信頼性が20パーセント程度低い結果であることが報告されている。なお、政府／自治体の震災関連のメールおよびホームページが「地震速報」などの緊急性かつ速報性の高い情報の場合に比較的高い信頼度を得ており、情報源が公的機関であることが高い信頼性に結びついていることがわかる。加えて、大学・研究機関や研究者のツイッターが「原発事故・放射能」などの長期的かつ専門的なテーマの場合に、「地震速報」などの場合と比べて15〜20パーセント程度上昇しており、情報源が専門家であることが信頼性の向上に寄与していることがわかる。

■情報の内容と信頼性判断

情報の内容の信頼性は、書かれている情報が信頼できる内容かどうかという意味での信頼性である。前述した加藤らによる情報の信頼性の視点に関し、情報の内容にかかわる視点について、**情報の皮相的特徴**と**情報の意味内容**に区別している。

情報の皮相的特徴とは、コンテンツのデザインやレイアウト、文体や言い回しといった表面的な特徴のことである。近年急増しているフィッシングメールを例に挙げると、この種のメール本文では、日本人以外が書いたと思われる不自然な日本語の言い回しや不自然なフォントの使用がしばしばみられる。この不自然な日本語の言い回しやフォントから信頼のできないメール、つまりフィッシング詐欺に結びつくメールであると判断することができる。

情報の意味内容については、信頼性を評価するための技術として、加藤らは、同じ文章のなかで矛盾した主張をしているかどうか、信頼のおける第三者の情報と矛盾しているかどうかにかかわる「意味の整合性」、同じ話題について述べている情報でも、より多くの論点を含む情報のほうが複数の視点をもって書かれている点で信頼できるという観点の探索や、情報の発信者の専門分野と情報が扱っている話題の比較にかかわる「話題抽出」、主張が説得力のある形で記述されているかどうかの判断にかかわる「談話解析」を例として挙げている。また意味内容の評価事例として、乾らによる「言論マッププロジェクト」[9]では、インターネット上のさまざまな情報について、それらの間に存在する同意、対立、弱い対立、根拠などの意味的関係を解析する技術を用い、意味内容の点から情報の信頼性評価を支援する技術開発を行っている。

なお、情報の内容について、「意見」と「事実」では、客観性が異なるため、信頼性の評価は異なることに留意する必要がある。「意見」は、あくまでもある特定の人物の主観であり、客観性が不足している情報であるとともに、情報の読み手の立場や価値観によって異なるため、評価者により結果は異なる。一方、「事実」は、その内容の真偽や正確性にかかわるものであり、たとえば、実験や観察、調査結果については、読解リテラシーや数学リテラシー、科学リテラシーにより評価される情報であ

[9] 東北大学乾・岡崎研究室「言論マッププロジェクト」(http://www.cl.ecei.tohoku.ac.jp/stmap/) 項目3－18「批判的思考を支援する情報システム」を参照。

る。

■情報の評判と信頼性評価

情報の評判は、情報の内容について人々がもっている意見、また、人々から広く数多く支持を受けているかどうかにかかわる意見のことである。このような他者の意見をもとに、情報の信頼性を評価する場面は日常的に多く存在する。たとえば、現実世界の例として、大学生が新学期の履修科目を決定する際に、受講したことのある先輩からの候補科目の教員や講義内容、試験の厳しさといった評判をもとに、履修科目を決定することが多々ある。また、食べログ[10]や価格ドットコム[11]などのインターネット上の口コミサイトと呼ばれる商品やサービスなど、事物の評判を取り扱うサイトに集まった他者からの評判を用いて、店舗や商品といった情報そのものの信頼性の評価を行うこともしばしばある。

〔**小倉加奈代**〕

[10] http://tabelog.com

[11] http://kakaku.com

3—18

批判的思考を支援する情報システム

——自動的に評価・組織化する試み

情報爆発、情報過多の現代社会。ネットでは新しい情報がとめどなく発信され、検索サービスの助けなしには必要な情報のありかを知ることも、その存在自体に気づくことも難しい。流通する情報は玉石混淆であり、偏りもあり、誰もその全貌を知り得ない。こうした環境のもとで、信頼できる情報を偏りなく収集し、批判的思考を実践するのは容易なことではない。これに対し近年、ネットユーザーの情報収集や批判的思考を技術の側から支援しようとする試みが広がっている。代表的な方向性には、①ネット上の情報やその発信者の信頼性を自動判定する**情報信頼性評価**[1]、②偏りのない情報収集や意見の俯瞰を支援する**情報組織化**がある。

ネットでは、多数の発信者がそれぞれ複数の情報を発信し、また同じ情報が複数の発信者から発信される場合もある。情報信頼性評価の基本的な計算モデルは、「複数の信頼できる発信者から発信された情報は信頼できる。信頼できる情報を多数発信した発信者は信頼できる」という仮定をおいて、個々の情報の信頼性の計算と発信者の信頼性の計算を交互に繰り返す。個々の情報と個々の発信者の間で重みつきの票を仮

[1] 項目3—17「情報の信頼性評価」を参照。

想的に投票しあうモデルをイメージすればよい。このモデルはリンク解析（グラフ解析）として定式化することができ、クラインバーグのＨＩＴＳ[2]をはじめ、TruthFinder、Pooled Investment など、さまざまな解析モデルが提案されている[3]。

情報や発信者の信頼性の評価をネットユーザーに直接クラウドソーシングする試みもいくつかある。たとえば、Web of Trust[4]では、多数のネットユーザーが個々のウェブサイトに対して信頼できるかどうかを投票できるしくみを用意し、投票結果を閲覧時に参照できるブラウザアドオンツールを提供している。またNewsTrust[5]では、オンラインニュースについてボランティアが中立性の観点から評価した結果を、読まれた回数などの統計情報とともに提供している。今後は、こうしたネットの**集合知**[6]を利用して一部の発信者や情報を格づけしておき、それをもとに、より広い範囲の発信者や情報[7]の信頼性を推定する試みが広がっていくだろう。ただし、発信者の特性や情報の中身の解析に踏み込むことなく投票によって信頼性を数値化するアプローチには、偏った人気投票に陥る危険性やスパム攻撃に対する脆弱性も指摘されている。

これに対し、情報の組織化を指向する研究では、信頼性の格づけには主眼を置かず、互いに関連する情報や発信者の間の隠れた関係性を解析し、ユーザーが俯瞰できるように可視化することによって、偏りのない情報収集や議論の支援をねらう。

代表的なトレンドの一つは**意見分析**である。意見分析は、ソーシャルメディアなどの言語データから「どのような人がどの商品のどのような点が良い／悪いと言ってい

［2］ Kleinberg, J.M. (1999) Authoritative sources in a hyperlinked environment. *Journal of ACM, 46*, 604-632.

［3］ Pasternack, J. & Roth, D. (2011) Making better informed trust decisions with generalized fact-finding. Proc. of IJCAI, pp. 2324-2329.

［4］ https://www.mywot.com/

［5］ http://newstrust.net/

［6］ 項目３−19「批判的思考と集合知」を参照。

［7］ たとえば、発信者については専門性や公共性などの特性が、情報の中身については対立意見の併記や根拠の記述の有無などが信頼性に寄与する情報として考えられる。

るか」といった意見情報を抽出して分類整理する自然言語処理技術で、ビジネスにも利用されている[8]。分析の対象も商品の評判にとどまらず、法案や制度に対する賛否やアンケートの自由回答などへと広がりをみせている[9]。

　こうした技術は、意見や関連情報をネットから賛否両論偏りなく収集し俯瞰するのに役立ち、ネット社会における批判的思考を根底で支える社会基盤になりうるものと期待できる。この考えを具現化した先駆的な例に、情報分析システムＷＩＳＤＯＭ[10]が挙げられる。ＷＩＳＤＯＭは次頁の図１のように、ユーザーから与えられた分析対象トピックについてウェブから関連する情報を検索し、発信者の特性や賛否の観点から分類・整理・可視化するもので、多様な関連情報の俯瞰的分析や気づきの機会をユーザーに提供できるように設計されている。

　今後はこうした技術の実用化が望まれるが、課題も多い。ＷＩＳＤＯＭにみられるような、言語情報の意味内容に踏み込む情報分析はドメインや文体などの影響を受けやすく、現在の技術では高い精度を確保するのは容易でない。また、処理の計算コストも高いため、一般ユーザーに無制限にサービスを提供するとなると、企業にとってもハードルが高いのが現状である。処理の過程がユーザーから見えにくくなるぶん、分析結果の中立性を担保するしくみ作りも重要性を増すだろう。まずは、情報学、社会学、教育学などを含めた学際連携、産学連携を展開し、実践的な試行を重ねていく必要がある。

〔**乾　健太郎**〕

[8] Pang, B. & Lee, L. (2008) *Opinion mining and sentiment analysis*. Hanover: Now Publishers.

[9] 大塚裕子・乾孝司・奥村学 (2007)『意見分析エンジン：計算言語学と社会学の接点』コロナ社

[10] Kawada, T., Akamine, S., Kawahara, D., Kato, Y., Leon-Suematsu, Y. I., Inui, K., Kurohashi, S. & Kidawara, Y. (2011) Web information analysis for open-domain decision support: System design and user evaluation. Proc. of the Joint WICOW/AIRWeb Workshop on Web Quality.

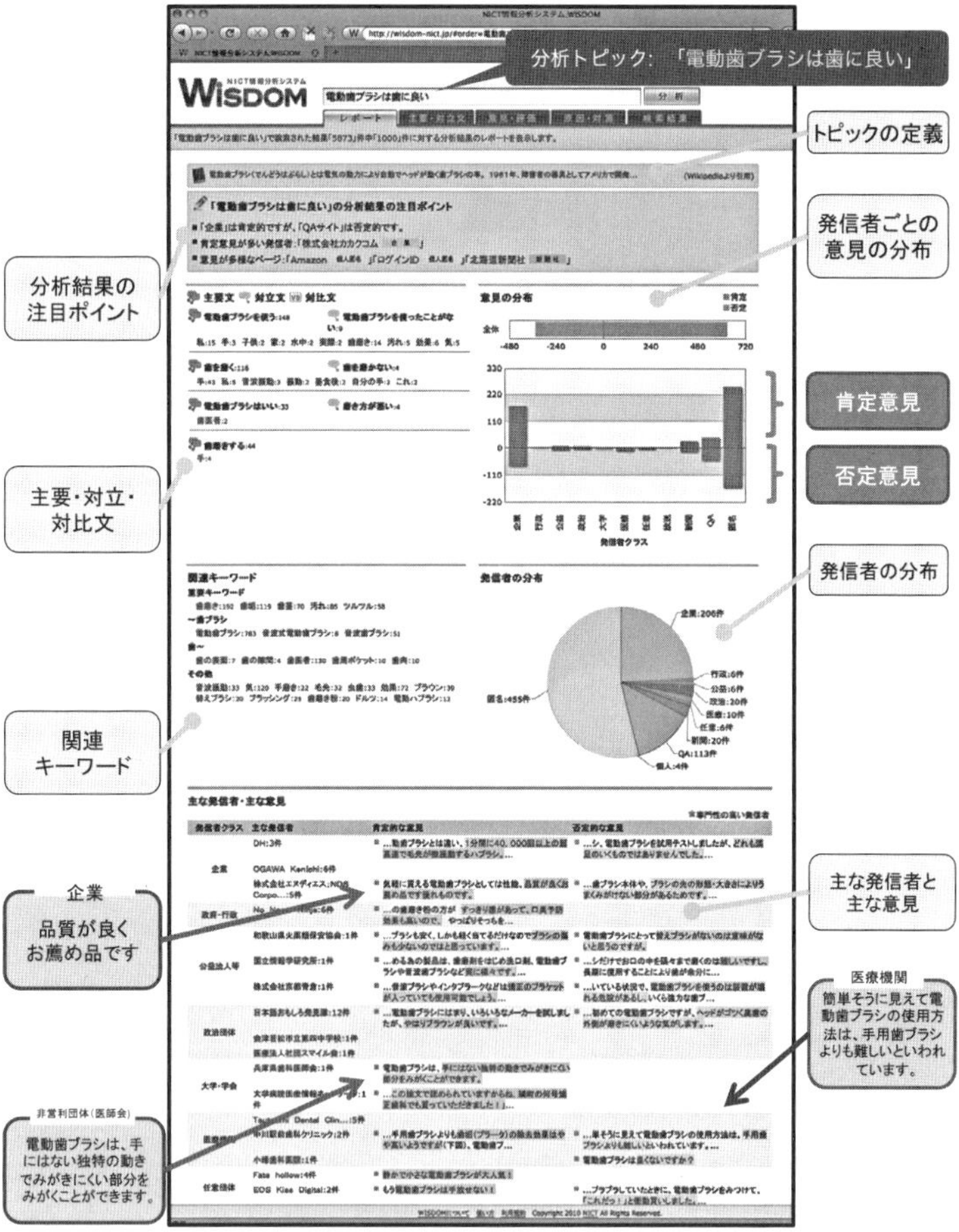

図１　情報分析システム WISDOM

3-19 批判的思考と集合知

——その価値を高めていくために

パソコンやスマートフォンなどの情報通信技術の普及に伴い、情報の発信や受信を誰もが容易に行えるようになりつつある。総務省の調査[1]によると二〇一二年末時点で日本でのインターネットの人口普及率は79・5パーセント、二〇一一年には世界のインターネット利用者数が22億人を超えており、ここ数年右肩上がりに増加している。[2]

情報通信技術の普及と発展によって、インターネットを介して世界中から数百人、数万人が知恵を出し合うことが可能になりつつある。こうした「見ず知らずの他人同士が知恵を出し合って構築する知」は**集合知**（collective intelligence）と呼ばれている。[3] たとえば、「三人寄れば文殊の知恵」ということわざがあるように、一人では解決できないようなこともみんなで集まって考えれば良い知恵が出ることがある。ネット集合知の例として、誰でも自由に執筆できるオンラインの百科事典であるウィキペディアが挙げられる。二〇〇一年に始まったウィキペディアは、二〇一四年二月の時点で、世界中から10万人を超える人々が情報を提供しながら、２０００万を超える項目を構築している。[4] その信頼性は議論になることも多いものの、情報の量、多言語

[1] 総務省（2012）平成二四年度通信利用動向調査。

[2] 電通総研（編）（2013）『情報メディア白書』ダイヤモンド社

[3] 西垣通（2013）『集合知とは何か：ネット時代の「知」のゆくえ』中公新書

[4] Statistics Commons Retrieved from http://stats.wikimedia.org/wikispecial/EN/TablesWikipediaCOMMONS.html

性、更新の迅速性、アクセスの利便性など、従来の百科事典にはなかった複数の利点があることが特徴である。

また、近年は、インターネットでつながる群衆（クラウド）から積極的に知恵や知識を借りようとするためのプラットフォーム[5]も開発されている。これは、個人や限られた人数で構成される組織では解決できないような課題を群衆にアウトソーシングするという意味で**クラウドソーシング**（crowdsourcing）と呼ばれている[6]。クラウドソーシングは、スロウィッキーの著書『The Wisdom of Crowds』[7]をもとにハウが二〇〇八年にＷＩＲＥＤという雑誌で用いた造語である。比較的新しい用語であるが、翌年の二〇〇九年にはアメリカ国立科学財団（ＮＳＦ）のもとクラウドソーシング研究が採択され始め、以降、関連研究が盛んになってきている。

クラウドソーシング研究において着目されるのは、群衆からいかに知恵を引き出すのかという点である。たとえば、先ほどの「三人寄れば文殊の知恵」と逆の意味で、「船頭多くして船山に登る」ということわざがある。これは、人が集まるとかえって事がうまくいかないたとえである。集合知についても同様で、人々から多くの情報を単に集めても、必ずしもそこから知恵が生まれるとは限らず、かえって煩雑さや複雑さが増しただけというような結果を招きかねない。マサチューセッツ工科大学にある集合知研究センターのトーマス・マローンによれば、集合知の可能性をさらに高めるためには、ウィキペディアのように単にアイデアを寄せ集めるだけではなく、クラウ

[5] Amazon Mechanical Turk, oDesk, Lancers など。

[6] クラウドソーシングの定義として、ここでは「特定の組織的な目標を達成するために、オンラインコミュニティの集合知を活用するオンライン上の分散した問題解決モデルや生産モデルのこと」を紹介する。
Brabham, D. (2013) *Crowdsourcing*. MIT Press. Cambridge, MA.

[7] Surowiecki, J. (2005) *The wisdom of crowds: Why the many are smarter than the few and how collective wisdom shapes business, economies, societies and nations*. New York: Doubleday. [J・スロウィッキー／小高尚子（訳）(2006)『「みんなの意見」は案外正しい』角川書店]

ドから知恵が生まれる条件やそのメカニズムを理解することが重要だという[8]。

■批判的思考と集合知

集合知の可能性を高めるためには、まず、その営みに参加する人々の多様性を確保することだと言われている。また、ニールセン[9]によると、それらの人々が推論方法の体系を共有していなければならない。多様な人々が参加していれば、当然異なる意見や情報が出てくるし、なかには間違った情報を気づかずに提案する人も出てくる。このような場合に、誰かがその間違いを指摘し、情報を出した人が間違いを認識することができれば、間違った情報が明白な事実としてみなされることはない。逆に、そのように共有したものがなければ、意見の相違は解決されることなく、異なる意見の人同士に別れてしまい、コラボレーションが増幅することはない。

ニールセン自身は、ここでいう推論が具体的にどのようなものか詳細には述べていないものの、批判的思考は、集合知の可能性を高めていくうえで重要な役割を果たすと考えられる。たとえば、情報を鵜呑みにするのではなく、間違いがないか吟味し、根拠に基づいてそれを指摘するということがなければ、多様な人々から多様な意見が出されたとしても、それらはノイズやエラーを含む単なる情報の集積にすぎない。情報の集積を知恵へと高めていくためには、情報の吟味や整理、改善、再構築などのプロセスが必要である。

[8] Malone, T., Laubacher, R. & Dellarocas, C. (2009) Harnessing crowds: Mapping the genome of collective intelligence. *MIT Sloan Research Paper, 4732*, 1-20.

[9] Nielsen, M. (2011) *Reinventing discovery: The new era of networked science*. Princeton, NJ.: Princeton University Press.

群衆による批判的思考が情報の全体の質の向上に貢献するのか検討した例として、田中らの実験研究がある。[10] この実験では、ソーシャルメディアに投稿された情報のなかから、間違った情報（デマ）とそれを指摘する情報（批判）の組み合わせを複数収集し、参加者のグループごとに順序を変えて呈示した。参加者は、どの情報がデマであるかは事前に知らされずに、各情報をどの程度拡散したいかについて回答する。その結果、デマより先に批判情報に接したグループは、そうでないグループと比べて、デマの拡散を止めようとする反応が増加することが示された。このことは、グループ内で批判を共有することによって間違った情報の流れが抑制され、結果として流通する情報の質の向上につながる可能性があることを示唆している。

これまでの批判的思考研究では、哲学や心理学の観点から、主に個人の認知活動に焦点を当てた研究が行われてきた。しかし、情報化社会においては個人が批判的に吟味できる情報には限度がある。したがって、他者とともに批判的思考を持ち寄って共通の問題を解決したり物事を吟味するというような集合知としての批判的思考という発想も重要になってくるだろう。今後は、他者の批判を活用する方法や、利用者全体としての批判的思考が活性化されるような情報システムのデザインなども含めて、集合的に批判的思考を行う可能性についても検討していくことが期待される。

〔田中優子〕

[10] Tanaka, Y., Sakamoto, Y. & Matsuka, T. (2013) Toward a social-technological system that inactivates false rumors through the critical thinking of crowds. In Proceedings of the 46th Hawaii International Conference on System Sciences. pp. 649-658.

おわりに

「これまでにない、批判的思考の広がりと深さを示すようなわかりやすい本ができないか」。

これは、本書の企画をされ、編者として私を誘ってくださった楠見先生の最初のメールにあった文章です。そのメールをいただいてから一年半になろうとしていますが、ようやく形になり、楠見先生の言葉通りの広がりと深さを併せ持つ本になったのではないかと、編者の一人として感じています。

編者として本書の編集作業を行うのは、とても楽しい体験でした。本書は、多くの分野から多数の人に幅広く執筆に関わっていただく方針で項立てと人選とをしました。ですから、編者らが専門にしている心理学だけではなく、さまざまな分野のさまざまな角度から批判的思考について論じられています。なるほど、批判的思考は哲学の伝統とこのようにつながっているのかとか、神経科学者から見れば批判的思考をこのように捉えることができるのか、など、欧米の批判的思考に関する先行研究に見られるものとはまったく異なる観点がいくつもあり、読みながらワクワクしたことは何度となくありました。

批判的思考の教育（第2部）に関しても、初等・中等教育の各教科から大学教育まで、かなりのものを網羅しています。教育そのものではないにせよ、幼児期の発達にも、老年期の叡智にも触れています。近年、批判的思考教育に関する本がわが国でも出されるようになりましたが、これだけの射程を持った本は国内のみならず、海外でもあまりないのではないかと思っています。学校教育だけではなく、社会生活についても第3部で「社会に生きる」という観点から、各種リテラシーを中心に論じています。こちらも、批判的思考の可能性の広がりを感じさせるものになっているのではないかと思います。

本書をきっかけに、今後の批判的思考の研究や実践がより広くより深いものになれば、また批判的思考が学校生活や市民生活の中で根づいていくきっかけになれば、編者としては望外の喜びに思います。

本書の企画は、日本心理学会の広報誌『心理学ワールド　61号』（二〇一三年四月発行）で、本書の執筆者でもある林創編集委員が担当された「批判的思考と心理学」という特集が組まれたことからはじまりました。素敵な場を用意してくれた林さんをはじめとする『心理学ワールド』編集委員の方々、そして『心理学ワールド』以来編集に尽力いただいた新曜社の森光佑有さんに心から感謝申し上げます。

二〇一四年　一二月

編者の一人として　道田泰司

編者紹介

楠見　孝（くすみ　たかし）[1-4] [3-1] [3-2] [3-7]

京都大学大学院教育学研究科教授。1987年，学習院大学大学院人文科学研究科心理学専攻博士課程退学。博士（心理学）。専門は認知心理学。著書は『批判的思考力を育む』（共編・有斐閣），『実践知』（共編・有斐閣），『科学リテラシーを育むサイエンス・コミュニケーション』（共編・北大路書房），『批判的思考と市民リテラシー』（共編・誠信書房），『思考と言語（現代の認知心理学３）』（編著・北大路書房）など。

道田泰司（みちた　やすし）[1-1] [1-10] [2-2] [2-5] [2-12]

琉球大学大学院教育学研究科高度教職実践専攻（教職大学院）教授。1988年，広島大学大学院教育学研究科実験心理学専攻博士課程前期修了。専門は思考心理学，教育心理学。著書は『最強のクリティカルシンキング・マップ』（日本経済新聞出版社），『批判的思考力を育む』（共編・有斐閣），『言語力が育つ社会科授業』（共著・教育出版），『クリティカル進化（シンカー）論』（共著・北大路書房），『クリティカルシンキング』（共訳・北大路書房）など。

新曜社

ワードマップ
批判的思考
21世紀を生きぬくリテラシーの基盤

初版第１刷発行　2015年１月21日
初版第６刷発行　2024年11月11日

編　者　楠見　孝・道田泰司
発行者　塩浦　暲
発行所　株式会社　新曜社
101-0051　東京都千代田区神田神保町 3-9
電話（03)3264-4973(代)・FAX(03)3239-2958
E-mail : info@shin-yo-sha.co.jp
URL : https://www.shin-yo-sha.co.jp/
印刷所　星野精版印刷
製本所　積信堂

ISBN978-4-7885-1414-0　C1011

執筆者紹介（執筆順）

伊勢田哲治（いせだ　てつじ）［1-2］［1-3］
京都大学大学院文学研究科教授　科学哲学・倫理学

小口峰樹（おぐち　みねき）［1-5（共著）］［3-13（共著）］
玉川大学脳科学研究所特任准教授　神経科学・心の哲学

坂上雅道（さかがみ　まさみち）［1-5（共著）］［3-13（共著）］
玉川大学脳科学研究所教授　神経科学

平山るみ（ひらやま　るみ）［1-6］［1-7］［1-8］
大阪音楽大学短期大学部准教授　教育心理学

田中優子（たなか　ゆうこ）［1-9］［2-4］［2-7］［2-19］［3-19］
名古屋工業大学大学院工学研究科教授　教育心理学・認知科学

林　創（はやし　はじむ）［1-11］［1-12］［2-17］
神戸大学大学院人間発達環境学研究科教授　発達心理学・教育心理学

信原幸弘（のぶはら　ゆきひろ）［1-13］［1-14］
東京大学名誉教授　心の哲学

子安増生（こやす　ますお）［1-15］［2-3］
京都大学名誉教授　発達心理学

樋口直宏（ひぐち　なおひろ）［2-1］
筑波大学人間系教育学域教授　教育方法学

若林靖永（わかばやし　やすなが）［2-6］
京都大学名誉教授　マーケティング

犬塚美輪（いぬづか みわ）［2-8］
東京学芸大学教育学部准教授　教育心理学

エマニュエル・マナロ（Emmanuel Manalo）［2-9（共著）］
京都大学大学院教育学研究科教授　教育心理学

クリス・シェパード（Chris Sheppard）［2-9（共著）］
早稲田大学理工学術院英語教育センター教授　第二言語習得・英語教育

木下直子（きのした　なおこ）［2-9（共著）］
早稲田大学日本語教育研究センター准教授　第二言語習得・日本語教育

吉田　甫（よしだ　はじめ）［2-10］
立命館大学文学部教授　教授心理学

坂本美紀（さかもと　みき）[2-11]

神戸大学大学院人間発達環境学研究科教授　教育心理学・学習科学

上地完治（うえち　かんじ）[2-13]

琉球大学教育学部教授　教育哲学・道徳教育

武田明典（たけだ　あけのり）[2-14]

神田外語大学外国語学部教授　教育心理学・臨床心理学

中西良文（なかにし　よしふみ）[2-15（共著）]

三重大学教育学部教授　教育心理学

南　学（みなみ　まなぶ）[2-15（共著）]

三重大学教育学部教授　教育心理学・発達心理学

沖林洋平（おきばやし　ようへい）[2-16]

山口大学教育学部准教授　教育心理学

津波古澄子（つはこ　すみこ）[2-18]

京都看護大学教授　看護学・看護理論

原　塑（はら　さく）[3-3][3-4][3-10][3-14]

東北大学大学院文学研究科准教授　科学哲学

山田剛史（やまだ　つよし）[3-5]

横浜市立大学国際教養学部教授　心理統計・教育評価・教育測定

三浦麻子（みうら　あさこ）[3-6][3-16]

大阪大学大学院人間科学研究科教授　社会心理学

元吉忠寛（もとよし　ただひろ）[3-8]

関西大学社会安全学部教授　災害心理学・社会心理学

花城梨枝子（はなしろ　りえこ）[3-9]

琉球大学教育学部教授　消費者教育・生活経済学

小倉加奈代（おぐら　かなよ）[3-11][3-17]

岩手県立大学ソフトウェア情報学部講師　HCI（Human-Computer Interaction）

抱井尚子（かかい　ひさこ）[3-12]

青山学院大学国際政治経済学部教授　ヘルスコミュニケーション・研究法

菊池　聡（きくち　さとる）[3-15]

信州大学人文学部教授　認知心理学・文化情報論

乾健太郎（いぬい　けんたろう）[3-18]

東北大学大学院情報科学研究科教授　知能情報学・自然言語処理

人名索引

■あ　行
荒井紀子　113
荒木紀幸　148
アリエリー，D.　52
アリストテレス　9, 10, 65, 69
アルファロ，R.　171
池内了　259
出馬圭世　29
伊勢田哲治　163
磯和壮太朗　158
イタクラ，H.　122
市川伸一　167
乾健太郎　274
魚住忠久　228
ウォーフ，B. L.　122
エドワーズ，V.　79
エニス，R. H.　4, 5, 20, 40, 49, 98, 101, 169
エリクソン，E. H.　72, 73
大島裕明　271
岡本信一　114
沖林洋平　161
オズボーン，A. F.　95, 96
オズボーン，J.　137, 138
オズボーン，W. W.　79
オーランド，I. J.　169
オルポート，G. A.　264, 266

■か　行
加藤義清　270, 274
ガードナー，M.　262
カーネマン，D.　53
川上善郎　266, 268
川嶋太津夫　156, 157
カント，I.　12
菊池聡　59
ギーゲレンツァー，G.　52-54
北上田源　144
キーリー，S. M.　88
ギルフォード，J. P.　94, 98
キンチェロー，J. L.　244
クー，K. Y. L.　43
楠見孝　40, 158, 159, 161
クラインバーグ，J. M.　277
クラーク，D. B.　137
グレイザー，E. M.　2, 8, 12
クレセンティーニ，C.　27
クーン，D.　98, 137
クーン，T. S.　15
ケーニグ，M. A.　85
コーエン，C. E.　56
コーラス，A.　266, 269
ゴールドラット，E. M.　110
コールバーグ，L.　148-151

■さ　行
サピア，E.　122
サンデル，M.　155
サンドバル，W. A.　137, 139
三森ゆりか　123
シェパード，C.　125, 126
シェファー，B. K.　171
繁桝算男　48
シーゲル，H.　169
シブタニ，T.　264
清水美憲　204-206
ジャニス，I. L.　50
ジューイット，A.　79
シュヴァイガー，D. M.　51
ジョンソン，J. E.　98
スエルケン，K.　111
スタイン，B.　47
スタノヴィッチ，K. E.　24
スタプルトン，P.　45
スタンバーグ，R. J.　20, 74, 75
スロウィッキー，J.　281

セーガン，C.　263
ゼックミスタ，E. B.　98
瀬沼花子　209
ソクラテス　11
ゾハー，A.　134
ソロフ，S. B.　84

■た　行

髙橋洋一　208
高松基之　51
田中優子　161, 283
ダニエル，M.　86, 87
谷岡一郎　166
タバ，H.　80
ダマシオ，A. R.　63
チーウー，Y.　43
ツイ，L.　89, 105, 122
ツヴェルスキー，A.　53
椿広計　206
ティワリー，A.　42
デカルト，R.　11
デューイ，J.　3, 4, 8, 42, 78, 194, 195, 197
トゥールミン，S.　136
徳永悦郎　148
トーランス，E. P.　94
トレフィンガー，D.　96, 98

■な・は　行

中島誠　159
中山留美子　158, 159
ニスベット，R. E.　42
ニールセン，M.　282
野地有子　172
ハウ，E. R.　44, 281
パスカレラ，E. T.　87, 88
ハード，P. D.　196
花城梨枝子　166
林創　162, 208
バルテス，P. B.　74
ハルパン，D. F.　127
ビドル，W. W.　79
ヒューム，D.　11
ピュロン　11
平山るみ　40, 161
廣岡秀一　39, 158, 159
ファシオン，P. A.　6
フォックス，R. C.　169
藤村宣之　206
藤本夕衣　160
プラド，J.　27
ブラナパタナ，M.　178
ブランスフォード，J.　47, 48
フロイト，A.　73
ヘイマン，G. D.　85
ベイヤー，B. K.　81
ベイリン，S.　46
ホヴランド，C. L.　271
ポストマン，L. J.　264, 266
ポパー，K.　14, 15, 261, 262
ポール，R. W.　5, 82, 141

■ま・や・ら・わ　行

マクニール，K. L.　136-139
マクペック，J. E.　4, 5
桙元新一郎　206, 207
マートン，R. K.　15
マナロ，E.　123, 124
マローン，T.　281
道田泰司　88, 141, 162, 164, 165
ミラー，J. D.　193, 194, 196, 250, 251
八塚悠子　113
山田剛史　162, 208
山本智一　137
山祐嗣　45
ラウダン，L.　15
ラカトシュ，I.　15
ラッグ，H.　79
ラトゥール，B.　15
リップマン，M.　86
リンチ，M.　15
ルーベンフェルド，M. G.　171, 172
ルンコ，M. A.　97, 98
ローゼンタール，J. S.　210, 211
ロック，J.　8
ワインバーグ，A. M.　254, 256, 257
渡辺雅子　141
渡辺美智子　206

事項索引

■アルファベット

AHELO（高等教育における学習成果の評価） 174, 190
ATC21S 83
CAM（補完代替医療） 245-247, 259
CLA（CLA+） 33, 190
CPS（創造的問題解決のプロセス） 96, 97
CSICOP（サイコップ） 262, 263
DeSeCo プロジェクト 190
EBM（科学的根拠に基づく医療） 92, 245, 247
GSA 175, 176
ICT 143, 155, 183, 186, 187
　――リテラシー 183, 186, 187
ID（インテリジェントデザイン論） 259
IDEAL 法 47, 48
IT 活用問題解決能力 187
NIE（教育に新聞を） 153, 155
OECD（経済開発協力機構） 119, 174, 184, 187, 190-192, 204
　――生徒の学習到達度調査 → PISA
PBL/FBL 学習（問題解決／問題発見型学習） 79, 157, 190
PIAAC（成人力調査） 187
PISA（OECD 生徒の学習到達度調査） 119, 120, 135, 139, 184, 185, 193, 194, 204-206, 208-210
POS（問題志向型記録システム） 168
SAT（大学進学適性検査） 35
TIMSS（国際数学／理科教育調査） 135, 139
TOC 107, 110, 111
　教育のための―― 107, 110, 111
TTCT（創造的思考テスト） 94
WICS モデル 75
WISDOM 278, 279

■あ 行

あいまいさ 266-268
アカウント（パスワード）管理 240
アーギュメンテーション 136-139
アーギュメント（論証） 101, 103, 104, 135-139
　トゥールミンの――モデル 136, 139
アクター・ネットワーク理論 15
悪魔の証明 93
悪魔の代理人アプローチ 50, 51
アサーティブな態度 107
アドホック的態度 261
アナロジー推理 91, 92
アルゴリズム 52
　――的精神 22, 25-29
アンカリング（係留） 54, 55
暗記学習 176
安全教育 219
アンビシャス・ターゲット・ツリー 103, 107, 109, 110
暗黙知 191
医学教育 168
意見分析 277
意思決定 46-49, 51, 52, 102, 105, 108, 116, 141, 143, 163, 169, 170, 185, 186, 205, 216, 219, 220, 226-231, 242, 243, 247, 249, 255, 256, 258
　私的個人的―― 229, 230
　社会的共同的―― 229, 231
　政治的―― 255, 256
医師中心主義 242
いじめ問題 106
一方向的科学コミュニケーション 198-200, 202, 203
異文化スキル 177
イマージョンアプローチ 100, 105, 191
意味の整合性 274
医療

科学的根拠に基づく——　245, 247
通常——　246, 247
統合——　246
補完代替——　245-247, 259
因果関係　107, 108
インテリジェントデザイン論　→ ID
インフォームドコンセント　191
インフュージョンアプローチ　100, 103, 105
ウィキペディア　280, 281
ウイルス対策　240
疑わしい前提　88
うわさ　265-268
——の基本公式　266
——の流布量　266
英語教育　124, 125
叡智　19, 72-75, 220
演繹　18
——推理　91
——的推論　9, 27, 31, 35, 36, 66, 101, 114
——的推論課題　31
——の判断のスキル　20
エンハンスメント効果　252
応答的思考　87
応用脳科学コンソーシアム　248
応用力の低下　106
大きな疑似科学　260, 261
オカルト　260, 262
オルガノン　9
音楽科　114
音楽経験の宝庫　114
音楽の概念的知識　114

■か　行

懐疑主義　11, 79, 85, 86
懐疑論　262
外国語教育　122-127
回顧的メタ記憶　28
外挿　93
外側前頭前野　27, 28
顔認識　25
科学
——拡張主義　263
——教育　195, 196
——社会学　14-17
——主義　246
——知識社会学　15-17
——のエスノメソトロジー　15
——の四つの規範の分析　15
——批判　16, 17
疑似——　17, 19, 258-263
詐欺——　260
神経——　24, 29, 184, 248-253
正当——　259
創造——　259, 261
ニセ——　260
認知——　250, 252
脳——　248, 250, 251, 253
非——　258, 260, 261
病的——　260
未——　260
科学リテラシー　20, 23, 135, 137, 183, 185, 186, 190, 193, 216, 217, 220, 250, 252, 253, 261, 275
——尺度　252
科学技術
——社会論　14, 16, 17, 202
——リスク問題　255, 257
——リテラシー　184, 192-194, 196, 197
科学的
——懐疑論（合理的懐疑論）　262, 263
——根拠に基づく医療　→ EBM
——思考　12, 13, 134, 135, 138, 139, 243, 244
——態度　195-197
——探究　134
——方法論　216
——問題　193
科学コミュニケーション　17, 197-203, 256, 257
——論　256
一方向的——　198-200, 202, 203
対話型——　198, 200-203, 256, 257
科学哲学　10, 14-16, 261, 262
新——　15, 16
拡散的思考　98, 99

学士課程教育　156, 157
学習
　——成果　174, 190
　PBL/FBL——　79, 157, 190
　暗記——　176
　株式——ゲーム　229
　観察——　153
　協同的探究——　206
　調べ——　155
　体験——　153
　第二言語——　122-125
　探究型——　190
　知識伝達型——　176, 178
　批判的——スキル　159
　問題解決／問題発見型——
　　→ PBL／FBL 学習
学習指導要領　134, 135, 140, 146, 151, 153, 207
　新——　120, 206
確証バイアス　25, 57, 59
学士力（スチューデントスキル）　157, 160, 173, 189
確信度　28
獲得と喪失　74
獲得モデル　18, 19
確認の徹底による危険の回避　241
学問的な創造性　99
学問リテラシー　185, 188-190
確率　48, 53, 54, 210, 219, 227
　——の評価（不確実性の評価）　48, 53, 54, 219, 227
学力
　——調査　197
　——低下問題　81
　——の3要素　134
　基礎——　81, 106, 108
隠れた前提　20, 103, 163
過剰な一般化　191
火星効果　263
仮説検証　31, 134
仮説の同定課題　30
下前頭回　27
画像化技術　24, 252
可塑性　74
課題
　仮説の同定——　30
　議論構築——　33
　議論批評——　33
　議論評価——　31
　推論——　30
　単語分類——　35
　短文理解——　31
　同音異義——　35
　バイアス——　31, 32
　発達——　73, 149
　パフォーマンス——　33
　ヒューリスティック——　31
　フレーミング——　31
　文章推理——　35
　乱文構成——　35
　連言錯誤——　31
価値
　——の問題　67, 68, 70, 71
　主観的——の評価　48, 49
価値観　82
価値判断　21, 64, 66-71
　——のスキル　21
学校教育　192
葛藤（対立）　50, 107-109, 149, 150
　対人——　50
　道徳的——状況　149, 150
家庭科　113, 143, 166
株式学習ゲーム　229
カリフォルニア批判的思考技能テスト　87
カリフォルニア批判的思考態度尺度　42
考え抜く力　157
関係的推論　27
看護
　——過程　168-171, 173
　——教育　168-173
　——実践力　173
　——診断　171
　——の可視化　168, 169
　——の独自性　171
観察学習　153
観察の妥当的判断　31
患者中心主義　242

キイ・コンピテンシー　190
記憶
　長期――　61
　メタ――　28
記号論理学　9
疑似科学　17, 19, 258-263
　大きな――　260, 261
　小さな――　260
基礎学力　81, 106, 108
期待に合う情報　57, 58
喫煙問題　163, 218, 219, 225, 226
帰納　11, 18
　――推理　91, 92
　――的推論　9, 10, 27, 31, 35, 36, 66, 101, 114
　――の判断のスキル　20
機能的リテラシー　182, 183, 187
詭弁　5
基本的帰属錯誤　102
ギャンブラーの錯誤　53
教育
　――実践　115, 116, 157, 165, 166, 167
　――に新聞を　→ NIE
　――のための TOC　107, 110, 111
　安全――　219
　医学――　168
　英語――　124, 125
　外国語――　122-127
　科学――　195, 196
　学士課程――　156, 157
　学校――　192
　看護――　168-173
　教養――　71, 160, 164
　軍縮不拡散――　144
　高等――　3, 32, 33, 112, 117, 156, 163, 174-176, 190, 206
　国語――　118-120, 123
　国際――　144
　算数――　128-133
　思考――　176
　シティズンシップ――（市民性――）79, 142-144
　社会科――　79, 80, 140, 141
　自由――　71
　消費者――　166
　職業――　71
　初等――　32, 112, 115-117, 135, 176, 206
　初年次――　32, 156-159, 167, 172, 173
　神経科学リテラシー――　249, 251-253
　心理学――　22, 23
　心理――　154, 155
　数学――　128, 133
　専門――　32, 156, 157, 160, 164-167
　専門導入――　33
　大学――　33, 87-89, 157, 160, 162, 164, 253
　中等――　32, 44, 112, 115-117, 135, 206
　統計――　206
　道徳――　146-151
　批判的思考――　7, 9, 17, 45, 78, 79, 83, 86, 100, 101, 103, 104, 107, 112, 115, 117, 123, 124, 127, 138, 140, 153, 162, 174, 177, 262
　平和――　144
　防災――　219
　メディア――　212
　理科――　134-139, 199, 200
　リーガルリテラシー――　235
　歴史――　141, 142, 144, 145
教育学　169, 243
　批判的――　243
教育心理学　18, 206
教員養成　164, 166
境界設定問題　261
京大 SX　35
協同的探究学習　206
共同問題解決（集団問題解決）　21, 49, 50
恐怖イメージ　217, 218
教養教育　71, 160-164
議論構築課題　33
議論批評課題　33
議論評価課題　31
偶然性の誤解　53
クラウド　107-109, 237, 239, 281

——ソーシング　281
クリック報告　143
グループディスカッション（集団討議）50, 51
グローバルアウェアネス　177
軍縮不拡散教育　144
経済開発協力機構　→ OECD
経済投票権　228
経済リテラシー　183, 184, 186, 216, 221, 228, 229
形式論理学　36
形而上学　10, 12
啓蒙主義　244
係留（アンカリング）　54, 55
血液型性格判断　57, 163, 259
欠如モデル　17, 202
——的コミュニケーション　17
ゲーム脳　259
研究
——リテラシー（リサーチリテラシー）　162, 166, 185, 188, 190, 191
——倫理　190
プロパガンダ——　79
ベルリン加齢——　74
健康リテラシー（ヘルスリテラシー）17, 183, 184, 186, 216, 221, 242, 243, 245-247
言語
——活動　120, 121, 135, 138
——処理　27
——能力　34, 35, 37
第一——の制約　122, 123
第二——学習　122-125
建設的批判的思考　244
原発事故　217, 218, 224, 226, 255, 267, 273
言論マッププロジェクト　274
コアスキル　191
合意形成　68-71, 225, 231, 256, 257
宏観異常予知　259
航空機事故　218, 225
高次リテラシー　182, 252, 253
恒真命題（トートロジー）　90, 91
構成主義　243
高等教育　3, 32, 33, 112, 117, 156, 163, 174-176, 190, 206
行動
——決定　19, 21, 98, 170
——の準備　97, 98
——抑制　28, 29
自動的な——制御　25
投票——　186
合法則的合理性　247
公民的資質　140
合目的的合理性　247
効用（主観的価値）の評価　48, 49
合理的懐疑論（科学的懐疑論）　262, 263
合理的思考　26, 27, 243, 244, 258
——態度　26, 27
国語科　107, 108, 117-121, 185
国語教育　118-120, 123
国際教育　144
心の理論　25, 162
個人
——主義　45
——的選択の事態　226
私的——的意思決定　229, 230
個人情報　37, 215, 236-239, 241
——漏えい　236-239, 241
コッククロフトレポート　204
コーネル批判的思考テスト　31, 35, 87
誤謬　9, 10, 101
——推論　101
コミュニケーション　45, 83, 186, 187, 214, 215, 264
——スキル（——能力）　21, 175, 177, 182, 183, 185, 186, 189, 231
——の抑止　268
——力の偏り　106
科学——　17, 197-203, 256, 257
欠如モデル的——　17
説得の——　21
リスク——　219, 222-227
コンセンサス会議　198, 200
コンピュータリテラシー　183

■さ　行

サイエンスカフェ　198, 200

サイコップ　→ CSICOP
サイコドラマ（心理劇）　154
再認ヒューリスティック　53, 54
裁判員制度　233
詐欺科学　260
サクセスフル・エイジング　74
作文指導　119
サピア＝ウォーフの仮説　122
算数科　108, 206
算数教育　128-133
三段論法　9, 161
三部分構造モデル　22, 24-26
３枚カード問題　208
ジェネラルアプローチ　100, 103, 105
ジェネリックアトリビュート　175
ジェネリックスキル（汎用的技能）　32, 156, 160-162, 174-176, 184, 188-190
識字能力　182, 192
思考
　——教育　176
　応答的——　87
　科学的——　12, 13, 134, 135, 138, 139, 243, 244
　拡散的——　98, 99
　合理的——　26, 27, 243, 244, 258
　収束的——　98, 99
　創造的——　87, 94-99, 114, 177, 189
　対話的な——　82
　直観的——　21, 22
　哲学的——　12, 13
　統計的——力　36
　内省的——　170
　日常的——　12, 13
　反省的——　4, 8, 148, 150, 151
　弁証法的な——　82
　メタ認知的——　87
　論理的——　19, 34, 35, 37, 40, 87, 90-92, 107, 115-117, 134, 135, 139, 143, 151, 157, 189, 258
志向性　38, 39, 158, 159
　批判的思考の——　38, 39
自己肯定感　106, 110
自己効力感　110
自己奉仕バイアス　102
システム１（タイプ１，直観システム）　21, 22, 24, 25, 55
システム２（タイプ２，熟慮システム）　21-26, 55
死生の問題　73
実践知　172
実用的義務　223, 224
実用的知能論　75
シティズンシップ（市民性）　79, 142-144, 161, 186, 187
　——教育（市民性教育）　79, 142-144
私的個人的意思決定　229, 230
自動的精神　22, 25, 26, 28
自動的な行動制御　25
シビリアンコントロール　249, 250
尺度
　科学リテラシー——　252
　カリフォルニア批判的思考態度——　42
　神経科学リテラシー——　252
　メディアリテラシー——　252
市民
　——リテラシー　161, 162, 177, 185, 186, 216
　消費者——　228, 231, 267, 268
　良き——　2, 83
市民性（シティズンシップ）　79, 142-144, 161, 186, 187
　——教育（シティズンシップ教育）　79, 142-144
社会科　108, 140, 143, 144
　——教育　79, 80, 140, 141
社会学　14-17, 168
　科学——　14-17
　科学知識——　15-17
社会人基礎力　157, 160-162
社会的
　——共同的意思決定　229, 231
　——弱者　233, 235
　——成功　75
　——論争の事態　225, 226
自由教育　71
集合知　277, 280-283
修辞学（レトリック）　123

収束的思考　98, 99
集団
　――主義　45
　――浅慮　50
　――討議（グループディスカッション）　50, 51
　――問題解決（共同問題解決）　21, 49, 50
主観的価値（効用）の評価　48, 49
主義
　医師中心――　242
　懐疑――　11, 79, 85, 86
　科学拡張――　263
　科学――　246
　患者中心――　242
　啓蒙――　244
　構成――　243
　個人――　45
　集団――　45
　神秘――　263
　相対――　68, 69
　批判的合理――　14
　保守――　263
　ポスト構造――　243
　マルクス――　261
　民主――　2, 3, 79, 144, 193, 195-197, 224, 234
　楽観――　217
　理性――　67, 68, 70, 71
　論理――　243-246
熟慮システム（システム２，タイプ２）　21-26, 55
守秘義務　191
純粋理性批判　12
情意的側面　38, 81
情意的な態度　6
条件づけ　25
証拠を重視する態度　190
省察（反省，内省）　3-7, 17, 21, 32, 33, 36, 135, 148, 152, 155, 170, 175, 230
　――的態度　152, 155
自動車事故　225
情動　28, 60-65
　――反応　28
　中間の適度な――　65
消費者
　――教育　166
　――市民　228, 231, 267, 268
情報
　――セキュリティ　236-239, 241
　――の意味内容　274, 275
　――の吟味　118, 120, 121, 282
　――の取捨選択　212, 213, 231
　――の信頼性　34, 81, 85, 161, 270, 271, 273-277
　――の組織化　276, 277
　――の妥当性　232
　――の皮相的特徴　274
　――の評判　275
　――の分析　170
　――の明確化　19, 20, 170
　――分析システム　278, 279
　――リテラシー　186, 189, 236, 270
　期待に合う――　57, 58
　個人――　37, 215, 236-239, 241
　リスク――　216, 217, 219, 221, 222
情報源
　――の公共性　277
　――の信頼性　20, 85, 189, 232, 261, 271, 272, 277
　――の専門性　271, 273, 277
職業教育　71
職業ステレオタイプ　57
職場体験　153
初等教育　32, 112, 115-117, 135, 176, 206
初年次教育　32, 156-159, 167, 172, 173
調べ学習　155
ジレンマ
　――資料　149
　ハインツの――　149, 151
　モラル――　148-151
新科学哲学　15, 16
新学習指導要領　120, 206
神経科学　24, 29, 184, 248-253
神経科学リテラシー　184, 250-253
　――教育　249, 251-253
　――尺度　252
人権侵害　235

真実を求める探究心　190
心的操作　81
人的ミスへの対策　241
神秘主義　263
心理学　9, 10, 18, 22, 23, 36, 72, 102, 103, 167, 169, 184, 262, 283
　──教育　22, 23
　──リテラシー　22
　教育──　18, 206
　超──　259
　認知──　18
心理教育　154, 155
心理劇（サイコドラマ）　154
心理的義務　223, 224
推測と反駁　14
推論
　──課題　30, 31
　──能力　35
　──の土台の検討　19, 20, 270
　演繹的──　9, 27, 31, 35, 36, 66, 101, 114
　関係的──　27
　帰納的──　9, 10, 27, 31, 35, 36, 66, 101, 114
　誤謬──　101
　範疇的──　27
　批判的思考の──　18-20
　論理的──　26
数学
　──教育　128, 133
　──リテラシー　184-186, 204-208, 275
数学科　108, 206
数唱　128
数量的スキル　189
スキル
　異文化──　177
　演繹の判断の──　20
　価値判断の──　21
　帰納の判断の──　20
　コア──　191
　コミュニケーション──　21, 175, 177, 182, 183, 185, 186, 189, 231
　ジェネリック──（汎用的技能）　32, 156, 160-162, 174-176, 184, 188-190
　数量的──　189
　スチューデント──　157, 160, 173, 189
　説得の──　124-126
　問いを発する──　20
　21世紀型──　82, 83, 186, 187, 190
　反論──　138
　批判的学習──　159
　批判的思考の──　18-20, 84, 88, 118, 119, 121, 124, 127, 159, 161-163, 166, 186, 189, 190
　問題解決──　21, 170, 187, 189
　類推の──　21
スチューデントスキル（学士力）　157, 160, 173, 189
ステレオタイプ　22, 44, 56-59
　職業──　57
成功する知能　75
政策決定　50, 144, 193, 194
誠実性　190
政治的意思決定　255, 256
脆弱性（セキュリティホール）　236-238, 240, 241
　──対策（セキュリティ対策）　236-238, 240, 241
精神
　アルゴリズム的──　22, 25-29
　自動的──　22, 25, 26, 28
　内省的──　22
　反省的──　25-29
成人力調査　→ PIAAC
正当科学　259
制度的義務　224
セキュリティ
　──対策（脆弱性対策）　236-238, 240, 241
　──ホール（脆弱性）　236-238, 240, 241
　──リテラシー　184, 236, 241
　情報──　236-239, 241
説得　105, 124, 125
　──のコミュニケーション　21
　──のスキル　124-126

ゼロリスク要求　218, 225
宣言的知識　98
占星術　261-263
全体的認知　42
選択現象　48
前頭前野　25-29, 63
　外側――　27, 28
　内側――　28, 29, 63
先入観　22
専門教育　32, 156, 157, 160, 164-167
専門導入教育　33
総合的な学習の時間　117, 143, 152-155
操作的リテラシー　183
創造科学　259, 261
創造性　74, 75, 83, 94, 99, 186
　学問的な――　99
創造的思考　87, 94-99, 114, 177, 189
　――テスト　→ TTCT
　――の二層モデル　97, 98
創造的発想　94, 95
創造的問題解決　94, 96-99
　――のプロセス　→ CPS
相対主義　68, 69
　――的な態度　68, 69
ソーシャルメディア　270, 277, 283
卒業特性　175
ソフィア　72
ソフィスト的論駁　9
素朴知識の否定　250, 252

■た　行

第一言語の制約　122, 123
大学
　――教育　33, 87-89, 157, 160, 162, 164, 253
　――進学適性検査　→ SAT
　――設置基準の大綱化　164
　――のアウトカム評価　33, 176
体験
　――学習　153
　職場――　153
　ボランティア活動――　153
対人葛藤　50
対審構造　256
態度
　アサーティブな――　107
　アドホック的――　261
　科学的――　195-197
　合理的思考――　26, 27
　情意的な――　6
　証拠を重視する――　190
　省察的――　152, 155
　相対主義的な――　68, 69
　批判的思考――　16, 18-21, 38, 40-43, 49, 88, 117-119, 153, 159, 161-163, 166, 186, 189, 190, 241, 253, 263
　批判的――　10
第二言語学習　122-125
代表性ヒューリスティック　53, 218
タイプ1（システム1，直観システム）21, 22, 24, 25, 55
タイプ2（システム2，熟慮システム）21-26, 55
対立（葛藤）　50, 107-109, 149, 150
対話
　――型科学コミュニケーション　198, 200-203, 256, 257
　――法　11
　哲学的――　86
対話的
　――な思考　82
　――な批判的思考　86, 87
タスクベースの学習・教育法　124-127
脱抑制　215
探究型学習　190
探究心　39, 40, 190
　真実を求める――　190
単語分類課題　35
男女共同参画2000年プラン　234
短文理解課題　31
談話解析　274
小さな疑似科学　260
チェーンメール　269
知識　81, 97, 98
　――創造型　157
　――伝達型学習　176, 178
　音楽の概念的――　114
　科学――社会学　15-17

宣言的―― 98
素朴――の否定 250, 252
手続き的―― 98
内容的―― 183, 186, 187
脳機能―― 250
批判的思考の―― 18-20, 163
領域固有の―― 19, 34, 36
領域普遍的な―― 19, 34, 36
知的共感 5, 141, 145
知的謙遜 5, 141, 145
知的徳 66-71
知能
――検査 26, 35
――の鼎立理論 20, 75
実用的――論 75
成功する―― 75
中間の適度な情動 65
中等教育 32, 44, 112, 115-117, 135, 206
中庸の徳 65
長期記憶 61
超常信奉 262, 263
超心理学 259
調整ヒューリスティック 54, 55
直観
――システム（システム1，タイプ1） 21, 22, 24, 25, 55
道徳的―― 13
直観的
――思考 21, 22
――判断 54, 55, 218
通常医療 246, 247
強い意味の批判的思考 5, 82
ディシジョン・ツリー 49
テキスト批判 12
テクノロジーリテラシー 183, 186
テスト
カリフォルニア批判的思考技能―― 87
コーネル批判的思考―― 31, 35, 87
創造的思考―― 94
ミネソタ批判的思考力――Ⅱ 32
ワトソン・グレーザー批判的思考力―― 30, 32, 35, 87
データの捏造、改竄 191
哲学 10, 12, 14-16, 169, 189, 261, 262, 283
科学―― 10, 14-16, 261, 262
批判―― 12
哲学的
――思考 12, 13
――対話 86
手続き的知識 98
デマ 265, 283
展望的メタ記憶 28
問いを発するスキル 20
同音異義課題 35
統計学 10
統計教育 206
統計的思考力 36
統計リテラシー 23, 184, 205-208, 216, 217, 219
統合医療 246
道徳 143, 146-151, 252, 253
――教育 146-151
道徳性 148-151
――の発達 148-151
道徳的
――葛藤状況 149, 150
――規範 179
――義務 223, 224
――直観 13
――認知発達理論 148
――判断 149-151, 186
投票行動 186
トゥールミンのアーギュメントモデル 136, 139
徳
――認識論 69
知的―― 66-71
中庸の―― 65
倫理的―― 66, 69
匿名性 214, 215
都市国家 176, 177
読解能力 183, 186
読解リテラシー 119, 184, 185, 275
読解力 36, 120, 167
トートロジー（恒真命題） 90, 91
トランスサイエンス 17, 254-257
――的問題 254-257

■な　行

内省（反省，省察）　3-7, 17, 21, 32, 33, 36, 135, 148, 152, 155, 170, 175, 230
内省的
　――志向　170
　――思考　170
　――精神　22
内挿　93
内側前頭前野　28, 29, 63
内容的知識　183, 186, 187
21世紀型スキル　82, 83, 186, 187, 190
21世紀コンピテンシー　177
二重過程モデル　24, 25
二重投稿の禁止　191
二重プロセス理論　21
ニセ科学　260
日常的思考　12, 13
ニューサイエンス　262
ニュメラシー　204-206
認知
　――科学　250, 252
　――心理学　18
　――バイアス　20, 25, 38, 52, 53, 55, 59, 218, 220, 262
　全体的――　42
　道徳的――発達理論　148
　分析的――　42
　メタ――　19, 21-23, 28, 29, 55, 59, 83, 87, 114, 129, 162, 166, 186, 189
　リスク――　217
認知的
　――熟慮性　38, 41
　――衝動性　41
　――不整合　29
ネットリテラシー　183, 184, 186, 189, 214, 221, 269
脳科学　248, 250, 251, 253
　――観　250, 253
　――研究の実用的応用許容　250, 251, 253
　応用――コンソーシアム　248
脳機能知識　250
脳神経倫理学　249
能力
　IT活用問題解決――　187
　言語――　34, 35, 37
　コミュニケーション――　21, 175, 177, 182, 183, 185, 186, 189, 231
　識字――　182, 192
　推論――　35
　読解――　183, 186
　批判的思考の――　18-20, 84, 88, 118, 119, 121, 124, 127, 159, 161-163, 166, 186, 189, 190
　問題解決――　21, 170, 187, 189
　読み書き――　192

■は　行

バイアス　21-23, 25, 31, 32, 38, 40, 48, 52, 53, 55-57, 59, 84, 102, 186, 217, 218, 220, 262
　――課題　31, 32
　確証――　25, 57, 59
　自己奉仕――　102
　認知――　20, 25, 38, 52, 53, 55, 59, 218, 220, 262
　楽観主義――　217
ハインツのジレンマ　149, 151
発達
　――課題　73, 149
　――段階　73, 116, 153
　道徳性の――　148-151
　批判的思考の――　84, 86, 87, 89, 127
発問　154
パフォーマンス課題　33
パブリック・アチーブメント　144
パラダイム論　15
反証可能性　261
反省（内省，省察）　3-7, 17, 21, 135, 148, 170, 175, 230
反省性　3, 5, 6
反省的
　――思考　4, 8, 148, 150, 151
　――精神　25-29
　――な懐疑　4
判断
　――の保留　3, 195
　価値――　21, 64, 66-71

観察の妥当的――　31
帰納の――のスキル　20
血液型性格――　57, 163, 259
語の意味――　31
直観的――　54, 55, 218
道徳的――　149-151, 186
不適切な――　50
倫理的――　186
範疇的推論　27
反応傾向の抑制　25, 26
汎用的技能（ジェネリックスキル）　32, 156, 160-162, 174-176, 184, 188-190
反論スキル　138
ピアサポート　154
非科学　258, 260, 261
東日本大震災　224, 259, 264-267, 273
非形式論理学　36
批判　3, 6, 11, 12
――哲学　12
科学――　16, 17
純粋理性――　12
テキスト――　12
批判的
――学習スキル　159
――教育学　243
――合理主義　14
――態度　10
――な評価　50
――リテラシー　183
批判的思考
――教育　7, 9, 17, 45, 78, 79, 83, 86, 100, 101, 103, 104, 107, 112, 115, 117, 123, 124, 127, 138, 140, 153, 162, 174, 177, 262
――の志向性　38, 39
――の推論　18-20
――のスキル（――の能力）　18-20, 84, 88, 118, 119, 121, 124, 127, 159, 161-163, 166, 186, 189, 190
――の第二波　244
――の知識　18-20, 163
――の発達　84, 86, 87, 89, 127
建設的――　244
対話的な――　86, 87
強い意味の――　5, 82
4－サークル――モデル　171
複雑な――　244
ポスト論理主義型――　244-246
弱い意味の――　5
批判的思考技能　80, 84, 85, 87, 89
――の習得　80
カリフォルニア――テスト　87
批判的思考態度　16, 18-21, 38, 40-43, 49, 88, 117-119, 153, 159, 161-163, 166, 186, 189, 190, 241, 253, 263
――の文化差　42, 43
カリフォルニア――尺度　42
批判的思考力テスト　30, 32, 35, 87, 88
ミネソタ――テストⅡ　32
ワトソン・グレーザー――テスト　30, 32, 35, 87
ヒューリスティック　22, 31, 48, 52-55, 59, 218
――課題　31
再認――　53, 54
代表性――　53, 218
調整――　54, 55
利用可能性――　48, 54, 218
ピュロン学派　11
評価　97, 98
――懸念　96
確率の――　48, 53, 54, 219, 227
効用の――　48, 49
主観的価値の――　48, 49
大学のアウトカム――　33, 176
批判的な――　50
不確実性の――　48, 53, 54, 219, 227
リスク――　218
表象　26-28
剽窃　189, 191
病的科学　260
標本誤差　209
開かれた心　40, 49, 99, 263
ファシリテーター　104, 105, 154
不安　266-268
フィジビリティスタディ　174
フィッシングメール　274
風評被害　267, 268

4－サークル批判的思考モデル　171
不確実性　254, 255
　——の評価（確率の評価）　48, 53, 54, 219, 227
複雑な批判的思考　244
不正アクセス　239
不適切なサンプリング　103
不適切な判断　50
フランクフルト学派　243
ブランチ　107, 108
ブレインストーミング　95, 96, 104
ブレインマシーン・インターフェース　252
フレーミング課題　31
フレーミング効果　25, 48
フレーム問題　61, 62
フレームワーク　102, 103
プロトサイエンス（未科学）　260
プロパガンダ研究　79
プロフィシェンシー・プロファイル　190
文章推理課題　35
分析
　——的認知　42
　意見——　277
　科学の四つの規範の——　15
　情報の——　170
　情報——システム　278, 279
文脈モデル　18, 19
平和教育　144
ヘルスリテラシー（健康リテラシー）　17, 183, 184, 186, 216, 221, 242, 243, 245-247
ベルリン加齢研究　74
偏見　56-59, 81, 102, 235
弁証法アプローチ　50, 51
弁証法的な思考　82
法　233
法的権利　233
防災教育　219
補完代替医療　→ CAM
保守主義　263
補償を伴う選択的最適化　74
補助自我　154
ポスト構造主義　243
ポストノーマルサイエンス　249, 250
ポストモダニズム　243
ポスト論理主義型批判的思考（ポスト批判的思考）　244-246
ボドマー・リポート　201
ホメオパシー　259
ボランティア活動体験　153

■ま　行

マイナスイオン　259
マインドリーディング　252
マスメディア　23, 54, 212, 214, 215, 217, 220, 221, 265
マルクス主義　261
マルチリテラシー　183
未科学（プロトサイエンス）　260
未知性イメージ　217
ミッションの再定義　164
ミネソタ批判的思考力テストII　32
民主主義　2, 3, 79, 144, 193, 195-197, 224, 234
命題　90, 91, 101
　恒真——　90, 91
メタ記憶　28
　回顧的——　28
　展望的——　28
メタ認知　19, 21-23, 28, 29, 55, 59, 83, 87, 114, 129, 162, 166, 186, 189
　——的思考　87
　——的方略　114
メディア　23, 54, 183, 212-217, 220, 221, 265, 270-272, 277, 283
　——教育　212
　——の信頼度　272
　ソーシャル——　270, 277, 283
　マス——　23, 54, 212, 214, 215, 217, 220, 221, 265
メディアリテラシー　20, 143, 155, 159, 183, 184, 186, 212-217, 220, 221, 252, 270
　——尺度　252
モダニズム　244
　ポスト——　243

モデル
WICS——　75
獲得——　18, 19
欠如——　17, 202
構成要素——　18
三部分構造——　22, 24-26
創造的思考の二層——　97, 98
トゥールミンのアーギュメント——　136, 139
二重過程——　24, 25
4-サークル批判的思考——　171
文脈——　18, 19
モラルジレンマ授業　148-151
問題
——空間　47, 48
——志向型記録システム　→ POS
いじめ——　106
科学技術リスク——　255, 257
科学的——　193
学力低下——　81
価値の——　67, 68, 70, 71
喫煙——　163, 218, 219, 225, 226
境界設定——　261
3枚カード——　208
死生の——　73
トランスサイエンス的——　254-257
フレーム——　61, 62
モンティ・ホール——　210
リンダ——　31
倫理的——　190, 191, 249, 252
歴史的——　142
問題解決　4, 5, 18, 19, 21, 33, 46-49, 55, 83, 102, 108, 109, 111, 129, 144, 162, 170, 175, 178, 186, 220, 230, 249
——スキル（——能力）　21, 170, 187, 189
IT 活用——能力　187
共同——　21, 49, 50
集団——　21, 49, 50
創造的——　94, 96-99
モンティ・ホール問題　210

■や　行

勇気　65
豊かな人間関係づくり推進事業　154
良き市民　2, 83
抑制
——のリバウンド効果　58
行動——　28, 29
脱——　215
反応傾向の——　25, 26
予想どおりに不合理　52, 53
読み書き能力　192
弱い意味の批判的思考　5

■ら　行

ライフサイクル論　72
楽観主義バイアス　217
乱文構成課題　35
理科　108, 134, 135, 138
——教育　134-139, 199, 200
リーガルリテラシー　183, 184, 186, 232-235
——教育　235
リサーチリテラシー（研究リテラシー）　162, 166, 185, 188, 190, 191
リスク　216, 222, 227
——イメージの形成　217
——コミュニケーション　219, 222-227
——コントロール　219
——情報　216, 217, 219, 221, 222
——認知　217
——の受容可能性　218
——の推定　217
——の同定　217
——評価　218
——マネジメント　143
——リテラシー　184, 216-221, 236
科学技術——問題　255, 257
ゼロ——要求　218, 225
理性　60, 61, 64, 66, 67
——主義　67, 68, 70, 71
純粋——批判　12
リーダー　50, 51, 83, 143
リテラシー　41, 182, 192, 232
ICT——　183, 186, 187
科学——　20, 23, 135, 137, 183, 185,

186, 190, 193, 216, 217, 220, 250, 252, 253, 261, 275
科学・技術―― 184, 192-194, 196, 197
学問―― 185, 188-190
機能的―― 182, 183, 187
経済―― 183, 184, 186, 216, 221, 228, 229
研究――（リサーチ――） 162, 166, 185, 188, 190, 191
健康――（ヘルス――） 17, 183, 184, 186, 216, 221, 242, 243, 245-247
高次―― 182, 252, 253
コンピュータ―― 183
市民―― 161, 162, 177, 185, 186, 216
情報―― 186, 189, 236, 270
神経科学―― 184, 250-253
心理学―― 22
数学―― 184-186, 204-208, 275
セキュリティ―― 184, 236, 241
操作的―― 183
テクノロジー―― 183, 186
統計―― 23, 184, 205-208, 216, 217, 219
読解―― 119, 184, 185, 275
ネット―― 183, 184, 186, 189, 214, 221, 269
批判的―― 183
マルチ―― 183
メディア―― 20, 143, 155, 159, 183, 184, 186, 212-217, 220, 221, 252, 270
リーガル―― 183, 184, 186, 232-235
リスク―― 184, 216-221, 236
量的―― 204-206
流言 264-269
留保された判断 3, 194
領域固有の知識 19, 34, 36
領域普遍的な知識 19, 34, 36
利用可能性ヒューリスティック 48, 54, 218
量的リテラシー 204-206
リンダ問題 31
倫理
研究―― 190
脳神経――学 249
倫理的
――徳 66, 69
――判断 186
――問題 190, 191, 249, 252
類推のスキル 21
礼儀正しさ 179
歴史教育 141, 142, 144, 145
歴史的問題 142
レトリック（修辞学） 123
連言錯誤課題 31
ロジックツリー 102, 103
論証（アーギュメント） 101, 103, 104, 135-139
論理学 9, 36, 38, 101-103, 189
記号―― 9
形式―― 36
非形式―― 36
論理主義 243-246
ポスト――型批判的思考 244-246
論理的推論 26
論理的思考 19, 34, 35, 37, 40, 87, 90-92, 107, 115-117, 134, 135, 139, 143, 151, 157, 189, 258
論理の飛躍 20

■わ 行

話題抽出 274
ワトソン・グレーザー批判的思考力テスト 30, 32, 35, 87